MÚSICA   CULTURA POP   LIFESTYLE   COOKBOOKS
CRIATIVIDADE & IMPACTO SOCIAL

VIVENDO COMO UMA RUNAWAY

Dustin Jack

VIVENDO COMO UMA RUNAWAY

LITA FORD

TRADUÇÃO
ALINE NAOMI SASSAKI

Belas Letras

Copyright © 2016 Lita Ford. Prefácio © 2016 Dee Snider.

Publicado mediante acordo com a Dey Street Books,
uma divisão da HarperCollins Publishers.

Nenhuma parte desta publicação pode ser reproduzida, armazenada ou transmitida para fins comerciais sem a permissão do editor. Você não precisa pedir nenhuma autorização, no entanto, para compartilhar pequenos trechos ou reproduções das páginas nas suas redes sociais, para divulgar a capa, nem para contar para seus amigos como este livro é incrível (e como somos modestos).

Este livro é o resultado de um trabalho feito com muito amor, diversão e gente finice pelas seguintes pessoas:
Gustavo Guertler (*publisher***), Gabriel de Aguiar Izidoro (coordenação editorial), Germano Weirich e Maristela Deves (revisão), Celso Orlandin Jr. (adaptação da capa e projeto gráfico), Aline Naomi Sassaki (tradução), Mumtaz Mustafa (capa) e © Steve Emberton (foto de capa)**
Obrigado, amigos.

2021
Todos os direitos desta edição reservados à
Editora Belas Letras Ltda.
Rua Coronel Camisão, 167
CEP 95020-420 – Caxias do Sul – RS
www.belasletras.com.br

Dados Internacionais de Catalogação na Fonte (CIP)
Biblioteca Pública Municipal Dr. Demetrio Niederauer
Caxias do Sul, RS

F699v   Ford, Lita Rossanna, 1958
       Vivendo como uma Runaway / Lita Ford; tradutora: Aline Naomi Sassaki. - Caxias do Sul: Belas Letras, 2021.
       320 p. : il.

     Título original: Living like a Runaway
     ISBN: 978-65-5537-053-9
     ISBN: 978-65-5537-054-6

     1. Ford, Lita Rossanna,1958-. 2. Biografia.
     3. Autobiografia. 4. Rock (Música). I. Sassaki, Aline Naomi. II. Título.

21/80   CDU 929Ford

Catalogação elaborada por Vanessa Pinent, CRB-10/1297

Em memória de

SANDY WEST

(10/07/1959 – 21/10/2006)

. . .

"NÃO ME OCORRIA, ENQUANTO EU ESTAVA CRESCENDO, QUE EU ESTAVA FAZENDO ALGO FORA DO COMUM.

NINGUÉM ME DISSE QUE GAROTAS NÃO PODEM FAZER ISSO. MESMO QUE EU NÃO TIVESSE MODELOS FEMININOS, NÃO ME DEI CONTA DE QUE EU ESTAVA FAZENDO ALGO QUE NÃO TINHA SIDO FEITO ANTES."

SUMÁRIO

Prefácio por Dee Snider

PARTE I: Do berço para o palco

1	"Sweet Sixteen"	21
2	A audição	45
3	"Born to Be Bad"	59
4	"Queens of Noise"	71
5	Japão	85
6	Adeus, Cherie	97

PARTE II: Garotas não tocam guitarra

7	Arranje um emprego de verdade	115
8	A transformação	135
9	"Dancin' on the Edge"	159
10	*Lita*	177
11	"Lisa"	211
12	"Black"	229
13	"Mother"	245
14	"The Asylum"	263
15	"Living Like a Runaway"	285

Agradecimentos 314

"LITA SABIA TOCAR DE VERDADE! E NÃO ESTOU FALANDO DE TOCAR BEM 'PARA UMA GAROTA', ESTOU FALANDO DE TOCAR BEM EM GERAL.

LITA FORD FICAVA FIRME NO PALCO, DESAFIANDO QUALQUER UM A NEGAR SEU DIREITO DE ESTAR LÁ. E NINGUÉM PODERIA. LITA FORD ERA EXATAMENTE O QUE O MOVIMENTO FEMININO NO MUNDO DO ROCK'N'ROLL PRECISAVA."

— Dee Snider

PREFÁCIO

POR **DEE SNIDER**

CONHECI LITA FORD COMO MUITOS DE VOCÊS: ATRAVÉS DAS RUNAWAYS.
Depois de ler coisas ótimas sobre a banda e ver fotos das garotas na revista *Creem*, decidi dar uma chance a elas. (Caramba, foi assim que descobri o New York Dolls e o Kiss.) Comprei o primeiro álbum, levei para casa e coloquei no toca-discos. Percebo agora que, mentalmente, eu estava desafiando as Runaways a serem boas. Afinal, elas eram só um bando de garotas adolescentes. Coloquei a agulha na faixa... e o som de uma guitarra potente e explosiva saiu muito alto dos meus alto-falantes. Uma guitarra elétrica metálica *de verdade*. Olá, Lita Ford!

As Runaways tiveram seus quinze minutos ou mais de fama, então implodiram, como acontece com muitas bandas. Adeus, garotas. Foi bom conhecê-las. Mas Lita Ford não estava pronta para ir embora. Sendo a única musicista séria da banda, Lita ressurgiria poucos anos depois, liderando seus próprios projetos e fazendo as coisas do jeito que sempre quis, não sendo mais detida por outras integrantes menos comprometidas.

No fim da primavera de 1984, finalmente conheci Lita. O Twisted Sister estava começando a fazer turnês para promover nosso álbum *Stay*

PREFÁCIO

Hungry, e Lita Ford foi a primeira a abrir o show, divulgando seu segundo álbum solo, *Dancin' on the Edge*. Como nunca pude ver as Runaways ao vivo, fiquei realmente impressionado não apenas com a apresentação de Lita, mas também com sua guitarra. *Eis uma garota que sabia tocar de verdade!* E não estou falando de tocar bem "para uma garota", estou falando de tocar bem *em geral*. Lita Ford sabia fazer barulho e, noite após noite, agitava a casa. Vamos encarar, até esse ponto, com raras exceções, uma "roqueira" era vista como um paradoxo. Lita Ford ficava firme no palco todas as noites, usando jeans e couro, arrasando em sua guitarra e desafiando qualquer um a negar seu direito de estar lá. *E ninguém poderia.* Lita Ford era exatamente o que o movimento feminino no mundo do rock'n'roll precisava.

Como não sou um tipo de cara que costuma sair e festejar, não passei muito tempo com Lita durante essa turnê, mas nós dois passamos a nos respeitar e estimar. E, enquanto a carreira da minha banda Twisted Sister se despedaçou e virou cinzas depois de um grande disco (que pena!), Lita seguiu em frente. Chegando ao ápice com um álbum de platina e um single número um, Lita Ford se tornou uma roqueira icônica. A Rainha do Metal!

Caí na obscuridade por vários anos e perdi o contato e o paradeiro de Lita Ford. Em algum momento, ouvi rumores sobre ela se casar (de novo) e se aposentar em alguma ilha tropical, mas só sabia isso. Eu já estava tendo problemas demais tentando me reinventar e cuidar da minha família sem me preocupar com quem estava fazendo o quê no mundo do rock dos anos 1980. Na verdade, o rock e os roqueiros dos anos 1980 tiveram uma morte horrível (mas muito necessária) nas mãos do grunge. Todas as bandas que conheci estavam lidando com a própria crise.

No início dos anos 2000, finalmente consegui sair do meu declínio pessoal, encontrando novas carreiras no rádio, locução e cinema. Para comemorar minha volta dos mortos, levei minha família para nossas primeiras férias de verdade em anos, para um resort em Turks e Caicos.

Alguns dias depois de chegar lá, voltamos ao nosso quarto e encontramos a luz da secretária eletrônica piscando. Achei que fosse a gerência do

PREFÁCIO

hotel verificando se estávamos satisfeitos com o nosso quarto, pois já havíamos trocado três vezes desde que chegamos (uma vez estrela do rock, sempre estrela do rock). Apertei o botão para ouvir a mensagem e uma voz do meu passado começou a falar comigo.

"Oi, Dee. É a Lita Ford. Moro na ilha e adoraria reunir nossas famílias."

Lita Ford? Ela mora aqui? Mas... – *como ela sabia que eu estava aqui?*

Quando retornei a ligação de Lita, ela logo explicou que era uma ilha pequena e, quando um icônico roqueiro dos anos 1980 aparece, a icônica roqueira dos anos 1980 residente na ilha é rapidamente informada.

Lita havia se aposentado do mundo da música, com seu marido e família (agora ela tinha dois meninos, James e Rocco), e migrado para uma vida tranquila nos trópicos e, embora ela tenha se desconectado de forma deliberada de seu passado para encontrar seu futuro, o roqueiro que ela conheceu durante seus anos na área com quem ela queria se reconectar era eu. Lita Ford, a roqueira/mulher de família, sabia que poderia andar com Dee Snider, o roqueiro/homem de família. Ela sabia que eu não era de festas, não bebia nem ficava chapado, estava com a mesma mulher (Suzette) desde que a conheci em 1976 e que tínhamos quatro filhos. Isso se encaixa perfeitamente com a vida pós-rock'n'roll que Lita construiu para si.

Ao visitar Lita e sua família pela primeira vez em sua casa nos trópicos, fiquei impressionado (e um pouco surpreso) com o fato de ela ser tão doméstica. Lita abraçou sua nova vida com a mesma intensidade e dedicação com que se jogou em sua carreira no rock'n'roll: deu tudo de si. Esposa e mãe amorosa, adorava sua família, dando a todos (principalmente aos filhos) o tipo de amor e atenção de que precisavam e mais um pouco. Cozinhar (até assar pão todos os dias do zero!), cuidar do pomar (cultivar frutas e vegetais), limpar, dar aulas em casa para os filhos e tudo mais: Lita era definitivamente uma mãe estrela do rock.

Naquela tarde, Lita e sua família levaram minha família para ver a bela casa que estavam construindo em uma ilha na costa de Turks e Caicos, acessível apenas de barco. Não pude deixar de notar que essa propriedade,

PREFÁCIO

um paraíso à beira-mar, deixaria Lita e seus filhos afastados. Enquanto seu marido estava claramente animado com a perspectiva de se desconectar ainda mais da civilização, pude ver que Lita não estava tão extasiada. Embora amasse profundamente sua família, sei que ela se preocupava com o efeito que o isolamento social poderia ter em seus filhos... e nela mesma. E sua música?

Mais tarde, depois de um delicioso jantar na casa de Lita no continente, fiz essa mesma pergunta: *E a sua carreira?* Ela sentia falta dela? Acabou? Será que ela sairia da aposentadoria para nos dar um beijo fatal de novo? Lita me garantiu que seus dias de rock'n'roll haviam ficado para trás e ela não tinha mais nenhum interesse em voltar.

Desde aquele jantar de reencontro, no início dos anos 2000, Lita e eu continuamos amigos, passando muito tempo juntos. Céus, nosso pessoal até saiu de férias junto. E, desde aquela fatídica noite, Lita saiu esplendorosa de sua aposentadoria para abalar o mundo mais uma vez. Ela me culpa por seu retorno (não precisa me agradecer, pessoal!), mas Lita não engana ninguém. A garota nasceu para o rock e, seja fazendo parte de uma banda, se apresentando solo ou sendo uma mãe incrível e dedicada, nada pode mudar esse fato. E por que iríamos querer isso?

O mundo do rock'n'roll precisa de Lita Ford!

PARTE I

DO BERÇO AO PALCO

CAPÍTULO 1

"SWEET SIXTEEN"

I had a dream that I was sweet sixteen

And could play in a rock'n'roll band

I saw some guys that played guitar

They said, "Come on if you think you can".

[Sonhei que eu tinha dezesseis anos

E podia tocar numa banda de rock'n'roll

Vi alguns caras que tocavam guitarra

Eles disseram: "Venha, se você acha que pode".]

— "Rock'n'roll Made Me What I Am Today"
(Letra escrita por Lita Ford)

ACHO QUE EU PODERIA COMEÇAR POR QUANDO NASCI OU COM MEU PRIMEIRO SHOW ou a primeira vez que peguei numa guitarra ou algo parecido. Vamos chegar lá. Mas, se você perguntar em que momento tudo começou a mudar para mim, foi na minha festa de aniversário de dezesseis anos.

Foi numa noite de sábado, em setembro de 1974. Eu completaria dezesseis anos em alguns dias e minha mãe queria me dar uma festa em nossa casa. Eu não era o tipo de garota que queria uma típica festa americana de dezesseis anos, o "Sweet Sixteen", mas falei para minha mãe que convidaria alguns amigos do colégio e que seria uma comemoração pequena. Minha mãe convidou minha tia Rose e meu tio Wyman; eles planejavam jogar cartas dentro de casa e ficar de olho na festa no quintal. Meu pai tinha viajado para pescar no Oregon e voltaria na noite seguinte.

Morávamos em Lakewood Village, a "parte segura" de Long Beach, na Califórnia. Meus pais escolheram essa área porque as escolas eram melhores do que as do centro de Long Beach, embora, na minha opinião, elas não fossem. Elas eram classe média branca demais para mim. Quando estava na nona série, implorei para meus pais não me mandarem para o colégio Lakewood High. Ele estava cheio de jogadores de futebol americano e líderes de torcida, e eu sabia que não me encaixaria lá. Eu queria ir para o Long Beach Poly, um colégio rival do Compton High e uma zona de guerra. Atrás das grades de ferro forjado medindo uns doze metros de altura, nos revistavam com detectores de metal em busca de armas ou facas. Parecia mais um pátio de prisão do que um colégio. Para mim, a trinta minutos de ônibus atravessando a cidade, o Long Beach Poly estava cheio de Crips (membros de uma das principais facções locais) e brigas de gangues, drogas, armas, tiros disparados de dentro de carros e tumultos. A violência era uma ocorrência comum, então os administradores escolares fechavam os dois colégios por dias. Se eles sentissem que os colégios estavam a ponto de ruir, ou que um tumulto estava para começar, ficávamos todos em alerta máximo.

No Poly conheci três caras que gostavam de tocar rock tanto quanto eu: Marc Seawright, Anthony Bledsoe e Kent Taylor. Foram eles que me ensinaram que você precisa ter dinamite na alma para ter dinamite na guitarra. Muitas vezes fugíamos do colégio para ir à casa de alguém para tocar.

Mark Seawright, que tocava baixo e cantava, era um cara negro, alto, inteligente e bonito, além de ser uma estrela do futebol americano. Ele usava um gorro de lã com as cores do arco-íris e uma bolinha na ponta e me lembrava Jimi Hendrix. Anthony Bledsoe tocava guitarra. Ele era fodão, brincava com o polegar, nunca usava palheta, o que eu achava muito estranho. A maioria das pessoas do colégio era negra; eu e meu amigo

"SWEET SIXTEEN"

Kent Taylor, nosso baterista, éramos minoria. Kent era alto e magro como uma vagem, com longos cabelos castanhos. Na época, ele morava principalmente em seu carro. Nós nos encontramos num programa chamado School of Educational Alternatives [Escola de Alternativas Educacionais], ou SEA. Era uma escola para jovens com QI alto, mas que tinham médias baixas. Os professores diziam que "não estávamos nos dedicando". A verdade é que a escola não nos interessava nem um pouco. Basicamente, não cabíamos na caixa. Alguns anos depois, um dos meus professores me viu em revistas de rock nas festas do Queen, ou com o Kiss, Alice Cooper ou Rod Stewart. Ele sabia que eu seria alguma coisa um dia. Então ele me deixou passar e me deu os pontos de que eu precisava para me formar.

Eu escrevia bilhetes para mim, Mark e Anthony e os entregava à enfermaria, que então nos dispensava do colégio naquele dia. A razão pela qual a enfermaria acreditava na minha mentira está além da minha compreensão. A parte difícil era tentar criar uma doença diferente para cada um. Eu também tinha de mudar minha caligrafia e usar canetas e papéis diferentes. Marc, Anthony, Kent e eu íamos para as primeiras aulas, às vezes apenas no primeiro período, e depois íamos para a Norm's Coffee Shop, onde conversávamos sobre o que faríamos quando fôssemos estrelas do rock ricas e famosas. E acabávamos na casa de alguém onde podíamos tocar. Não importava de quem era a casa, contanto que pudéssemos tocar tão alto quanto quiséssemos. Jimi Hendrix era uma grande influência para nós. Também tocávamos muito Sabbath e Deep Purple. Sabíamos tudo de cor, e essas foram as músicas do setlist da minha festa de aniversário naquela noite.

No meu aniversário de dezesseis anos, mais ou menos às 20h, os rapazes e eu estávamos na minha garagem nos preparando para arrasar. Vários amigos já haviam chegado. Como eu disse antes, minha mãe convidou a irmã de meu pai, a tia Rose, e seu marido, o tio Wyman. Eles estavam jogando cartas dentro de casa. Mais pessoas começaram a aparecer do lado de fora. Minha mãe começou a fazer sanduíches para todos. Perguntei: "Mãe, o que você está fazendo?".

Com seu forte sotaque italiano, ela disse: "Ah, Lita, o pessoal está bebendo. Não quero ver ninguém bêbado". O que ela não sabia é que isso estava prestes a se tornar uma festa do quarteirão. De repente, cada vez mais pessoas começaram a chegar. Ela finalmente desistiu quando percebeu que não tinha pão suficiente. Saí e comecei a tocar com a minha banda. Minha mãe estava ficando um pouco nervosa com o volume. Estávamos tocando tão alto que eles não podiam se ouvir nem conversar na cozinha e a casa inteira estava tremendo. Meus parentes precisavam gritar uns com os outros ao jogar cartas.

"Você tem um nove de copas?"

"Não, Isa! Você tem um seis de paus?"

Nosso jardim da frente e o quintal estavam lotados de jovens. As pessoas continuavam chegando com seus próprios suprimentos de álcool.

A festa começou a se espalhar pela rua e ao longo do quarteirão. Foi um pandemônio. Continuamos tocando. Helicópteros da polícia começaram a circular. Sirenes soavam a distância entre as músicas. Os policiais demoraram um pouco para descobrir de onde vinha o caos, porque as ruas estavam cheias de jovens e carros que os impediam de passar com facilidade. Minha mãe estava andando pelo quintal à minha procura. Quando finalmente me encontrou, ela disse: "Lita, eu estava andando no meio da multidão e percebi que um dos rapazes estava usando um distintivo. Então percebi que era o policial Steve".

Minha mãe trabalhava no St. Mary's Medical Center, e o policial a conhecia de lá. Quase todo mundo em Long Beach conhecia minha mãe. O policial Steve gritou para ela: "Lisa, essa é a sua casa?". (O nome da minha mãe era Isabella, ou Isa, mas as pessoas a chamavam de Lisa.)

"Sim, é a festa de aniversário de dezesseis anos da minha filha!", ela respondeu, gritando.

"Como a casa é sua, tudo bem. Apenas garanta que isso acabe até a meia-noite." Eram 22h. Foi quando meu pai apareceu um dia antes do esperado. Ele queria me surpreender no meu aniversário. Achei que estava ferrada, mas ele abriu uma cerveja e ficou no meio da multidão para nos ver tocar. Meu pai era o melhor. Paramos à meia-noite, como prometido,

"SWEET SIXTEEN"

e então passamos as horas seguintes limpando a vizinhança inteira. Havia latas de refrigerante, garrafas de cerveja, garrafas de vinho, lixo e bitucas de cigarro na rua, nas calhas, nos carros dos vizinhos e gramados por vários quarteirões. Que bagunça!

Depois da festa, espalharam a notícia sobre a garota de Long Beach que tocava guitarra. No fim de semana seguinte, uma banda local estava fazendo um show numa festa. Eu não sabia quem eram os músicos – eles eram amigos de um amigo – e, no último minuto, o baixista desistiu. Eles me ligaram e disseram: "Sabemos que você não nos conhece, mas você tocaria baixo para nós?".

"Eu não toco baixo", respondi. "Toco guitarra."

"Você pode dar um jeito."

Acho que não pude argumentar contra isso. Afinal, descobri como tocar guitarra de ouvido. *Quão difícil pode ser?*, pensei comigo e respondi: "Tudo bem".

Acabei fazendo aquele show em uma pequena casa noturna em Long Beach. Mal sabia eu que havia pessoas procurando músicos lá. Naquela época, a cena musical de Los Angeles era um mundo bem pequeno que prosperava no boca a boca e nas pessoas garantindo seu próprio talento. Começaram a espalhar por Los Angeles que havia uma garota que tocava baixo. As pessoas ficavam chocadas com o fato de uma mulher tocar rock pesado. Naquela época, isso era inédito.

EU TINHA dez anos quando pedi meu primeiro violão para minha mãe. Ela comprou um violão clássico com cordas de náilon no meu aniversário de onze anos. E também me matriculou para ter aula com um cara num pequeno estúdio perto de casa. Ele me ensinou meus primeiros acordes. Embora eu gostasse de Creedence Clearwater Revival, simplesmente não tinha riffs o suficiente para mim. Eu queria tocar coisas mais pesadas, como Black Sabbath, Deep Purple ou Led Zeppelin. Parei de ir para as aulas depois de duas semanas e decidi aprender sozinha.

Eu gostava de tocar, mas não gostava daquele violão. Esse tipo de violão era principalmente para tocar em estilo clássico; não produzia os tipos de som certos. Eu estava procurando um som rock'n'roll. O poder e o vigor que saem do heavy metal e a forma como faz as pessoas se sentirem e agirem me fascinavam e, desde que me lembro, sou atraída por isso. É mais ou menos a atitude que eu adorava, e essa atitude é uma parte de mim, então fui capaz de me relacionar com ela mais do que com qualquer outra atitude na música. Eu queria algo com coragem, com alguma agressividade, e o hard rock oferecia isso. Ver o show do Black Sabbath alguns anos depois confirmaria tudo que eu sentia sobre essa música que eu amava. É algo que está no meu sangue. É natural para mim, como a cor dos meus olhos ou da minha pele. É parte de quem eu sou.

Por fim, disse à minha mãe: "Gosto de tocar guitarra. E quero uma com cordas de aço". Então, Deus abençoe a minha mãe, ela me deu uma guitarra com cordas de aço no Natal. Claro, não era a guitarra que eu queria, mas não tive coragem de dizer a ela. Toquei-a por dois anos, até conseguir um emprego e ganhar o suficiente para comprar minha própria guitarra elétrica.

Quando estava aprendendo a tocar, descobri que, ouvindo os discos em silêncio, dava para ouvir melhor as notas e os erros. Na época, minha mãe e meu pai tinham um aparelho de som antigo. Era uma coisa enorme, com botões na parte de cima, do lado direito, a tela da TV ficava no meio e o toca-discos à esquerda. O aparelho inteiro era maior que eu! Eu voltava de fininho para o nosso apartamento e colocava qualquer solo que quisesse aprender naquele dia. Começava a dissecar a música com calma. Adoro Jimmy Page, mas devo dizer que ele era o que cometia mais erros. Aprendi seus solos nota por nota. Se a música tocasse muito rápido para mim, eu deslizava suavemente a agulha no toca-discos, voltando nas ranhuras do disco, várias vezes, até ter completado um solo ou uma música inteira. Quando eu tinha treze anos, já havia dominado todos eles.

Amigos da vizinhança chegavam, ficavam por lá e me assistiam tocar. Nunca entendi o que isso tinha de tão especial. Eles não entendiam por

"SWEET SIXTEEN"

que não conseguiam fazer isso, mas eu conseguia. Não importava que eu fosse uma garota. Não me ocorria, enquanto eu estava crescendo, que eu estava fazendo algo fora do comum por gostar do tipo de música de que gostava. Ninguém me disse que garotas não podem fazer isso. Isso nunca passou pela cabeça de ninguém naquela época. Mesmo que eu não tivesse modelos femininos, não me dei conta de que eu estava fazendo algo que não tinha sido feito antes.

EU FICARIA empolgada se todas essas pessoas estivessem falando sobre a minha habilidade musical, mas comecei a lidar com algo que ainda não conseguia entender. Eu tinha saído algumas vezes com um cara chamado Davy, um guitarrista uns anos mais velho que eu. Ele era um cara legal, com cabelo comprido e dentes tortos. Tocávamos guitarra juntos. Ele tinha um conhecimento mais avançado que eu, então me ensinou muito. Foi ele quem me ensinou meu vibrato. No entanto, as consequências foram um problema. Descobri que estava grávida. Eu tinha só dezesseis anos! Davy era um cavalheiro, mas eu não queria contar para ele por medo de que ele tentasse me convencer a me casar com ele e ficar com o bebê. Eu era muito jovem para lidar com isso. Não era possível criar um filho naquele momento da minha vida: eu não teria sido uma boa mãe aos dezesseis anos. Eu tinha uma amiga, Karen, que havia feito um aborto não muito antes disso. Perguntei a Karen o que fazer. Ela me indicou um centro médico onde os médicos realizavam abortos em meninas menores de idade. Não pude acreditar que eles fariam isso sem o consentimento dos pais, mas eles concordaram. Então comecei a fazer o planejamento.

Falei para os meus pais que faria uma caminhada nas montanhas durante o dia. Eu disse que voltaria para casa mais tarde naquela noite. Foi horrível. Eu era uma garotinha petrificada, sozinha, com um bebê dentro de mim. Eu tinha muitas perguntas, mas ninguém para respondê-las. *O que devo vestir? E se os médicos forem charlatães? E se eles destruírem as minhas entranhas? Quanto tempo dura a recuperação e qual desculpa vou dar para o colégio?* O engraçado é que não havia montanhas ao redor de onde morávamos, mas meus pais nunca me questionaram sobre isso. Eles tinham total fé e confiança em mim. Apesar disso, eu precisava fazer o que precisava ser feito. Tive de trair meus pais. Acho que eles teriam me ajudado e entendido, mas eu não queria o drama ou a preocupação, então assumi a responsabilidade de ir lá e fazer isso.

Naquela época, muitas pessoas tentavam proibir o aborto. Elas faziam manifestações em clínicas de aborto e entoavam: "Pare de matar bebês". Estava em todos os noticiários. Eu me sentia uma assassina, mas sabia que, se ficasse com o bebê, ele precisaria ser criado pelos meus pais, que trabalhavam em tempo integral. Não era possível termos uma criança naquela época. Então, me fortaleci e fiz o aborto. Sozinha. Fiquei longe de Davy depois disso.

Ninguém sabia. Os médicos foram ótimos e tudo correu bem, graças a Deus. Mas, depois do aborto, fiquei muito chateada. Não queria engravidar de novo nunca mais, então falei para minha mãe que estava tomando pílulas anticoncepcionais. Ela não discutiu. Eu estava me tornando sexualmente ativa e ela sabia disso. Era a coisa certa a ser feita.

Logo depois disso, fui a uma festa de Halloween onde havia uma mulher que lia as mãos. Contei a ela sobre o aborto. Karen e a quiromante eram as únicas pessoas que sabiam disso. Sempre me perguntei se o bebê era menino ou menina e queria saber. Ela me disse que era um menino. Acho que fui destinada a estar com meninos. Meus instintos já me diziam que era um menino: eu ainda o amo e, às vezes, gostaria de nunca ter feito aquele aborto, mas eu era uma garota selvagem. Quando vi o Black Sabbath aos treze anos, sabia que queria ser uma estrela do rock. Isso se tornou meu sonho e eu sabia que iria realizá-lo. Vi a luz no fim do túnel, me guiando em direção ao sonho, e sabia que era real. Minha fantasia era me tornar a rainha do rock e do heavy metal: a única guitarrista do meu nível. Não seria possível enfrentar todas as barreiras para tornar esse sonho realidade com uma criança para cuidar.

"SWEET SIXTEEN"

VAMOS VOLTAR um pouco, antes de eu falar sobre a loucura das Runaways.

Nasci em Londres e sou filha de pai britânico, Harry Lenard Ford, que todos chamavam de Len, e de mãe italiana, Isabella Benvenuto. Aos vinte anos, meu pai estava servindo o exército britânico. O Partido Nazista de Hitler levou a Grã-Bretanha e a França a declararem guerra à Alemanha, e isso preparou o cenário para o que se tornaria um dos maiores e mais violentos conflitos armados da história mundial: a Segunda Guerra. Quatro anos depois do início da guerra, meu pai estava alocado na praia de Anzio, na Itália e, por isso, seu batalhão era um dos mais de vinte que participaram da Batalha de Anzio, também conhecida como Operação Shingle. Dos mil homens de sua tropa em Anzio, meu pai foi um dos nove que sobreviveram.

No entanto, durante a batalha, uma granada de bastão (também conhecida por Modelo 24) foi lançada em sua direção. Uma granada de bastão é exatamente o que dá a entender: um bastão de madeira de mais ou menos trinta e cinco centímetros de comprimento com uma granada na ponta. Ela tem um fusível com retardo de quatro a cinco segundos e um disparo efetivo de cerca de onze a treze metros. Meu pai ergueu a mão para se proteger da explosão, e a granada explodiu em seus dedos médio e anelar. Ironicamente, sua mão ficou no formato de "chifrinhos" do heavy metal. Pelo resto de sua vida, meu pai tirou estilhaços de seu corpo quando eles chegavam à superfície de sua pele. Ele os guardava num pequeno pote no armário de remédios.

Ao ser atingido, ele foi levado ao centro médico mais próximo e, enquanto se recuperava no hospital na Itália, conheceu minha mãe, Isabella Benvenuto. *Benvenuto* significa "bem-vindo" em italiano. Minha mãe era uma pessoa muito amorosa e atenciosa, uma das razões pelas quais ela foi auxiliar de enfermagem durante a guerra. Acho que, se eu não fosse musicista, também teria sido enfermeira, porque gosto de cuidar e ajudar as pessoas como ela costumava fazer. Ela havia doado seu tempo cuidando de soldados feridos no hospital e meu pai foi um dos soldados que ela ajudou.

Meu pai aprendeu italiano e começou a se apaixonar por sua voz italiana profunda, apaixonada e atraente enquanto ele ainda estava se recuperando. Ele aprendeu a falar italiano fluentemente e se apaixonou por toda a cultura italiana: pela língua, pela comida e até pela ópera italiana. Meu pai costumava dizer que o povo italiano era o mais apaixonado e atencioso que ele conhecera. Antes de tudo, o que chamou a atenção da minha mãe para o meu pai foi o fato de ele precisar da ajuda dela. Além disso, ele era um sobrevivente, por isso ela se sentiu atraída por ele. Ele era um namorado e um cavalheiro que gostava de armas e motocicletas: meio James Dean, mas com sotaque britânico. Os dois estavam na guerra, passando pelo inferno na mesma época. Estavam lá para salvar e ajudar um ao outro, e viveram para contar isso. Esse vínculo se tornou a base do amor que eles tinham um pelo outro. Ele foi dispensado do combate com dois dedos a menos e o rosto ferido, mas havia se apaixonado pela minha mãe e pediu sua mão em casamento. Eles se casaram em 19 de janeiro de 1945, em Trieste, na Itália, onde as montanhas encontram o mar.

Depois de passarem a lua de mel em Trieste, eles se mudaram para a Inglaterra. Pouco depois do casamento, minha mãe sofreu um aborto espontâneo em uma estação de trem. Foi uma experiência traumática para os meus pais, então eles decidiram esperar antes de tentar ter outro filho. Minha mãe engravidou de novo e deu à luz um menino, que teria sido meu irmão mais velho. Porém, aos nove meses, ele contraiu uma pneumonia. Meus pais o levaram para o hospital, mas os médicos não puderam ajudá-lo, então eles se confrontaram com a morte de seu primogênito. Minha mãe quase nunca falava sobre isso – acho que era uma lembrança muito dolorosa para ela.

Cerca de dois anos depois, minha mãe engravidou de novo. Em 19 de setembro de 1958, nasceu Lita Rossana Ford. Meu pai era um de onze filhos, sendo nove deles meninas. Ele provavelmente esperava um menino, mas não, ele teve a mim.

Até meus quatro anos, moramos em Streatham, um bairro da classe trabalhadora no sul de Londres. Não tínhamos muito dinheiro e alugávamos

"SWEET SIXTEEN"

um pequeno apartamento cujas paredes eram forradas com papéis de cores diferentes, mas igualmente desbotados. Minha mãe convidava alguns amigos para festas de aniversário ou jogos, e me lembro de esperar meu pai voltar do trabalho. Eu andava no meu triciclo vermelho com franjas brancas que saíam do guidão, descendo a rua para encontrá-lo. Era um ritual diário.

Eu me lembro de assistir aos meus programas de televisão preferidos, incluindo o filme da Disney da semana todos os domingos à noite e *The Ed Sullivan Show*. Adorava a forma como ele pronunciava *show* como *shoe* [sapato] quando dizia: "Vai ser um ótimo *shoe* essa noite", mas a melhor parte de seu show era o rato italiano Topo Gigio, que eu chamava de "Popogigio". Ele conquistou meu coração infantil ao declarar seu amor para todo mundo. Nunca houve um personagem de desenho animado tão legal quanto Topo Gigio! Também me lembro de passear de carro até o Canal da Mancha, uma aventura que durava o dia inteiro. Correr na praia, escalar rochas e ir pescar significava estar exausta no fim do dia. No caminho para casa, parávamos para colher morangos frescos em uma fazenda próxima.

Apesar disso, minha mãe não gostava tanto da Inglaterra. Ela cresceu nas praias do Mediterrâneo e não suportava o clima frio e cinzento da Inglaterra. Ela ansiava por um lugar com mais sol e praias. Sua irmã mais nova, Livia, morava em Boston e nos mudamos para lá quando eu tinha quatro anos, pensando que o clima poderia ser melhor. Era bom e quente no verão, mas os invernos eram brutalmente frios, com toneladas de neve. Na verdade, era dez vezes pior que a Inglaterra! Meu pai precisava tirar a neve da garagem com a pá quase todas as manhãs porque senão ela bloquearia seu caminhão. Nem é preciso dizer que não ficamos lá por mais de um inverno. Quando eu estava no jardim de infância, nos mudamos para Dallas, onde minha tia Flo morava. Ela era uma das nove irmãs do meu pai. Ficamos lá apenas cerca de um ano, quando minha mãe conseguiu convencer meu pai a se mudar para o sul da Califórnia, onde moravam outras duas irmãs do meu pai – e onde havia praias quentes e ensolaradas. Na época, eu estava na segunda série.

Depois que nos mudamos para a Califórnia, minha mãe estava no paraíso. Ela cresceu nas praias da Itália e venerava o sol, portanto, adorava estar perto do mar. Quando criança, eu me lembro da minha mãe me pegando na escola todos os dias e indo direto para a praia. Ficávamos lá até o pôr do sol e, quando fiquei mais velha, se minha mãe estivesse trabalhando no último turno e não pudesse ir comigo, eu ia de bicicleta até a praia e passava o dia lá sozinha.

Meu pai trabalhava como mecânico da Ford Motor Company. Depois, acabou indo para o mercado imobiliário e trabalhou para a Century 21 vestindo um daqueles blazers modernosos amarelo-mostarda. Ainda tenho esse blazer dele. No começo, morávamos num pequeno apartamento em Long Beach, mas meu pai se deu muito bem no trabalho e conseguiu comprar uma casa de três quartos em Lakewood Village, um subúrbio a cerca de oito quilômetros de North Long Beach, pensando que eu iria para a Lakewood High, um colégio mais seguro que o Long Beach Poly. Era uma casinha de fazenda, e meus pais a decoraram em estilo italiano. Cada cômodo era diferente – um quarto era todo xadrez, outro era composto por espelhos, um só tinha cavalos, outro era todo de tijolos. Meu pai era muito hábil e construiu um arco de tijolos falsos na cozinha e plantou duzentos e oitenta roseiras no jardim para minha mãe. Essas roseiras eram seu orgulho. Elas se enfileiravam em todo o perímetro do jardim da frente e do quintal. Meu pai também transformou a garagem numa casa de fundos com banheiro, chuveiro e uma pequena cozinha. Ele fez o serviço de gesso nas paredes dessa casa e a pintou, e meus pais colocaram uma mobília de quarto junto com o gravador de rolo da Sony do meu pai. Esse espaço se tornou um "miniapartamento", que ocupei e usei para continuar aprendendo a tocar guitarra. Essa é a casa onde cresci e, anos depois, era a casa para onde eu voltava sempre que a cena musical acabava comigo.

Meus pais sempre enchiam a casa de música quando eu era pequena, geralmente ópera italiana de Pavarotti ou Mario Lanza e Dean Martin. Era uma coisa maravilhosa. Eu levava meus pais para a casa dos fundos para tocar para eles o último lick que havia aprendido e eles sempre adora-

"SWEET SIXTEEN"

vam. "Oh, Lita, toca o Black Sabbath de novo", dizia minha mãe com seu ótimo sotaque italiano. "Toca o Santana pra mim."

MEUS PAIS não foram os únicos que encorajaram meu amor pela música. Meu primo Paul, seis anos mais velho que eu e o mais velho dos meus primos de Long Beach, também sabia sobre meu fascínio por heavy metal e fora a muitos shows de rock. Ele me convidou para ver Black Sabbath com ele no Long Beach Auditorium em 25 de setembro de 1971. Apenas seis dias depois do meu aniversário de treze anos.

Paul me pegou em seu Ford 54. O Long Beach Municipal Auditorium era um salão de oito mil lugares inaugurado durante a Grande Depressão, ao lado do Pike, um parque de diversões construído sobre o oceano. Deve ter sido lindo naquela época, mas em 1971 o Pike estava decadente e quase abandonado. Seringas usadas se espalhavam pela praia, e a montanha-russa deve ter sido fechada anos antes. Quando entramos no auditório, olhei ao redor, observando a grande e reverberante arquibancada com um balcão que dava a volta no local. Para alguns, provavelmente parecia que o lugar já tinha visto dias melhores. Para mim, era um país das maravilhas.

A Long Beach Arena, como a chamávamos, estava cheia de fumaça. Na época, eu nem sabia o que era maconha, mas o cheiro desagradável e a névoa que pairava sobre a multidão me fizeram sentir parte de uma cena sobre a qual eu queria saber mais. Paul comprou ingressos baratos para o balcão, mas não ficamos lá por muito tempo. Nós nos esgueiramos para o piso onde não havia assentos. Em vez disso, todos estavam por ali, amontoados sob uma nuvem de fumaça de maconha e cigarro. Caminhamos em direção ao palco.

Na multidão, havia fãs loucos pendurados no balcão e se deixando cair para o palco. O salão escuro era iluminado com cuidado para fazer os caras no palco parecerem silhuetas – parte homens, parte sombras. Tudo o que dava para ver eram amontoados de cabelo preto e denso e, de vez em quando, um brilho de luz se refletia nas cruzes que eles usavam no pescoço.

"NOSSO JARDIM DA FRENTE E O QUINTAL ESTAVAM LOTADOS DE JOVENS. AS PESSOAS CONTINUAVAM CHEGANDO COM ÁLCOOL. A FESTA COMEÇOU A SE ESPALHAR PELO QUARTEIRÃO. FOI UM PANDEMÔNIO. CONTINUAMOS TOCANDO. HELICÓPTEROS DA POLÍCIA COMEÇARAM A CIRCULAR. SIRENES SOAVAM A DISTÂNCIA.

O POLICIAL GRITOU PARA MINHA MÃE: 'ESSA É A SUA CASA?'. 'SIM, É A FESTA DE 16 ANOS DA MINHA FILHA!', ELA GRITOU DE VOLTA."

Minha vida passou diante de mim enquanto me concentrava no guitarrista, Tony Iommi. Ele parecia sobre-humano, quase como um deus. Eu nunca tinha ido a nada parecido com aquele show. Parecia que eu tinha passado para um mundo totalmente novo e nunca mais queria voltar ao antigo.

Saí da arena sabendo o que queria fazer pelo resto da vida. Eu queria fazer as pessoas se sentirem como o Black Sabbath tinha acabado de me fazer sentir. Não me ocorreu que eu era uma garota. Nenhuma voz na minha cabeça disse que garotas não podiam fazer o que o Black Sabbath fazia.

ENTÃO DECIDI que precisava de uma Gibson SG chocolate como a que Tony Iommi tocou naquela noite. Mas eu queria comprá-la com meu próprio dinheiro, então, no ano seguinte, decidi que conseguiria um emprego no St. Mary Medical Center em Long Beach, onde minha mãe trabalhava no departamento de dietas. Havia uma vaga para administrador de alimentos. Eu só tinha quatorze anos, era muito jovem para conseguir um emprego. Na entrevista, menti sobre minha idade. Eu tinha seios grandes e minha mãe me ajudou a brincar com isso, me dando um sutiã acolchoado. A supervisora, Jaylee, me perguntou quantos anos eu tinha e, antes que minha mãe pudesse dizer uma palavra, respondi: "Tenho dezesseis anos", o que significava que tinha idade suficiente para trabalhar. Consegui o emprego.

Era um trabalho de tempo integral todos os dias depois do colégio. Empurrava uma bandeja do serviço de alimentação de um cômodo para outro e servia as refeições para todos. Essas pessoas estavam muito doentes – algumas estavam morrendo – e cada uma delas tinha uma dieta diferente. Era muito importante não arruinar o esquema. Alguns pacientes só podiam receber líquidos. Outros ganhavam frango assado e purê de batata, que eu precisava aquecer e servir. Não era tão fácil para mim, já que meu coração se condoía por alguns pacientes que estavam muito doentes.

Economizei todo o dinheiro que ganhei até conseguir pagar a SG. Fui a uma loja de guitarras local e comprei a guitarra. Eu sabia exatamente o que queria. Paguei US$ 375, o que era barato para uma Gibson SG. Eu a

"SWEET SIXTEEN"

levei para casa e a conectei ao gravador de rolo Sony do meu pai. Dei um tapa no eco e ele soou como Deus.

EM ABRIL DE 1974, vi um anúncio do Cal Jam na TV. Algumas das minhas bandas preferidas iam tocar, e uma delas era o Deep Purple. Eu nunca tinha visto o Deep Purple tocar ao vivo, mas o guitarrista principal, Ritchie Blackmore, era um dos meus ídolos, com seus solos de guitarra com palhetada alternada. Decidi que precisava ir lá de qualquer jeito. Minha amiga Patti também queria ir, mas havia alguns obstáculos. Primeiro, nossos pais não deixariam. Segundo, o festival aconteceria a oitenta quilômetros, em Ontário, na Califórnia. Tínhamos só quinze anos e não sabíamos dirigir. Nossa única opção era mentir.

Patti falou para os pais dela que passaria o fim de semana na minha casa e eu falei que ficaria na casa dela. Ela era uma linda garota indiana com longos cabelos negros que iam até a cintura. Nós duas usávamos calças Levi's desbotadas e camisetas e levamos o equipamento de acampamento de que precisávamos para passar a noite em Ontário. Nos encontramos no ponto de ônibus da esquina no início da manhã porque era um bom lugar para começar a pedir carona.

Sabíamos que poderíamos nos meter em grandes problemas, mas, dane-se – valia a pena correr o risco. Levantamos os polegares e esperamos algum carro parar. Depois de um tempo, uma caminhonete parou à beira da estrada e um cara estranho baixou a janela.

"Vão pra onde?"

"Ontário", respondi. "E você?"

"Alasca. Mas posso parar em Ontário. Entrem, meninas."

Alasca? Sério? Eu me questionei, mas, de qualquer forma, entramos no carro. Eu era um pouco mais velha que Patti, então falei para ela ir no banco de trás. Ela estava assustada. O cara que estava dirigindo nunca tinha visto a Califórnia. Em 1974 era realmente lindo. Os "strip malls" ainda não haviam tomado conta da paisagem. Em vez disso, havia muito espaço aberto, montanhas e palmeiras até onde dava para enxergar. O homem decidiu que precisava filmar tudo, então, enquanto dirigia, começou a procurar sua câmera. Ele estava revirando sua bolsa, no banco de trás, e, quando tirou as mãos do volante, Patti surtou. Segurei o volante e mantive a caminhonete estável enquanto ele procurava sua câmera. Segurei o volante nos quilômetros seguintes, enquanto ele filmava. Patti estava atrás, certa de que seríamos destroçadas, mas me recusei a morrer antes de ver Ritchie Blackmore tocar guitarra em carne e osso.

Por fim, chegamos ao Ontario Motor Speedway. Precisávamos enfrentar o obstáculo final: não tínhamos idade para entrar no show. E agora? Nos esgueiramos por uma abertura na cerca e encontramos um local para colocar nosso equipamento de acampamento. Estávamos cercadas de pessoas se beijando e se tocando, ficando chapadas, mijando em garrafas de cerveja e falando de música. Incrível!

O palco do Cal Jam foi construído para oito bandas principais. Era enorme, feito de quinhentas seções de andaimes e mil duzentos e trinta e seis metros quadrados de madeira compensada. Havia quatro torres com cinquenta e quatro mil watts de som e um sistema de iluminação de um milhão de watts que iluminava tudo, desde o palco até o estacionamento. Duzentas e cinquenta mil pessoas encheram as arquibancadas e o vasto terreno dentro da pista de corrida. Patti e eu batalhamos para entrar na área interna.

As bandas eram as melhores das melhores: Seals & Crofts; Earth, Wind & Fire; Rare Earth; Eagles; Black Oak Arkansas; Black Sabbath; Deep Purple e Emerson, Lake & Palmer. Gostávamos do Black Oak Arkansas porque seu vocalista, Jim Dandy, era um gato.

O Black Sabbath começou a tocar quando ainda era dia. Mais uma vez, fiquei muito apaixonada por cada movimento que Tony Iommi fazia. O Deep Purple veio em seguida e, a essa altura, já estava escuro. Todo o clima do festival mudou. As luzes do palco se acenderam e foi de tirar o fôlego. A forma como a luz atingia Ritchie Blackmore era fascinante. Ela capturava a forma como ele segurava graciosamente a guitarra, sua postura e como seus dedos se moviam. Houve uma batalha entre Jon Lord

"SWEET SIXTEEN"

nos teclados e Ritchie na guitarra. Fiquei lá, boquiaberta, observando esses dois caras. O cinegrafista parecia estar entrando no espaço de Ritchie e acho que isso o irritou, porque, no fim do set do Deep Purple, Ritchie jogou sua guitarra para o alto e a quebrou no chão, fazendo os pedaços voarem. Em seguida, ele pegou o braço da guitarra e a empurrou na direção das lentes da câmera de televisão muito cara do cameraman. Claro que, àquela altura, Ritchie estava de saco cheio desse cameraman e era hora de se vingar. Era a coisa mais legal que eu já tinha visto. Blackmore hipnotizou o público naquela noite. Ninguém poderia fazer igual. Ninguém poderia se igualar àquela fúria. Nem mesmo Emerson, Lake & Palmer, que se apresentou por último com os teclados giratórios de Keith Emerson.

Durante o fim de semana, fizemos amizade com alguns caras que nos levaram de volta no dia seguinte para não precisarmos pedir carona de novo. Durante todo o caminho para casa, fiquei pensando em como Ritchie Blackmore e Tony Iommi eram ótimos. Se eu soubesse da existência da Sunset Strip, um trecho do Sunset Boulevard com várias casas noturnas onde várias bandas se apresentavam, teria desejado fazer parte daquilo naquele dia.

NO ENTANTO, Long Beach não me deixou partir para Hollywood antes de aprender a lutar, a ser durona, a não aturar merda. Eu não sabia disso na época, mas foi um ótimo treinamento para a vida no rock'n'roll. Eu tinha dezesseis anos quando entrei na minha primeira grande briga em 1975. Minha mãe e eu íamos para Boston visitar meus primos e minha tia Livia. Precisávamos pegar um avião. Minha mãe disse: "Lita, não temos tempo para preparar o jantar antes de ir. Por que você não dá um pulo na rua de cima com o carro do papai e compra alguns sanduíches no Arby's?".

Havia um grande shopping com algumas lanchonetes de fast-food a alguns quarteirões da nossa casa. Dirigi até o Arby's e entrei para fazer meu pedido. Havia apenas outras quatro pessoas lá – duas garotas e dois rapazes. Eles usavam muitos símbolos de gangue e bandanas, e as garotas usavam cílios grandes e falsos. Eles tinham um olhar que dizia: *não mexa com a gente*. Eu, por outro lado, estava usando a parte de cima do meu biquíni, short jeans desfiado e chinelo de dedo. Assim que peguei meu pedido, um dos caras me disse: "Ei, gata, deixa eu apertar seus peitinhos".

Olhei para ele e disse: "Você é louco. Sua namorada está do seu lado. Como você pode falar assim na frente dela?". E saí do restaurante.

Aí, para minha surpresa, a namorada dele ficou com raiva de mim! Ela me seguiu até o estacionamento e começou a brigar comigo. Estávamos gritando uma com a outra. Ela gritava: "Não fale assim comigo".

"Eu não falei nada de ruim para você. Seu namorado que é bocudo. Eu estava falando com ele."

"Bem, não fale com ele desse jeito!"

Eu me afastei dela, pensando que não valia a pena perder meu tempo com ela. Quando percebi, ela pegou a Coca da minha bandeja e jogou dentro do carro do meu pai. Isso me irritou de verdade, mas não deixei transparecer. Coloquei a comida no carro com muita calma e fui embora sem dizer uma palavra a ela. Mas, em vez de ir para casa, fui até a casa da minha amiga Peggy e disse a ela: "Peggy, eles estão em quatro e estou sozinha. Preciso da sua ajuda".

Ela não pediu detalhes. Sua única pergunta foi: "O que você quer que eu faça?".

"Eu só quero que você dirija."

Ela entrou no carro da mãe dela e fomos a um drive-thru do McDonald's e compramos uma Coca grande. Em seguida, voltamos para o Arby's, mas eles haviam sumido, então andamos de carro pelo shopping à procura deles. Atravessamos o estacionamento olhando entre os carros e as calçadas. Por fim, eu os vi fora da loja JCPenney. Falei para Peggy: "Encoste no meio-fio. Eles estão ali". Ela ficou no carro e eu me aproximei deles com a Coca na mão. A garota estava de costas para mim, então ela não me viu chegando. Bati de leve em seu ombro. Ela se virou e fizemos contato visual por uma fração de segundo antes de eu jogar a Coca na cara dela. Começamos imediatamente a distribuir socos. A amiga dela pulou

"SWEET SIXTEEN"

em cima de mim e agarrou meu cabelo, tentando me tirar de cima de sua amiga. Eu estava no peito da garota, segurando-a. Seus cílios postiços estavam começando a cair por causa da Coca que eu havia jogado. Depois de alguns minutos, eu estava só tentando fazê-la parar de me bater. Um dos caras me puxou de cima dela. Meus joelhos estavam ensanguentados por me ajoelhar no concreto. Falei para a garota: "Estou indo. Chega. Acabou". Comecei a andar rapidamente para reencontrar Peggy. Ela havia deixado a porta do carro aberta para mim. Assim que coloquei um pé dentro do carro, percebi que a vadia tinha vindo atrás de mim. Ela havia tirado o cinto e o enrolou no meu rosto. A fivela ficou presa no meu nariz e senti que ele se quebrou ao meio. Essa vadia de merda! Eu não a acertei nenhuma vez, ainda assim, ela tirou o cinto e me acertou no rosto! Mantive o rosto abaixado para que ela não visse o sangue saindo do meu nariz. De alguma forma, consegui entrar no carro e fechar a porta. "Vamos", falei para Peggy. "Vamos cair fora daqui". O sangue escorria entre meus seios. "Acho que preciso ir pro hospital", falei. Peggy olhou para mim e respondeu: "Ah, sim, Lita, acho que sim".

    Ela me levou para o pronto-socorro, mas não quiseram me atender porque eu era menor de idade. Liguei para os meus pais, que estavam se perguntando onde diabos eu estava com os sanduíches de rosbife deles. Contei a eles o que acontecera. Eles autorizaram o hospital a me atender e então pegaram o carro para ir me encontrar. Eu estava com o nariz quebrado e precisei de pontos na lateral do nariz. Achei engraçado precisar da autorização dos pais para consertar meu rosto arrebentado, mas não para fazer um aborto. Eu não sabia o quanto era doloroso ter um nariz quebrado. O lado direito do meu rosto estava preto e azul, e a pálpebra estava inchada e fechada. Um lado do pescoço estava completamente machucado. Eu ainda tinha uma cicatriz profunda no nariz, com sete pontos, e a parte branca do meu olho direito tinha uma coloração vermelho-viva quando participei da audição para fazer parte das Runaways ainda naquele setembro – a primeira de muitas cicatrizes de batalha que viriam.

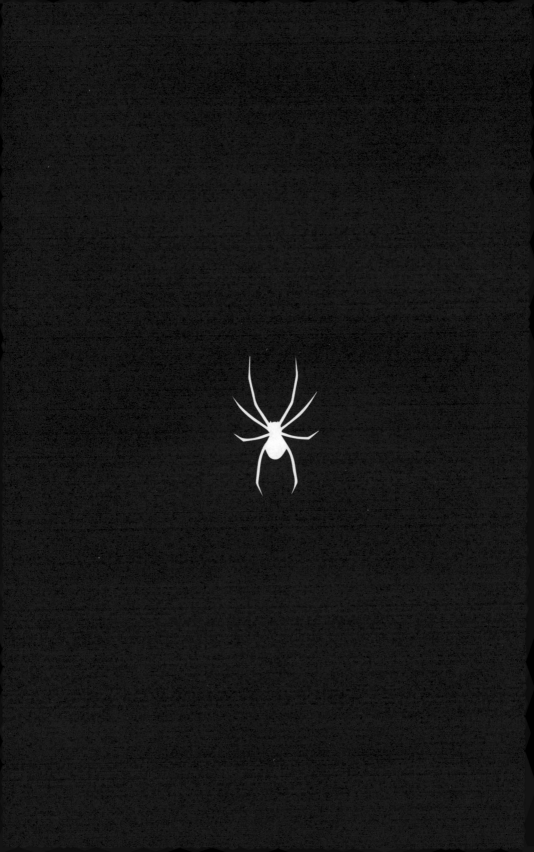

"EU LEVAVA MEUS PAIS PARA A CASA DOS FUNDOS PARA TOCAR PARA ELES O ÚLTIMO LICK QUE HAVIA APRENDIDO E ELES SEMPRE ADORAVAM. 'OH, LITA, TOCA O BLACK SABBATH DE NOVO', DIZIA MINHA MÃE COM SEU ÓTIMO SOTAQUE ITALIANO. 'TOCA O SANTANA PRA MIM'."

CAPÍTULO 2

A AUDIÇÃO

Hello Daddy, hello Mom,

I'm your ch-ch-ch-ch-cherry bomb!

[Olá, papai, olá, mamãe,

Sou a garotinha indomável de vocês!]

— "Cherry Bomb"
(Letra escrita por Kim Fowley e Joan Jett)

LOGO APÓS A BRIGA DE RUA, RECEBI UMA LIGAÇÃO INESPERADA.

"É a garota que toca baixo?", um homem perguntou.

Fiquei frustrada porque todos pensavam que eu era baixista, então falei para ele: "Não! Eu não sou baixista!".

"Bom, tenho uma proposta para você, jovem. A exigência é saber tocar um instrumento. Você toca algum instrumento?"

"Toco guitarra."

"Bom, nós precisamos de uma guitarrista também."

"Nós quem?", quis saber.

"The Runaways. Uma banda de vadias adolescentes rebeldes do rock'n'roll. Já ouviu falar delas?"

"Não." Tudo na voz do outro lado da linha me dizia que esse cara era tão estranho quanto parecia, mas por algum motivo fiquei intrigada. "Qual o seu nome?", perguntei.

"KKKKIIIIMMMM! Meu nome é KIIIIMMMM FOOOWWWLEY! Sou produtor e compositor responsável por projetos e posso fazer de você uma das maiores estrelas de rock do mundo. Você vai transar com os melhores roqueiros. Você vai fazer turnês pelas maiores arenas. Você vai estar na capa de todas as revistas. Você se tornará uma lenda."

"Ah, sim. Certo. Tudo isso parece ótimo. Mas o que eu tenho de fazer?"

"Você tem carro? Você tem um instrumento?"

"Sim, tenho uma Gibson SG chocolate. E também dirijo."

"Sua mamãe e seu papai deixam você sair por algumas horas? Se puder encontrar o caminho para o local de ensaio, gostaríamos de ver você tocar. Queremos que você faça uma audição."

"Onde você está?"

"Hollywood."

"Merda. Isso é longe de onde estou. Não sei como chegar aí."

A conversa continuou por um tempão. Contei toda a minha história de vida em cerca de uma hora. Conversamos sobre Black Sabbath e Deep Purple, e como ele conheceu Ritchie Blackmore pessoalmente. Conversamos sobre o colégio e guitarras. Ele realmente me absorveu. Desliguei não só sabendo onde era Hollywood, mas também vendo uma luz que sempre soube que existia. Eu só não sabia como chegar lá. Mas Kim Fowley havia descrito aquela luz e me dado instruções para chegar até ela.

Falei para os meus pais sobre isso. Na hora, eles me disseram: "Entre no carro e vá até lá".

Meus pais me ajudaram a arrumar meu equipamento na parte de trás de um Monte Carlo 1972 marrom que haviam comprado da minha tia Rose como presente de aniversário para mim. Com o olho vermelho-vivo e o rosto ainda machucado, eu parecia meio possuída pelo demônio. Depois de colocar minha Gibson SG chocolate no banco de trás, saí da garagem e dirigi para a rodovia. Eu nunca tinha ido para Hollywood. Parecia longe de Long Beach – um planeta inteiro de distância.

A AUDIÇÃO

A AUDIÇÃO aconteceu no coração de West Hollywood, nas avenidas San Vicente e Santa Monica. Foi num lugar no andar de cima de uma drogaria que já não existe faz tempo. Era uma pequena espelunca, com paredes cobertas por cortinas grossas, velhas e empoeiradas para evitar que o som vazasse, carpete marrom para amortecer um pouco o barulho e não tinha palco. Na sala, havia amplificadores e uma bateria. Quando cheguei lá, Kim Fowley se aproximou de mim. Ele começou a fazer seu discurso de vendas de novo, mas o tempo todo eu sabia que ele estava me avaliando da cabeça aos pés. Ele era alto, tinha o aspecto de um esqueleto e era meio parecido com o Frankenstein, mas de olhos azuis, cabelos castanhos ondulados e uma sobremordida esquisita. Ele estava usando um terno laranja-amarronzado e passou os primeiros cinco minutos me dizendo que era um sujeito muito importante e como faria de todas nós estrelas. Enquanto ele falava, continuei pensando: *Eu estava certa. Ele é um maluco de Hollywood.*

Ele me apresentou às duas garotas da banda até aquele momento: Sandy Pesavento, a baterista, que ainda não havia adotado o nome Sandy West, e Joan Jett, a guitarrista base. Sandy era bonita e atlética, tinha uma ótima personalidade e uma grande empolgação para tocar música. Ela era muito mais extrovertida que Joan. Joan era uma adolescente pequena e tímida de cabelo castanho-claro que usava camiseta e jeans. Ela ficava se escondendo atrás de Kim.

Kim quebrou o silêncio constrangedor batendo as mãos e dizendo: "Bom, toca alguma coisa". Eu queria fazer o queixo deles cair, então comecei a tocar "Highway Star", do Deep Purple, que tem um solo de guitarra incrível. Sandy era uma grande fã do Deep Purple e, para minha surpresa, ela me acompanhou na bateria. Fiquei muito emocionada em ouvir outra garota tocando uma das minhas músicas favoritas. Ela também estava animada. Conhecer Sandy foi uma lufada de ar fresco. Quando fechamos na música, também nos fechamos na amizade. Nós duas vínhamos de uma influência do hard rock e nos aproximamos de cara. Éramos musicalmente iguais. Continuamos fazendo riffs uma para a outra. Ela me perguntou: "Você conhece Led Zep? Hendrix?". Eu conhecia todos.

O gosto musical de Joan não era tão pesado quanto o tipo de som que Sandy e eu curtíamos. A ídola de Joan era Suzi Quatro, de quem eu nunca tinha ouvido falar, e ela gostava mais de coisas do glitter rock. Olhei para Joan e Kim, e eles estavam boquiabertos. Ela ficou lá olhando para nós, e eu diria que o que Sandy e eu estávamos tocando era um estilo de música com o qual ela não estava familiarizada. A audição foi um sucesso. Depois disso, entrei na banda e me disseram para ir para os ensaios no fim daquela semana.

Depois de assistir Joan tocar por alguns dias nos ensaios, percebi que ela não estava tocando acordes com pestana. Perguntei se ela queria que eu a ensinasse e ela disse que sim. Joan aprendia rápido. Durante aqueles primeiros ensaios, havia uma baixista chamada Micki Steele, que não estava lá quando fiz a audição, porque Kim não tinha certeza se eu tocava baixo ou guitarra e ele queria deixar suas opções em aberto. Trocamos de baixistas como trocamos de roupa. Micki não estava feliz com a banda e, aparentemente, os sentimentos eram mútuos. Ela não suportava Kim e não gostava do estilo de música que tocávamos. Ela não queria fazer parte de uma banda de rock adolescente, o que era justo, porque ela já tinha vinte e dois anos.

Kim tinha acabado de ler um livro chamado *Blondes in the Cinema* [Loiras no Cinema] e estava obcecado pela forma como a luz refletia nos cabelos loiros. "Precisamos encontrar uma loira para cantar", ele falava. "Precisamos de um Mick Jagger louro", falei, e Kim concordou. The Sugar Shack era um clube adolescente popular em North Hollywood que eu não conhecia. Aparentemente, você não podia entrar a menos que tivesse menos de dezoito anos, mas é claro que eles deixavam Kim Fowley, de trinta e seis anos, entrar, porque ele era Kim Fowley.

"Vadias adolescentes vão estar lá", disse ele. Houve alarde no Sugar Shack naquela noite, porque as pessoas tinham ouvido falar das Runaways, e a notícia de que Kim e Joan foram lá para procurar uma vocalista se espalhou. Kim Fowley criou o alarde. Ele era o rei do hype. Era isso que as Runaways foram no começo – o hype de Hollywood. E agora era hora de a coisa ficar séria.

A AUDIÇÃO

NO DIA SEGUINTE, nos encontramos na sala de ensaio em cima da drogaria. Estávamos sentados na sala, improvisando, esperando uma garota que Kim havia encontrado no Sugar Shack. Finalmente ela chegou – Cherie era magra e bonita, com cabelo loiro-platinado cortado exatamente como o de David Bowie em seus dias de Ziggy Stardust. Ela estava muito nervosa. Para mim, ela parecia uma garotinha perdida. Achei que ela era jovem demais, mas suponho que Kim queria uma garota bonita. E ela era. Principalmente quando acendia um cigarro.

Kim fechou a porta e disse: "Que música da Suzi Quatro você sabe?".

"'Fever'."

Eu me levantei e disse: "'Fever'? Você aprendeu 'Fever'? Por quê?!".

"Ah, é uma música meio sensual", gaguejou ela. "Achei que vocês pudessem ouvir a minha voz."

"Não vou tocar 'Fever'", falei para todos. "Quero tocar rock'n'roll, merda." Cherie e eu não nos demos exatamente bem. Sandy também não estava muito feliz com ela.

Kim Fowley disse: "Tudo bem, espere. Vamos escrever uma música. O que Cherie lembra? Cherry! Vamos escrever uma música chamada 'Cherry Bomb'".

Kim levou Joan para a outra sala enquanto o restante de nós ficou na sala esperando. Vinte e cinco minutos depois, eles voltaram e Kim apontou para Joan e disse: "Toque isto. Doo-doo-doo-doo-doo-doo-doo-doo". Joan começou a imitar Kim na guitarra. Kim começou a cantar a letra de "Cherry Bomb".

Cherie fez a audição para a banda cantando essa música. Eu estava cética sobre suas habilidades de canto. Ela era muito jovem e pouco desenvolvida. Além disso, o fato de ela estar numa boate me assustou. Que pai ou mãe permite que seu filho saia à noite em Hollywood sem um adulto? Ela só tinha quinze anos. Mas era uma garota faminta pela fama do rock'n'roll.

Eu estava levando. Não fiquei empolgada, mas não tinha nenhuma opinião. Nenhuma de nós opinava sobre isso. Kim decidia. É claro que a escolha de Cherie tinha a ver com sua aparência e seu cabelo loiro. Kim estava determinado a torná-la nossa líder, e era isso.

Depois de fazê-la esperar um pouco mais, Sandy disse: "Tudo certo, bem-vinda às Runaways".

Cherie suspirou de alívio. Todos apertaram sua mão, até Kim, enquanto ele a olhava como se ela fosse um pedaço de carne. Ele ficou aliviado porque sua busca por uma vocalista havia acabado. Eu ainda não estava convencida. Eu esperava mais depois de aprender solos de guitarra tão complicados.

Agora precisávamos de alguém para tocar baixo. Rodney Bingenheimer, um lendário DJ da Sunset Strip e proprietário da Rodney's English Disco, falou para Kim sobre uma jovem fã do Kiss chamada Jackie Fuchs, que ele havia conhecido no estacionamento do Starwood. Rodney parecia saber como encontrar garotas bonitas. Ele estava entusiasmado com Jackie e seu amor pelo Kiss. "Sou baixista", ela falou para Rodney. Kim pensou em pedir para que ela fosse para a audição, sem saber o que esperar. Como ela poderia recusar? Era a chance da vida dela.

Para nossa surpresa, Jackie Fuchs apareceu para a audição e a única música que ela conhecia era uma música do Kiss, claro: "Strutter". Para ser honesta, não me apaixonei pelo jeito de tocar de Jackie. Sandy também não quis que ela entrasse na banda. Ela simplesmente não era trabalhada no rock'n'roll. "Ela aparenta ser uma garota comum, não há nada de rock'n'roll nela", falei. Sandy concordou e disse que ela parecia uma "patricinha".

"Ei, me escutem, suas merdinhas", disse Kim, apontando o dedo na nossa cara. "Todos os jovens comuns podem se sentir confortáveis com ela. Vocês devem agradecê-la por ela ser ela ou nunca conseguirão assinar um contrato. Ela é boa o suficiente para fazer o que a Mercury Records quer", e isso significava que assinaríamos um contrato se deixássemos Jackie entrar na banda. Como diz a lenda das Runaways, pouco antes de Jimi Hendrix morrer, ele disse a Denny Rosencrantz, que seria o cara do A&R (departamento de Artistas e Repertório) da Mercury Records, em 1975: "Denny, um dia garotas com guitarra vão tocar rock'n'roll. Elas estarão à frente do tempo e serão como alienígenas quando aparecerem na cena do rock'n'roll. Sempre que elas aparecerem, ninguém vai saber o que é. Se você ainda estiver por perto quando uma banda só de garotas aparecer, se lembre deste momento". Mas Denny Rosencrantz não deu ouvidos a Jimi Hendrix e não nos contratou.

Tive a impressão de que todos aceitaram Jackie na banda porque não queriam mais procurar. Para mim parecia que ela não se encaixava numa banda de rock. Mudei meu "não" para "sim", mas só para conseguir um contrato. Jackie melhorou com o tempo, como todas nós.

NOS MESES SEGUINTES, ensaiamos num trailer desconfortável na esquina do Cahuenga Boulevard com o Barham Boulevard, no vale de San Fernando. Na verdade, era um trailer que dava para ser puxado enganchando-o na parte de trás de uma caminhonete. Ele estava estacionado perto da rodovia Hollywood 101 e pertencia a um cara chamado Bud, que tinha uns cem anos e não tinha dentes. Kim alugou o trailer dele por provavelmente US$ 0.25 a hora. Não havia nada nele, exceto um tapete de pelo colorido e imundo que tinha todos os tipos de manchas. Era realmente nojento e num local sujo, mas não me importei. Para mim, era um lugar onde poderíamos tocar tão alto quanto quiséssemos e ninguém nos incomodaria. Um dia, a são-bernardo de Bud entrou na sala de ensaio e estava pronta para dar filhotes. Ela teve uma ninhada ali mesmo, enquanto ensaiávamos. Meu Deus! Havia placenta e fluidos em todo o maldito tapete. Alguém correu para fora para contar para Bud o que tinha acontecido, enquanto o restante de nós continuou ensaiando. Foi um pouco desconcertante, para dizer o mínimo. Bud deu o dia por encerrado. Kim nos deixou ir para casa enquanto Bud limpava a sujeira.

Todas chegávamos ao trailer de Bud por volta das 16h30min, direto do colégio. Estávamos sempre morrendo de fome quando chegávamos lá. Uma coisa boa sobre aquele local era a delicatessen da esquina. Eu comia um sanduíche de abacate com provolone e tomate no pão de ovos quase todos os dias. Sandy pegava um cheeseburguer. Sandy e eu devorávamos nosso lanche e depois íamos direto trabalhar com música. Fazíamos o trajeto mais longo, então chegávamos mais tarde lá. Eu saía do colégio mais cedo e dirigia de Long Beach para a casa dela em Huntington Beach. Em um dia bom, isso levava pelo menos trinta minutos. Então eu dava a volta com o carro e dirigia até o Vale. Dirigíamos pela rodovia 405 até a 101; dava uma boa viagem de uma hora e meia. Jackie, Joan e Cherie costumavam estar lá porque moravam muito mais perto.

Sandy e eu conversávamos durante todo o trajeto. Ela me contava sobre sua família e suas irmãs. Ela era a grande ovelha negra da família, e sua mãe não apoiava muito sua decisão de estar numa banda de rock. Parecia que não importava o que Sandy fizesse, ela não conseguia deixar sua mãe feliz. Para mim, ela era a melhor de todas as suas irmãs e era uma pena que sua mãe não percebesse isso. Em um de nossos longos trajetos, Sandy apareceu com uma música que chamamos de "The Nipple Song" [A música do mamilo]. Precisávamos encontrar um jeito de nos manter ocupadas, então por que não uma música? A letra se justapunha à da música infantil "Row, Row, Row Your Boat" [Rema, rema, rema o seu barco], e começava com Sandy cantando: "Seus mamilos estão ficando duros?".

E eu respondia: "Sim, meus mamilos estão ficando duros!".

Sandy: "Ficando duros!".

Eu: "Ficando duros!".

Sandy: "Seus mamilos estão ficando duros?".

Eu: "Sim, meus mamilos estão ficando duros!".

Depois nós duas cantávamos: "Wooooooooooooooh!" e começávamos tudo de novo em uníssono. Uma bela melodia.

Era uma histeria e nos divertíamos muito. Estava se tornando a música-tema das Runaways. Também tínhamos outra música chamada "Cinema". A letra era simples: *"Cinema, cinema, cinema face"* [Cinema, cinema, cara de cinema]. Outra música inovadora.

Muita coisa do início das Runaways foi gerada naqueles ensaios. Um dia, ficamos à toa, pensando em como poderíamos mudar nossos nomes para que soassem mais rock'n'roll. Joan já havia mudado seu nome de

A AUDIÇÃO

Joan Larkin para Joan Jett. Todas nós decidimos que deveríamos fazer algo parecido. Sandra Pesavento se tornou Sandy West e Jackie Fuchs se tornou Jackie Fox. Fiquei ali por um tempo pensando: *Que merda de nome vou usar? Lita Paris? Lita London?* Tentei de tudo, mas nada parecia bom. Por fim, falei: "Caguei pra isso. Se não gostarem de mim por causa do meu nome, que se fodam". O nome de Cherie já tinha sido planejado para Hollywood, pois sua mãe era atriz e ela sabia como batizar uma criança de Los Angeles. Cherie Currie. Não dava para superar isso.

Uma vez, ensaiamos peladas. Só por diversão. Colocamos a equipe e os roadies para fora e trancamos a porta. Então tiramos toda a roupa e tocamos peladas. Começamos com "The Nipple Song".

Sandy e eu cantávamos para as garotas do outro lado do trailer:
"Seus mamilos estão ficando duros?"
Joan, Cherie e Jackie: "Sim, meus mamilos estão ficando duros!".
Sandy e eu: "Ficando duros!".
Joan, Cherie e Jackie: "Ficando duros!".
Todas: *"Wooooooooooh!"*.

Aos dezesseis anos, meu corpo já havia se desenvolvido. Eu tinha um busto quarenta e quatro, sessenta e seis centímetros de cintura e noventa e um centímetros de quadril. Era a única com um corpo de mulher e isso me fazia sentir gorda. Odiava isso. Embora fosse considerado um corpo perfeito, eu me sentia desajeitada. Tiveram de pintar um decote no peito de Cherie na capa do primeiro álbum porque ela estava com a blusa aberta e não havia nada ali. Só percebi mais tarde que as curvas eram uma coisa boa.

Eu chegava em casa mais ou menos à meia-noite e me arrastava para a cama. De manhã, eu implorava para o meu pai me deixar ficar em casa em vez de ir para o colégio. Eu dizia que estava doente ou que ia vomitar. Ele nunca acreditou nas minhas mentiras. Se eu quisesse estar em uma banda de rock, tudo bem para ele, mas também precisava me formar no segundo grau, então me arrastava para Long Beach Poly todas as manhãs e saía de lá o mais rápido possível para pegar Sandy e ir para os ensaios.

"FICAMOS PENSANDO EM MUDAR NOSSOS NOMES PARA QUE SOASSEM MAIS ROCK'N'ROLL. JOAN JÁ HAVIA MUDADO DE JOAN LARKIN PARA JOAN JETT. SANDRA PESAVENTO SE TORNOU SANDY WEST E JACKIE FUCHS SE TORNOU JACKIE FOX.

FIQUEI PENSANDO: QUE MERDA DE NOME VOU USAR? LITA PARIS? LITA LONDON? TENTEI DE TUDO, MAS NADA PARECIA BOM. POR FIM, FALEI: 'CAGUEI PRA ISSO.' E O NOME DE CHERIE JÁ TINHA SIDO PLANEJADO PARA HOLLYWOOD. CHERIE CURRIE. NÃO DAVA PARA SUPERAR ISSO."

NUMA TARDE, durante o ensaio, me dei conta de uma coisa. Devia ser outubro de 1975 e estávamos nas Runaways havia duas semanas na época. Eu achava estranho nenhuma das minhas colegas de banda falar sobre rapazes. Éramos adolescentes – rapazes deviam ser o assunto favorito, mas elas estavam sempre rindo das outras garotas. Ao mesmo tempo, percebi que Joan e Cherie sempre estavam juntas e íntimas, não de um jeito amigável, mas romântico. Joan ia a todos os lugares com Cherie e a seguia como uma sombra. Eu só pensei que elas estavam se tornando melhores amigas, mas então minha ficha caiu: *elas gostavam de garotas*. Todas, menos Jackie. Jackie era hétero e também não usava drogas.

Antes disso, eu nem conseguia nomear quem era gay ou bissexual. Eu nunca tinha convivido com alguém assumidamente gay na vida. Sei que parece loucura agora, mas naquela época meus pais nunca falavam sobre isso comigo. Por que ninguém discutia isso? Se não meus pais, então meus professores? Kim? Era 1975. Ser gay ou bissexual era considerado "errado" pela sociedade em geral. Ponto. Lamento dizer que isso fodeu com a minha cabeça. Se alguém tivesse me ensinado que os homens às vezes dormem com homens e mulheres às vezes dormem com mulheres, eu não teria ficado tão chocada. Mas me deixaram descobrir isso sozinha.

Primeiro, descobri que Sandy, com quem eu tinha mais proximidade, era lésbica. Então descobri que Cherie estava saindo com Joan. Surtei tanto que saí da banda. Coloquei a culpa em Kim. Eu disse que não aguentava mais o comportamento estranho dele. Mas era mentira. Eu entendia quando alguém era um lunático desbocado. Porém, não entendia o lesbianismo ou a bissexualidade. Achava que uma das garotas me atacaria e, antes que isso acontecesse, juntei todo o meu equipamento e fui para casa. Eu disse à minha mãe e ao meu pai que havia brigado com Kim e saído da banda. Meus pais ficaram chateados. Eles realmente achavam que chegaríamos a algum lugar como uma banda.

Depois de mais ou menos um mês, continuei tendo pesadelos de que as Runaways alcançariam o status de superstar enquanto eu seria deixada para trás. Um dia, em meados de dezembro de 1975, recebi um telefonema de Joan, Cherie e Sandy. Eu sabia que Kim as incumbira disso. Nessa época, elas estavam em estúdio gravando o primeiro álbum, mas ainda não haviam assinado contrato com uma gravadora. Elas disseram: "Lita, por favor, volte. Não encontramos ninguém para te substituir. Ninguém consegue tocar como você". Fiquei animada. A essa altura, eu havia aceitado o comportamento delas e não era nada de mais. Eu sabia que elas não tentariam algo comigo, porque eu não tinha esse jeito de ser e elas respeitavam isso. Esse telefonema também me fez entender que eu era muito boa, porque é claro que eles estavam fazendo audição com outras garotas, mas nenhuma delas havia passado.

Eu disse a Kent Taylor: "Você vai comigo e vai me dizer o que acha?". Eu precisava de uma segunda opinião de alguém em quem confiasse. Colocamos meu equipamento no meu Monte Carlo e dirigimos até o Cherokee Studios de West Hollywood. Quando chegamos lá, Sandy estava na cabine de bateria conectando o som e Joan estava ajustando. A banda inteira e Kim me cumprimentaram e me agradeceram por eu ter voltado.

Assim que entramos, Kent começou a olhar para uma mesa enorme de mixagem e microfones. Ele se virou para mim e disse: "Se você não embarcar nisso, você é louca". Kent conhecia Sandy West de algum lugar. Ele falou para ela: "Puta merda, é você. Eu te falei sobre a Lita quando você estava tentando formar uma banda. Lembra?".

Kim ainda estava meio que organizando o som. Todas nós improvisamos um pouco e Kim ficava parando a fita para nos dizer: "Vocês precisam pensar com a virilha. Vocês vão abrir para os Tubes em três semanas e precisam pensar com a buceta". Kent olhou para mim como se dissesse: *Qual é o problema desse cara?* Ele não tinha visto nada ainda. Esse era o lado tranquilo de Kim Fowley. Não demorou muito para que ele nos chamasse de carne para cachorro, cadelas, vadias, brinquedinho para cachorro. Mas aprendi com o "episódio gay" a parar de tentar entender as pessoas, a me desligar delas e a me concentrar nas minhas seis cordas.

LITA FORD

A BANDA já estava junta há algum tempo e achamos que seria ótimo ver *The Rocky Horror Picture Show* juntas, como uma banda. Todas, menos Jackie, fomos ao cinema naquela noite para assistir a esse filme. Comecei a desenvolver uma fixação por transexuais e, embora nunca tivesse feito sexo com nenhum, gostava deles. Sempre achei que Tim Curry travestido era uma fantasia sexual incrível minha. Também acho que isso pode ter servido de inspiração para o espartilho de Cherie. Com algumas das garotas experimentando suas identidades sexuais, achei que esse era o filme transexual/rock'n'roll perfeito para assistirmos. Gostamos do filme e apresentávamos a música "Time Warp" inteira juntas, com todos os passos de dança. Nos alinhávamos e fazíamos isso em ensaios, restaurantes, shows ao vivo, estações de rádio, festas, em todos os lugares. Quando nos alinhávamos na frente da bateria para fazer o "Time Warp" no ensaio, Kim dizia: "Ei, suas vadias imundas, parem com essa merda!". Mas continuávamos dançando, com o dedo do meio no ar, na direção de Kim. E, sim, até quando ensaiamos peladas naquele dia, a dança do "Time Warp" entrou no nosso "setlist", assim como "The Nipple Song".

CAPÍTULO 3

"BORN TO BE BAD"

I called my mother from Hollywood the other day

And I said, "Mom, I just called to tell ya I joined a rock'n'roll band.

And I won't be comin' home no more"

[Liguei para minha mãe de Hollywood outro dia

E disse: "Mãe, só liguei para dizer que entrei numa banda de rock'n'roll

E não vou mais voltar para casa"]

— "Born to Be Bad"
(Letra escrita por Nikki Williams, Matthew West e Sam Mizell)

ASSINAMOS UM CONTRATO COM KIM FOWLEY EM DEZEMBRO DE 1975.
Todas precisávamos levar um dos pais para assinar porque éramos menores de idade, então dirigi até lá com meus pais. O contrato estabelecia que Kim Fowley atuaria como nosso agente quando assinássemos contrato com uma gravadora. Não sabíamos nada sobre edição nem royalties na época. Estávamos felizes por conseguir um contrato com uma gravadora; ninguém queria questionar nada e parecer a idiota do grupo. Em vez disso, assinamos na linha: como um bando de idiotas.

Um dos nossos primeiros shows foi na sala de estar de Nick St. Nicholas em Malibu. Kim não nos deu muitos detalhes antes de nos apresentarmos, então, quando ele abriu a porta e vimos o baixista do Steppenwolf, quase desmaiei. Steppenwolf era uma das minhas bandas favoritas. O lugar era escuro, sujo e cheio de rostos famosos ou rostos que eu sabia que provavelmente conhecia. Não havia palco, então nos instalamos perto da lareira de tijolos na sala de estar. Eu estava um pouco nervosa, mas assim que começamos a tocar tudo desapareceu. Havíamos escrito algumas músicas das Runaways, mas também fizemos covers para que as pessoas ouvissem algo com que estavam familiarizadas.

Fizemos vários shows de abertura para os Tubes. Eles começavam o show com o vocalista principal, Fee Waybill, entrando no palco numa motocicleta com uma garota na garupa, vestida ao estilo sadomasoquista. Era uma forma excitante de começar um show, usada por muitos outros artistas (Mötley Crüe e Judas Priest são dois exemplos) nos anos seguintes.

Eu achava as garotas dos Tubes bem provocantes: vampiras musculosas, sexuais e lindas. Elas eram sexy para mim. Perguntei como elas faziam para ficar tão em forma e dispostas, porque eu ainda estava tentando perder minhas gordurinhas desde quando era bebê. Elas disseram que nadavam nas piscinas dos diferentes hotéis em que ficavam durante as turnês. Tentei fazer isso algumas vezes, mas não funcionou. Era difícil transportar os maiôs molhados na minha mala.

Fee era sexy com suas enormes botas plataforma à la Elton John e a barriga bem definida exposta, às vezes vestido só com um fio-dental durante o show. Ele tinha uma sexualidade intimidante, erótica de assistir e era muito divertido estar perto dele. Os Tubes eram excitantes. Eles combinavam palhaçadas quase pornográficas enquanto zombavam da mídia, do consumismo e da política. Dá para imaginar ser uma adolescente e abrir o show para esses caras?

Fazer shows com os Tubes significava tocar em locais maiores e melhores. As Runaways formavam dupla com uma banda como a deles porque eles eram eróticos e incomuns. Sexuais, mas rock'n'roll. Ótimas músicas com ótimos riffs. Com as Runaways e os Tubes, você tinha certeza de estar em um grande show para o qual você provavelmente se masturbaria em casa depois, fosse homem ou mulher. Ah!

"BORN TO BE BAD"

Mas os Tubes trabalhavam sério; eles não saíam nem ficavam acordados a noite toda como nós. Essa era outra coisa de que eu gostava neles – eles trabalhavam muito e dava para ver isso.

Conseguíamos tocar nossas músicas no palco, mas meio que ficávamos lá, sem fazer muita coisa. Isso frustrava Kim, e ele tentava nos mostrar como atuar no palco. Ele nos disse para olhar para ele enquanto ele atuava como um Mick Jagger versão feminina fazendo um striptease. Ele ergueu a bunda para cima, torceu os ombros, molhou os lábios com a língua e disse: "Mmmm, olhe para mim, sou Cherie Currie". Todas nós olhamos para ele, pensando: *Não, você não é.*

"Ei, suas vadias!", ele gritou. "Isso não é engraçado! Estou tentando mostrar como vocês devem se movimentar no palco, então não fiquem aí como um bando de manequins!"

Kim percebeu que não estava chegando a lugar nenhum e levou Kenny Ortega, que coreografou os Tubes, para ajudar no show das Runaways. Agora Kenny é um dos maiores nomes de Hollywood: seus créditos de coreografia incluem as turnês mundiais de Michael Jackson e filmes como *Flashdance*, *Dirty Dancing* e *High School Musical*, mas The Runaways foi uma das primeiras bandas com que ele trabalhou. Ele incluiu alguns passos simples e sincronizados em nossa apresentação e nos mostrou como não esbarrarmos umas nas outras. Ele me ensinou muito sobre como me movimentar no palco. Na verdade, anos depois, quando comecei a Lita Ford Band, ganhei o prêmio da revista *Metal Edge* de Melhor Artista Feminina de Rock por dez anos consecutivos, e creio que boa parte disso teve a ver com muitas das coisas que Kenny me ensinou no início da minha carreira.

NOSSO PRIMEIRO show como banda principal foi no clube noturno Starwood, em Hollywood. Tocamos lá em 28 e 29 de janeiro de 1976, para uma casa lotada nas duas noites. Usávamos jeans e camisetas estampadas com THE RUNAWAYS e nossos nomes escritos embaixo. Nossos pais também foram e usaram camisetas com estampas indicando "PAI DA LITA",

"MÃE DA JACKIE" etc. Naquelas duas noites aconteceram os shows em que todas nos juntamos como uma banda, principalmente porque foi a primeira vez que vimos a multidão enlouquecer. As pessoas testemunharam a magia da visão de Kim Fowley: uma banda de rock só de ninfetas. E todos se perguntaram por que não haviam pensado nisso antes.

Depois do show, fomos cercadas pelas celebridades que Kim havia convidado. Na metade do tempo não sabíamos quem elas eram, embora devêssemos saber, mas naquela noite reconheci duas delas muito bem: Robert Plant e Jimmy Page. Acho que eles tiveram uma noite de folga e queriam ver a banda de garotas de que todos estavam falando. Kim realmente sabia como fazer alarde. Ele deu a Plant uma camiseta das Runaways, que ele usou quando posou para fotos conosco. Eu estava sem palavras por estar ao lado de Jimmy Page, um dos meus heróis da guitarra. Mas foi Plant quem falou comigo. Jimmy Page estava muito quieto. Plant me chamou de lado, me olhou nos olhos e perguntou se eu sabia tocar baixo. De novo a porra de tocar baixo! Por que todo mundo achava que eu tocava baixo?

"Para quem?", perguntei.

"Led Zep."

Ele podia ter bebido ou estar me pregando uma peça, mas parecia estar falando sério naquele momento. Fiquei pensando no que o baixista, John Paul Jones, havia feito para irritá-los. Esse cara era um dos meus ídolos como baixista. Eles não vão substituí-lo de jeito nenhum, pensei. Principalmente por uma adolescente. Não é de surpreender que nunca mais ouvi falar disso.

ALGUNS DIAS DEPOIS daquele show no Starwood, em 4 de fevereiro de 1976, assinamos outro contrato, dessa vez com a Mercury Records. Logo depois, Kim contratou seu assistente, Scott Anderson, para ser nosso empresário, porque Kim não gostava de ir aos shows e não queria embarcar numa turnê conosco. Ele passou essas responsabilidades para Scott. "Ele

"BORN TO BE BAD"

vai lidar com as atividades do dia a dia", disse Kim. Scott tinha cerca de vinte e cinco anos e era um mauricinho com aparência nerd, com um nariz grande e um olhar especial para Cherie. De cara, eu soube que ele era mentiroso e causaria problemas.

Imediatamente após essa assinatura, terminamos a gravação do primeiro álbum, o que não demorou muito. Talvez algumas semanas. Não sei se porque não tínhamos dinheiro ou porque Kim embolsou a maior parte dele. Mais tarde, ele afirmou que estava tentando fazer um álbum adolescente de verdade com todos os erros que ainda havia nele. Kim tinha um jeito de fazer tudo parecer parte de um grande plano, mas eu tinha dúvidas desde o início, como: Onde está o dinheiro? Quanto receberíamos? Quanto custou o estúdio? Quanto receberíamos em cada show ao vivo? Nenhuma de nós viu um centavo daquele primeiro álbum, mas acho que presumimos que era assim que o negócio da música funcionava. Mas com certeza ganharíamos dinheiro com a turnê, ou foi o que pensei. Todas logo aprenderíamos que Kim era um mestre em fazer as pessoas fazerem o que ele queria, o que funcionava tanto para o nosso benefício quanto para o nosso prejuízo.

Estávamos nos tornando as heroínas da cidade. Isso significava que as pressões estavam ficando mais intensas, e algumas das garotas da banda começaram a se envolver com drogas. Sandy tinha uma amiga chamada Toni que costumava ficar por perto o tempo todo. Ela tinha seios grandes e lábios vermelhos brilhantes. Ela era muito gata!

Toni havia sofrido um grave acidente quando tinha dezesseis anos. Ela foi campeã de motocross, ficou em terceiro lugar no ranking mundial e, nessa época, foi atropelada por um motorista bêbado quando andava de moto. Ela morreu duas vezes na mesa de cirurgia e passou por cinquenta e sete cirurgias para reparar o dano na perna que se quebrou em sete lugares diferentes. Ela conseguiu manter a perna, graças a Deus, mas agora uma parte dela era de titânio. Ela era tipo uma vadia biônica. Por isso, ela sempre tinha várias prescrições de remédios, mas nunca os tomava. Uma noite antes de um show, eu a vi tentando dar comprimidos a Joan e Sandy no camarim. Eu a agarrei, girei-a e joguei-a no chão. Eu estava puta da vida, mas logo percebi que não conseguiria controlar o uso de drogas de ninguém. Se elas não conseguissem as drogas de Toni, poderiam consegui-las de outra pessoa. Muita gente se sentia atraída pela Toni porque ela era gostosa ou porque sempre tinha uma bolsa cheia de drogas. Eu me sentia atraída por ela porque ela não tinha medo. Não havia nada que Toni não pudesse conquistar e, por isso, ela se tornou minha heroína e, com o tempo, minha melhor amiga.

ENQUANTO ISSO, as Runaways estavam saindo em várias revistas de rock. Uma revista enviou uma equipe de reportagem à minha casa em Long Beach para fazer uma entrevista no meu quarto. Tiraram uma foto minha sentada na cama sob um pôster de Ritchie Blackmore. Logo depois que a revista chegou à banca, recebi um telefonema de Ritchie. Ritchie dono da porra toda Blackmore! Quase tive uma parada cardíaca só de ouvir a voz dele. Kim Fowley tinha dado meu número para ele. Conversamos um pouco sobre música e então ele perguntou: "Você quer me visitar aqui em casa?". Adivinhe a minha resposta.

Ele morava em uma bela casa térrea nas colinas, sob o letreiro de Hollywood. Fui dirigindo meu Monte Carlo até lá. Eu tinha uma fotografia num envelope pardo no painel. Quando saí do carro, estava tremendo e minhas mãos estavam suadas. Tive de subir um lance de escada instável até a casa, que estava escondida para que ninguém pudesse enxergar da rua. Ritchie atendeu a porta da frente e a primeira coisa que ele me disse quando coloquei os pés na casa foi: "Essa é uma fotografia muito interessante".

"Que fotografia?", perguntei.

"A fotografia no painel do seu carro."

Fiquei pálida. Como ele sabia que estava lá? Da casa, não dava para ver o carro. Eu já estava nervosa, mas surtei com isso. Pensei no que mais ele conseguia ver. Naquela tarde, conversamos sobre guitarra e rock'n'roll e como era estar no ramo há tanto tempo como ele estava. Essa foi a primeira de muitas visitas à casa dele.

Ritchie e eu nos tornamos amigos. Ele era um cara realmente interessante e supertalentoso, mas havia acabado de se divorciar e parecia estar sozinho. Transamos uma ou duas vezes (bem depois de eu ter completado dezoito anos), e eu podia dizer que ele sentia falta da ex-mulher e provavelmente ainda a amava. Eu conseguia sentir isso. Não sei por que eles se separaram, nunca perguntei. Eu logo descobriria que fama e solidão andam de mãos dadas.

Ritchie tocava violoncelo para mim. Ele teve aulas com Hugh McDowell, da banda Electric Light Orchestra, e disse que foi "revigorante" aprender a tocar um novo instrumento. Também tocávamos guitarra juntos. Ele me ensinou a tocar em tons menores e sua famosa escala Blackmore "Snake Charmer". Absorvi cada pedacinho disso. Ele tocava escalas pesadas e sexy de guitarra para mim, e eu ia para casa e as praticava. Escutava tudo de que ele me falava e imediatamente usava com as Runaways. Ritchie me disse que havia feito balé. Respondi: "Você faz aulas de balé? Que coisa estranha para alguém como você fazer". Ele me disse que isso lhe deu pernas fortes e o deixou gracioso no palco. Ele dobrava uma das pernas e se inclinava durante todo o show; tudo funcionava em torno dessa postura. Comecei a fazer isso também. Acabei desenvolvendo meu próprio estilo, mas por um tempo o imitei. Todas as Runaways imitamos nossos ídolos no começo.

Depois de cada visita eu saía em transe, intoxicada por sua presença e todas as informações que ele me dava. Ele me deu um anel de ouro com a face de uma coruja e rubis no lugar dos olhos. Corujas eram sua paixão e ele as colecionava. Ele as amava por sua inteligência e ele mesmo quase se parecia com uma delas, com suas grossas sobrancelhas pretas. Esse anel era meu orgulho e alegria. Ritchie também me deu uma de suas palhetas especiais para guitarra, uma palheta de cinco lados com design artesanal com a extremidade pontiaguda feita de casco de tartaruga. Usei essa palheta durante toda a turnê de três meses, o que é meio inédito. Eu a mantinha na boca como se mascasse tabaco quando não estava tocando para não perdê-la nunca. Eu a usei até virar pó. Continuei usando palhetas de cinco pontas e ainda uso. Além de Ritchie e alguns outros, praticamente ninguém usa esse formato obscuro de palheta. Não consigo usar nenhum outro formato de um jeito confortável. Acho que a ponta muito afiada desse tipo de palheta me permite fazer a palhetada alternada com minhas notas de forma mais articulada e também facilita fazer squeals e sons agudos com a harmonia que uso na minha execução.

Um dia, quando estava saindo da casa de Ritchie, desci a colina de sua casa e cruzei a linha divisória central. Para começar, não é fácil dirigir em Hollywood Hills – as ruas são estreitas, apertadas e cheias de curvas. Mas, como se não bastasse isso, eu estava dirigindo um carro do tamanho de um barco e estava nas nuvens por ter tocado guitarra a tarde toda com um dos meus heróis e não estava prestando tanta atenção nas ruas como deveria. Antes de entender o que estava acontecendo, cruzei a faixa dupla amarela e bati num cara de moto que estava com a namorada na garupa. Eles caíram da moto e escorregaram colina abaixo, para longe do meu Monte Carlo. Fiquei horrorizada. Pensei que os havia matado. Corri para fora do carro e, milagrosamente, os dois estavam bem. Estávamos todos abalados, mas tivemos muita sorte. O motociclista estava furioso comigo, com razão, e a namorada reclamava que sua calça jeans estava suja de óleo, então pensei: *Está tudo bem e, se essa é a maior reclamação dela, eles estão bem.* Falei para eles levarem a moto para o conserto e me mandarem a conta. Eu os convenci a não chamar a polícia, mas com certeza aprendi a lição sobre cruzar a faixa dupla amarela! Quando fui embora, fiquei com muita vergonha e pensei se Ritchie tinha visto a coisa toda. Ele nunca comentou nada sobre isso. Trinta e cinco anos depois, encontrei o motociclista nos bastidores de um show do Mötley Crüe e Poison em Fort Lauderdale, na Flórida. Ele disse: "Lita, você se lembra de mim?". Respondi: "Não, desculpe, quem é você?".

"Eu sou o motociclista que você atropelou na Kings Road."

Surtei! Eu disse a ele como me sentia mal e como isso afetou minha vida – e a forma como eu dirigia! – e que ainda sentia muito. Ninguém havia se machucado, então achei que poderíamos rir disso naquele momento, trinta e cinco anos depois, mas ele ainda parecia estar com raiva! Não sorriu e olhou para mim como se eu fosse lixo. Continuei a sorrir e tentei apertar a mão dele, mas ele recusou. Isso aconteceu numa festa nos bastidores de um show de rock – as pessoas deveriam ficar felizes em festas. Eu disse: "Adeus. Tenha uma vida boa", e me afastei.

Embora eu ainda morasse na casa dos meus pais nessa época, eles me ajudaram a alugar um apartamento em Hollywood, na rua Larrabee, bem perto do clube noturno Whisky A Go Go. Fiquei com esse apartamento numa rua lateral da Sunset Strip, porque dirigir no trânsito entre Long Beach e Hollywood era horrível. Era mais fácil ficar no meu apartamento na maior parte do tempo, mas não saí da casa dos meus pais. Eu ia e voltava de um lugar para o outro.

Meu apartamento em Hollywood ficava no quarto andar de uma rua onde as pessoas podiam estacionar seus carros. Se alguém deixasse o teto solar aberto, meus amigos e eu esvaziávamos a minha geladeira pela janela na direção do teto solar aberto de um Porsche de alguém estacionado na rua. Melões, chocolates, McFish, tudo o que não comeríamos. Achávamos isso hilário até o dia em que a polícia apareceu na minha porta perguntando se eu sabia alguma coisa sobre um McFish que encontraram pendurado no volante de um cara. Depois disso, ficamos de boa.

ERA 1976 e estávamos prestes a iniciar uma turnê pelos Estados Unidos para divulgar o álbum *The Runaways*. Apesar de todas as minhas conversas com Ritchie sobre a rotina das turnês, nunca entendi do que ele estava falando até pegarmos a estrada. Nenhuma de nós estava mentalmente pronta para aquela primeira turnê. Como preparar um bando de adolescentes para esse tipo de caos, escrutínio e instabilidade?

As Runaways tinham compromissos de divulgação em rádios e na imprensa agendados de costa a costa. Demos entrevistas para todas as principais revistas de rock, incluindo *Creem* e *Circus*, e visitamos todas as principais estações de rádio em todas as grandes cidades: St. Louis, Detroit, Cleveland, Nova York, Los Angeles. Entrávamos nas estações de rádio e destruíamos o local com extintores de incêndio e usávamos as travessas de frutas nos camarins para ver se grudavam nas paredes ou no teto. As bandejas com iguarias eram boas para decorar o teto, principalmente o queijo. Nossas estações de rádio locais em Los Angeles, KLOS e KNAC, eram as mais simpáticas, e, por serem locais, dávamos um desconto a elas. Ei, precisávamos viver de acordo com a nossa reputação. Eu era boa com algemas, então geralmente algemava o DJ a alguma coisa, mais provavelmente aos tubos do aquecedor ou a algum tipo de encanamento. Então nós o deixávamos lá para descobrir sozinho como tirar as algemas. Nove em cada dez pareciam gostar disso.

Nossos primeiros shows dessa turnê foram em Ohio. A viagem para lá não foi exatamente em alto estilo. Kim comprou uma van marrom revestida de madeira que servia como uma desculpa esfarrapada para parecer um ônibus de turnê. Um roadie foi dirigindo e, ao longo do caminho, usou toneladas de cocaína e drogas estimulantes para ficar acordado por quase três mil e novecentos quilômetros. Fomos em três na frente e três atrás. Tive de aprender a dormir naquela van escorregando a bunda para fora do assento e com os joelhos apoiados na parte de trás do assento à frente. Quando eu tinha a sorte de ficar no assento da janela, olhava para o céu noturno. Sempre procurava minha estrela, desejando que Deus me guiasse e me tornasse uma guitarrista melhor. Eu procurava a estrela mais brilhante – aquela que parecia estar me chamando mais – e fixava meu olhar nessa estrela até adormecer.

Eu tinha me formado no colegial, mas meu pai foi buscar meu diploma porque não pude comparecer à cerimônia. Eu estava no palco abrindo um show para os Ramones. O segundo show da turnê aconteceu no famoso Agora, de Cleveland, quando vimos o pandemônio que uma banda de rock só de garotas poderia causar. No Agora cabem mil pessoas e os ingressos para o show estavam completamente esgotados, mas isso não impediu que outros quinhentos adolescentes forçassem a entrada ou des-

"BORN TO BE BAD"

sem um jeito de entrar. Quase todo o público era de rapazes e eles estavam enlouquecendo. Ficamos aguardando nos bastidores, tocando umas músicas antes do show. Quando a música mudava, havia calmaria suficiente para ouvirmos a multidão urrando, batendo os pés e nos chamando. Minha adrenalina começou a bombar. Entramos no palco e olhamos para um mar de adolescentes se socando para chegar mais perto da frente do palco. Eles gritavam nossos nomes. Estavam lá pela merda da fantasia, como Kim Fowley havia dito. Eu os encarei e lhes mostrei a verdade: uma garota que arrasava na guitarra.

Fizemos uma turnê com os Ramones por um bom tempo, em todo lugar dos Estados Unidos. Uma noite, no fim da turnê, saí com Dee Dee Ramone para pegar umas bebidas. Dee Dee era um cheirador na época. Ele era o mais bonito da banda e teria sido o vocalista principal se não fosse por Joey, mas Dee Dee tinha problemas para tocar e cantar ao mesmo tempo. A música deles era rápida, então cada membro da banda precisava tocar seu instrumento ou cantar, mas nunca fazer as duas coisas. Então Joey se tornou o vocalista principal.

Dee Dee era muito inteligente e sua forma de tocar baixo era precisa, duas coisas que sempre achei atraentes. Depois de algumas bebidas, voltamos para o hotel e transamos. Acho que foi mais uma curiosidade do que desejo sexual. Dee Dee e eu conversamos sobre as aventuras da turnê, os diferentes estados e os diferentes shows. Acho que foi a nossa forma de nos despedirmos. Na manhã seguinte, a turnê acabou. Ele voltou para Nova York e eu voltei para Los Angeles.

Dois dias depois, eu estava sentada no vaso sanitário do meu apartamento e minha virilha começou a coçar. Eu não sabia o que estava acontecendo, então raspei todo o pelo púbico, aí vi aquelas coisinhas andando pela minha pele. Que porra! Surtei. Liguei para a Toni porque a mãe dela é enfermeira e achei que ela saberia o que fazer com essas coisinhas chatas. Ela apareceu vestida com um uniforme de enfermeira, com uma pequena touca de enfermeira na cabeça, estetoscópio no pescoço e batom vermelho-vivo. Sua blusa estava aberta, mostrando seu decote; ela tinha mais que o suficiente. Quando ela chegou, me viu sentada num lençol no meio do piso da minha sala, nua, tentando tirar esses filhos da puta da virilha com a pinça. Mesmo surtando, tive de rir dela naquele uniforme de enfermeira. Ela deu uma olhada no que estava acontecendo e disse: "Acho que precisamos ir a um médico de verdade". O merda do Dee Dee Ramone tinha me passado chatos. O Ramone mais tímido do grupo. Minha primeira e única DST. A julgar pela quantidade de vezes que transei com a galera do rock'n'roll ao longo da minha carreira, eu diria que não é tão ruim. De qualquer forma, abençoada seja a loção Kwell.

CAPÍTULO 4

"QUEENS OF NOISE"

We're the queens of noise,
Come and get it boys.

[Somos as rainhas do barulho,
Venham se servir, garotos.]

– "Queens of Noise"
(Letra escrita por Billy Bizeau)

"VOCÊ NÃO SENTE SAUDADE DE CASA?", CHERIE ME PERGUNTOU QUANDO seguíamos pelo Meio-Oeste para o nosso show seguinte.

"Claro que sinto", respondi. "Mas, quando voltar para casa, quero ser alguém."

Eu entendia que a estrada fazia parte do negócio, mas não estou dizendo que gostava. Aquela primeira turnê foi difícil para todas nós, mas principalmente para Cherie. Cherie nunca tinha saído da Califórnia, e agora estávamos cruzando os Estados Unidos. Nosso itinerário nos levou de Los Angeles para Ohio e, de lá, para Illinois e depois de volta para Ohio, de Nova York para Missouri e, então, de volta para Illinois e Michigan, depois de volta para Ohio, Tennessee e Texas, então para Nova York, depois para Illinois e, por fim, para Wisconsin. Se isso não parece um problema para você, pegue um mapa e percorra a rota com o dedo. Agora imagine fazer isso numa van apertada com o motorista alucinado, no calor do verão, dormindo pouco ou nada e só parando para fazer xixi, comer ou fazer um show. Em todos os lugares aonde íamos, parecia que sempre tínhamos de nos colocar à prova. Ninguém tinha visto uma banda de rock só de garotas antes. Sabíamos que as pessoas iam aos shows por conta de todo o alvoroço e queriam ver se éramos "tudo isso" mesmo.

O show mais importante foi no CBGB, na cidade de Nova York, quando abrimos para os Ramones. Claro que provamos nosso valor para os fãs de Los Angeles, mas lá estávamos em casa. Aquilo ali era Nova York. Era o CBGB, a instituição do rock'n'roll da cidade que sempre definia o que era bacana. Eu sabia que esse era o verdadeiro teste. O CBGB era uma das maiores espeluncas do rock'n'roll de todos os tempos nos Estados Unidos: um lugar cheio de fãs, mídia, suor, baratas, sexo, drogas, vômito, grafite e ótimo rock'n'roll. Cara, se aquelas paredes pudessem falar. O teto era tão baixo que você poderia acertá-lo com a mão da guitarra enquanto estivesse no palco. O encanamento percorria toda a extensão do teto pelo lado de fora, então dava para se pendurar nele ou se balançar nos canos. Nunca dava para conseguir um bom som no CBGB, não importa o que se tocasse, porque ele tinha o formato de uma caixa de sapatos. Era um lugar onde você só entrava, tocava, vomitava, comprava uma camiseta de lá e dava o fora o mais rápido possível. Mesmo assim, tocar nesse lugar é uma grande honra e todos que já subiram naquele palco devem se considerar sortudos. Era uma parte da história do rock'n'roll – ou, melhor dizendo, raunch[1] and roll. No dia seguinte, a cidade de Nova York inteira leria sobre isso e, se Nova York dizia que você era legal, você *era* legal. Nós, as Runaways, tivemos a honra de tocar lá em três ocasiões, e em todas as vezes lotamos o lugar e arrasamos muito!

Quando nos aproximávamos da entrada do clube, olhamos pelas janelas do carro e vimos que a fila descia o quarteirão. Sabíamos que a maioria das pessoas que estava esperando nunca entraria. Comecei a ficar muito

---

1 N.T.: "raunch" significa "imundície".

animada. Assim que saí do carro, um desocupado vomitou nos meus pés. *Bem-vinda à porra da cidade de Nova York*, pensei. As críticas a esse show foram mistas. A maioria dos críticos do sexo masculino nos elogiou, enquanto parecia que as críticas, mulheres, não nos entendiam. Uma crítica disse que éramos "garotas tentando agir como garotos". Ela entendeu errado. Éramos garotas tentando ser melhores que os garotos. E eu estava determinada a fazer todos entenderem isso.

Numa noite, depois de um show em Chicago, nos hospedamos no Lake Shore Holiday Inn, em frente ao Lago Michigan. Depois da apresentação, decidi ir para a cama, para variar, em vez de sair. Eu estava dividindo o quarto com Sandy, que tinha ido ao bar tomar umas bebidas. Quando ela voltou para o quarto, foi rapidamente para a cama e adormeceu.

Poucos minutos depois, um barulho me acordou. Abri os olhos, pensando que era Sandy, mas Sandy estava apagada na cama ao lado. Foi quando percebi que havia um cara no nosso quarto! Ele tinha tropeçado na minha mala, que estava no meio do quarto. Não entrei em pânico, mas rolei para fingir que estava só me mexendo e me virando. Ele se aproximou da minha mesa de cabeceira, que estava de frente para mim, e mexeu na minha bolsa. Ele estava a mais ou menos meio metro de mim. Eu o observava com os olhos entreabertos enquanto ele tirava todo o dinheiro que eu tinha na carteira.

Eu o deixei pegar o que quisesse do nosso quarto. Tive medo de que ele fosse nos estuprar ou tentar nos matar.

Depois que ele saiu do quarto, acordei Sandy e contei o que havia acontecido. Não sei como esse cara entrou no quarto. Talvez Sandy não tenha fechado a porta direito. Ela disse que estava bêbada, então talvez tenha se esquecido de trancá-la. Talvez o intruso fosse uma das pessoas que trabalhavam no hotel. Ele provavelmente viu que Sandy estava bêbada no bar e a seguiu até o quarto. Vai saber? O que sei é que estávamos com medo e chamamos a polícia imediatamente. Demos uma olhada no quarto para ver o que mais ele tinha levado – foi quando percebi que ele tinha roubado todas as joias que eu tinha deixado na pia do banheiro, incluindo o anel de coruja que Ritchie Blackmore me dera. Fiquei devastada. "Merda! Meu anel!", gritei. "Que filho da puta!" Bom, pelo menos ele não atirou em nós. Quando os policiais chegaram, anotaram o máximo de informações possível e disseram: "Desculpem, meninas, provavelmente não encontraremos suas joias, mas vocês podem nos dar seus autógrafos?". *Autógrafos?* Esses policiais estavam falando sério?

Tínhamos mais três shows pela frente, todos em Wisconsin. Nossa última apresentação foi em Milwaukee em 29 de agosto de 1976, um mês e meio depois de sairmos da Califórnia. Depois de tocar em Milwaukee, eu estava muito empolgada para voltar de avião para casa, em Los Angeles, em vez de viajar naquela van horrível de novo. Quando pousamos no Aeroporto Internacional de Los Angeles, mais conhecido como LAX, meu pai estava me esperando. Meus pais sempre foram a base da minha vida. Não importa o que acontecesse, eles sempre estariam do meu lado. Eu nunca tinha ficado longe deles por tanto tempo e, assim que vi meu pai, corri em sua direção, abracei-o e comecei a chorar. Ele riu. Acho que ele ficou aliviado ao saber que eu ainda precisava dele. Seis semanas na estrada não haviam mudado isso. Na verdade, nada mudaria.

KIM TINHA um apartamento de dois quartos a poucos quarteirões do meu em Palm, logo abaixo da Sunset Strip. Ficava a apenas alguns quarteirões do meu apartamento e Joan morava com ele. Ele tinha um quarto e ela, outro. Não era nada além de um relacionamento de colegas que dividiam a casa. Kim e Joan tinham um acordo de que, se Joan conhecesse uma garota heterossexual bonita, conseguiria o número de telefone dela para Kim. Isso funcionou bem até Joan perder o controle.

Por fim, Kim ligou para a mãe dela e disse: "Joan tem problemas com drogas. Não posso deixá-la morrer aqui. Você precisa cuidar dela". Joan percebeu que Kim estava tentando fazê-la voltar a morar com a mãe, então ela se mudou do apartamento de Kim e foi para um lugar a algumas ruas de distância, num pequeno prédio esverdeado um pouco afastado da Sunset Strip.

"QUEENS OF NOISE"

Eu costumava ir lá, mas Joan nunca ia à minha casa. Ela tinha uma colega de casa chamada Lisa, uma loira muito bonita que mais tarde ficou com o nosso roadie, Kent Smythe. Joan parecia estar apaixonada por Lisa e ficou arrasada com o relacionamento dela com Kent. Eu não conseguia entender como era possível estar tão apaixonada, na nossa idade, por outra garota.

Pouco depois de Joan se mudar, Kim me disse: "Tenho um quarto sobrando. Por que você não vem morar comigo?". Deixei meu pequeno apartamento na Larrabee e fiquei com o quarto vago de Kim. Esse foi o início de um aprendizado e tanto para mim. Muitas vezes eu voltava para casa e Kim estava transando com uma garota na mesa da sala de jantar. Eu era mais discreta quando levava um cara para casa. Fiquei especialista em enfiar um cara no meu quarto sem que Kim soubesse. Não que ele se importasse. Mas eu não queria sujeitar o cara à estranheza de Kim Fowley.

Outra parte do meu aprendizado acontecia pela manhã, enquanto eu comia meu cereal e Kim falava de negócios ao telefone. Eu ouvia como ele trabalhava, ouvia-o vender às pessoas o melhor som da vida delas, assim como fez comigo, quando me ligou um ano antes. Ele prometia a elas que as Runaways eram a melhor coisa que aconteceu à música em muito tempo, que íamos salvar o rock'n'roll e seríamos superstars internacionais. Como repetia isso muitas vezes, ele realmente acreditava e fazia todos acreditarem também. Então, como todos acreditavam, começou a se concretizar.

FOMOS PARA a Europa cerca de um mês depois de voltar daquela primeira turnê pelos Estados Unidos. A mãe de Jackie foi junto porque a imigração britânica exigia que tivéssemos um dos pais conosco, já que a maioria de nós era menor de idade. Nós nos sentíamos confortáveis com ela porque ela nunca nos questionava nem repreendia. Ela era amável e descontraída, e sentíamos que poderíamos falar qualquer coisa para ela. A mãe de Jackie não atrapalhava ninguém, embora ficasse de olho em tudo, e havia muito no que ficar de olho no Reino Unido porque os rapazes enlouqueceram assim que as Runaways pousaram.

"O SHOW MAIS IMPORTANTE FOI NO CBGB, EM NOVA YORK, QUANDO ABRIMOS PARA OS RAMONES. EU SABIA QUE ESSE ERA O VERDADEIRO TESTE. NO DIA SEGUINTE, NOVA YORK INTEIRA LERIA SOBRE ISSO E, SE NOVA YORK DIZIA QUE VOCÊ ERA LEGAL, VOCÊ ERA LEGAL.

QUANDO EU ESTAVA NAS RUNAWAYS, TIVEMOS A HONRA DE TOCAR LÁ EM TRÊS OCASIÕES, E EM TODAS AS VEZES LOTAMOS O LUGAR E ARRASAMOS MUITO!"

Nossas fotos estavam em capas de revistas de música britânicas como *New Musical Express* e *Melody Maker*. Nosso single "Cherry Bomb" tocava na Capital Radio. Tocamos no programa *Top of the Pops*. Fizemos shows em Glasgow, Birmingham e Londres. Em todos os lugares onde tocávamos havia um mar de caras de jeans e couro, gritando, loucos e bêbados. De vez em quando, víamos uma ou duas garotas. The Runaways foi a atração principal de dois shows com ingressos esgotados no Roundhouse, em Londres, uma antiga estação ferroviária onde bandas de rock se apresentavam desde os anos 1960. Na plateia, havia músicos de todas as novas bandas de punk rock – Siouxsie Sioux, Billy Idol e membros dos Ramones, Blondie, Sex Pistols, Clash e Damned, entre outras. Na Inglaterra, começamos a sentir que realmente fazíamos parte de um movimento.

As Runaways fizeram um show na Universidade de Sheffield durante aquela primeira turnê no Reino Unido, e me lembro de o lugar estar lotado de jovens. Acontece que Joe Elliott, do Def Leppard, era um dos caras naquele show; anos depois, ele me procurou e me entregou uma foto polaroide que seu amigo havia tirado naquela noite. Ele se lembrou de que houve um grande tumulto na frente do palco – quase como se houvesse uma briga ou algo assim. Então as pessoas da multidão se afastaram e ele percebeu que um cara na primeira fila estava se masturbando. "Lita, ele estava lá batendo uma punheta na primeira fila! Era como a capa de um álbum do Jethro Tull ou algo do tipo! Não sei se isso acontecia em todos os seus shows, mas certamente aconteceu no show em que eu estava!". Com certeza não foi a única vez que algo assim aconteceu em nossos shows. Os caras estavam enlouquecendo, viravam nossos carros, jogavam facas e preservativos no palco, quebravam os cavaletes de bloqueio. Às vezes, eles gozavam numa camisinha, acrescentavam alguns ingredientes bizarros, como miojo cozido, e jogavam no palco. Era aterrorizante e emocionante. Apesar de tudo isso, veículos legítimos como a *Sound Magazine* estavam cobrindo nossos shows e as notícias sobre as multidões que atraíamos e como estávamos "liberando" as mulheres no Japão se espalhavam. As pessoas iam conferir o porquê de tanto barulho. Elas não sabiam

"QUEENS OF NOISE"

o que esperar, mas muitas delas acabavam pensando a mesma coisa que Joe Elliott: *Que foda, essas garotas sabem mesmo tocar!*

Em algum momento, Robert Plant contou para Cherie uma história sobre como colecionar chaves de quartos de hotel e emoldurá-las. Então, Cherie, Joan e Sandy decidiram pegar chaves enquanto estávamos na Europa. Depois Cherie pegou um secador de cabelo no hotel, porque as tomadas eram diferentes e o dela não funcionava na Europa. O hotel chamou a polícia por causa do secador de cabelo e, quando estávamos pegando um barco para cruzar o Canal da Mancha e chegar a Bruxelas, nos pararam.

Quando nos revistaram, descobriram que Sandy, Cherie e Joan tinham chaves de seis hotéis diferentes. A polícia pensou que elas estavam pegando as chaves para voltar e roubar os quartos, não estava acreditando na história de Robert Plant, e as três foram presas. Não me prenderam porque eu tinha passaporte britânico e era, e ainda sou, cidadã britânica. Jackie e eu aguardamos com Scott, Kent e o restante da equipe. A polícia as deteve durante a noite, mas as liberou no dia seguinte. Apesar disso, perdemos nosso show seguinte. Tudo isso por causa de um secador de cabelo e de chaves de quartos de hotel. Eu estava puta da vida, e aquele atraso não era o único motivo.

Enquanto estávamos na Europa, começamos a notar que Cherie, Joan e Scott Anderson sumiam juntos. Houve vezes em que Jackie, Sandy e eu estávamos nos preparando para dar entrevistas agendadas para a imprensa e TV e nem sabíamos onde eles estavam. Acabávamos sozinhas, esperando o restante do pessoal aparecer. Não havia apoio nem alimentação, e eu não ganhava dinheiro nenhum. Eu estava cansada disso e ficando muito irritada.

Na verdade, eu estava tão de saco cheio quando voltamos para os Estados Unidos que um dia perdi o controle com Cherie. Ela estava sempre atrasada para tudo: entrevistas, sessões de fotos, ensaios, passagens de som. Para qualquer coisa, ela estava sempre atrasada. Eu estava cansada de esperá-la. Fui até o quarto de hotel dela e falei: "O que você está fazendo, porra? Por que você está sempre atrasada? Você provavelmente está fodendo com Scott". Falei isso para irritá-la. E continuei: "Você provavelmente está grávida! Pelo que sei, você pode estar". Ela não disse nada, mas começou a chorar. Perguntei: "Você está? Você está grávida?". Ela só chorou. Saí do quarto e bati a porta, sem saber o que fazer ou dizer. Eu estava muito irritada. E confusa. Eu não conseguia nem imaginar como Cherie lidaria com esse tipo de pressão.

De acordo com Cherie, durante o intervalo da turnê, seu pai juntou cada centavo que tinha para ela fazer um aborto. Scott se recusou a reconhecer que tinha engravidado uma menor. Cherie nunca falou sobre isso comigo. Ela nunca falava comigo sobre nada de qualquer forma e, para ser sincera, eu não me importava porque eu queria continuar com a banda.

Cherie também estava distraída com o relacionamento que tinha com Joan. Quando Cherie não estava com Scott, andava com Joan. Enquanto isso, eu ficava pensando: *Será que ninguém quer tocar porra nenhuma de música?* Às vezes, enquanto estávamos em turnê, eu ia para a escada de emergência do hotel com uma garrafa de Johnnie Walker Black Label e minha guitarra. Eu ficava lá e pensava ou tentava entender as coisas. Por que não tínhamos dinheiro? Por que as garotas não me ouviam quando eu tocava no assunto? Eu tentava entender as identidades sexuais das outras garotas ou me perguntava por que Cherie estava sempre com Scott e depois com Joan. Aquelas escadas pareciam meu santuário. Ninguém sabia onde eu estava. Eles me procuravam pelo hotel inteiro e não me encontravam. Quem olharia na escada? Eu não estava no bar. Não estava no restaurante, não estava no estacionamento, não estava no parque do outro lado da rua. Estava escondida num lugar onde ninguém poderia me encontrar.

VOLTAMOS PARA o estúdio logo que retornamos da nossa turnê pela Europa em 1976 para gravar nosso segundo álbum, *Queens of Noise*. Tínhamos brigado tanto com Fowley que decidimos trabalhar com outro produtor, Earle Mankey, um engenheiro que trabalhava no Beach Boys' Brother Studios em Santa Monica. Ele também era um guitarrista que tocava nos discos da banda Sparks. Ele era um roqueiro cabeludo modernoso de Hollywood que

"QUEENS OF NOISE"

sabia como fazer um álbum com cuidado, não juntando tudo como Fowley fez em nosso primeiro álbum. Foi ele que surgiu com "Queens of Noise" de um compositor de outra banda que ele administrava chamada The Quick. Cherie perdeu alguns dias das sessões, por um motivo ou outro. Quando ela voltou, teve um ataque porque Joan foi a vocalista principal na faixa "Queens of Noise", mas Joan cantou bem, então não mudamos.

Eu adorava estar no estúdio. Não tínhamos de viajar de avião nem ficar em hotéis. Podíamos ir para casa todas as noites e dormir em nossas próprias camas. Mas o melhor de tudo é que podíamos ser criativas e, se cometêssemos erros musicais, podíamos corrigi-los. Sandy e eu ficávamos juntas no estúdio. Jackie não tocava baixo no estúdio, então eu improvisava muito com Sandy nos intervalos. Ela adorava. Era algo que Jackie nunca faria com Sandy. Para o álbum *Queens of Noise*, escrevi uma música chamada "Johnny Guitar". Não era para ser o tipo de música Top 40. O produtor teve uma ideia para mostrar os pontos fortes musicais das Runaways, que eram Sandy na bateria e eu na guitarra.

Houve muitas discordâncias durante a produção do *Queens of Noise*. Cherie e Joan discutiam, principalmente porque Joan cantava em algumas das faixas principais. Eu gostava da voz de Joan nessas músicas; achava que isso dava mais diversidade ao álbum, mas tentei ficar fora do drama. Jackie reclamava e resmungava porque, mais uma vez, ela não tocava baixo nas gravações de estúdio. Ela descontava suas frustrações em todas nós. Reclamava que tudo a deixava doente e ela estava se tornando hipocondríaca. Na minha opinião, ela precisava ir para casa. E, para dizer a verdade, Scott Anderson também. O fato de que ele ainda estava assustando Cherie tornava a situação muito desconfortável e isso não era exatamente o ideal para o restante de nós.

Nesse álbum, é evidente que estávamos desenvolvendo nossos próprios estilos musicais e nos tornando mais confiantes em nossas habilidades, que eram incríveis! Estávamos nos tornando nosso próprio grupo e não imitando nossos ídolos, mas a maioria do público ainda estava em negação, porque as Runaways estavam *muito* além do nosso tempo. É isso que acontece quando você é o primeiro a fazer algo: você aguenta as merdas. Apesar disso, dentro da cena musical, as pessoas reconheciam nossa habilidade e saíamos com figurões: Queen, Kiss, Alice Cooper, Deep Purple, Rush, Led Zeppelin. Já conhecíamos todos eles quando fizemos *Queens of Noise*. Éramos garotas más interessantes, originais e musicalmente talentosas, e todos queriam nos conhecer.

Depois de gravar o álbum, voltamos para a estrada para outra turnê pelos Estados Unidos que nos levou a todos os lugares, de Nova York a Michigan, de Ohio ao Texas. Fizemos alguns shows de abertura para o Rush em grandes casas de show no Meio-Oeste. Mas parecia que eles não queriam ter nada a ver com a gente, e o sentimento era mútuo. Sentamos juntos a uma mesa e tiramos uma foto para a turnê. Foi isso. Nunca conversamos de verdade. Em março de 1977, saímos em outra turnê mais longa, desta vez como atração principal.

Tocamos no Royal Oak Theatre, em Detroit, com o Cheap Trick. Alguns fãs das Runaways não gostavam do Cheap Trick e começaram a jogar facas no palco. Detroit era uma cidade violenta. Nosso hotel tinha até janelas à prova de balas. Detroit também era uma cidade com muito rock'n'roll. Se os fãs adorassem você, eles o tratavam como um deus; caso contrário, eles o tratavam como lixo. Eles nos adoravam, ainda bem. Quando chegamos ao Agora, em Cleveland, a banda Tom Petty and the Heartbreakers foi incluída na programação. The Runaways era a atração principal. Era um local pequeno e tudo era muito apertado. Nós expulsamos as duas bandas do minúsculo camarim e as fizemos se trocar num trailer no beco atrás do local. Não houve ressentimentos. Cheap Trick era uma das minhas bandas preferidas na época, e foi o começo de um longo relacionamento profissional com os caras. Eles são como meus irmãos mais velhos.

Quando voltamos para Los Angeles, comemoramos o lançamento oficial de *Queens of Noise* com um show com ingressos esgotados no Santa Monica Civic e uma temporada de quatro noites no Whisky, cujos ingressos também se esgotaram. As filas no Whisky dobravam o quarteirão todas as noites. O recorde de shows com mais ingressos esgotados lá ainda

"QUEENS OF NOISE"

é nosso. Foi quando descobri quem mandava de verdade. Nós! Eu estava cansada de nossos empresários não nos pagarem, jogarem conosco e nos prejudicarem. Numa dessas noites, bati o pé e disse: "Ei, cretinos, querem saber? Eu não vou pro palco".

Na verdade, era só um teste para ver o que aconteceria se eu não fizesse o que a gerência dizia. Scott Anderson começou a me implorar. "Ah, lindinha, querida. Você não pode fazer isso".

"Ah, sim, eu posso", retruquei.

Pena que as outras garotas não me apoiaram nisso. Em vez disso, todas me olharam como se eu estivesse louca.

"Vamos, Lita. Não faça isso", Cherie me disse.

Sandy estava em choque. "Como assim, você não vai pro palco?"

A única que parecia estar do meu lado era Jackie. Uma vez, ela tentou chamar um advogado para nos ajudar, mas quando você é muito nova, os advogados nem sempre embarcam na sua.

Os empresários todos imploraram e suplicaram. Naquele momento eu soube o que fazer para ter controle ao lidar com esses caras. Fiz o show, mas fiquei feliz em saber que tinha um plano infalível quando precisasse.

Depois disso, voltamos para Nova York para fazer mais dois shows no CBGB, mas dessa vez éramos veteranas e Nova York não nos intimidou mais. Quando tocamos lá pela primeira vez os críticos não sabiam muito sobre nós, mas dessa vez começaram a nos elogiar.

Depois do último show no CBGB, algemei Scott Anderson à sua maleta de trabalho enquanto ele dormia. Sandy estava comigo. Tiramos toda a roupa dele, pegamos canetas hidrográficas e desenhamos obscenidades em todo seu corpo nu e feio pelo que ele fizera com Cherie. Era imperdoável. Ele merecia um castigo. Nós o deixamos no hotel em Nova York e pegamos um voo para o show seguinte. Ele nunca falou sobre isso. As Runaways estavam voando alto. Ele não ousaria fazer nada contra nenhuma de nós.

Por mais sucesso que estivéssemos fazendo na Inglaterra, em Hollywood e em Nova York, nada nos preparou para o que estava para acontecer no Japão.

CAPÍTULO 5

JAPÃO

I said, Mama but weer all crazee now.

[Eu disse: "Mamãe, mas estamos todos loucos agora".]

— "Mama Weer All Crazee Now"
(Letra escrita por Jim Lea e Noddy Holder)

NO VERÃO DE 1977, A MERCURY RECORDS ENVIOU A CHEFE DE PUBLICIDADE da Costa Oeste, Eileen Bradley, para cuidar de nós no Japão. "Se acontecer alguma coisa com essas garotas, você está perdida", os executivos falaram para ela. Eileen só tinha vinte e oito anos, um forte sotaque nova-iorquino, uma enorme peruca afro e um cigarro sempre pendurado na boca. Todas nós gostamos dela na hora. Seu único trabalho era nos manter longe de problemas. Coitada.

A essa altura, Scott Anderson tinha desaparecido, provavelmente porque estava com medo de ir para a cadeia por engravidar uma menor de idade, então Kim mandou Kent Smythe para o Japão com a gente. Eu não sabia se mandar Kent era uma ideia inteligente porque ele era meio encrenqueiro. Mesmo assim, nós sete embarcamos no voo, nos despedindo de nossos pais e de Kim, enquanto partíamos para o outro lado do mundo.

Fizemos uma escala de quatro horas no Havaí. Quando voltamos para o avião, as aeromoças nos deram colares de flores e todos nos acomodamos em nossos assentos da classe econômica. Ninguém nos reconheceu nem tinha a menor ideia de que éramos uma banda. Quando pousamos no Japão, Eileen nos reuniu antes de sairmos do avião. "Olha", disse ela, "se acontecer alguma coisa aqui, vai ser um incidente internacional. Vou ser a primeira a afundar e todas vocês vão vir comigo. Então, não façam nenhuma besteira".

Depois das dezessete horas brutais de viagem, eu só queria chegar ao hotel, tomar banho, tirar a roupa e me alongar. Os japoneses tinham outros planos. Saímos do avião e fomos recebidos por uma multidão.

Tudo que conseguíamos ver e ouvir eram milhares de japoneses, todos enlouquecendo. Fãs das Runaways! Eram tantos e estavam ficando tão loucos que os seguranças tiveram de formar uma barreira humana com os braços entrelaçados para afastá-los. Passamos rapidamente pelo caminho que eles criaram através do mar de pessoas. Eles nos encheram de presentes, empurraram livros de autógrafos na nossa frente para assinarmos, gritaram nossos nomes e até choraram. Era como a Beatlemania – ou melhor, Runawaymania. Não tínhamos noção de que isso aconteceria, provavelmente porque nunca tínhamos visto nenhum detalhe sobre nossas vendas de discos. Tenho certeza de que Kim sabia exatamente a posição que nosso disco havia alcançado no Japão e optou por não nos contar. Ele nunca achava que era importante nos contar nada, principalmente quando tinha a ver com negócios e dinheiro. Se soubéssemos da nossa importância no Japão, talvez outras pessoas, além de mim e da Jackie, também começassem a fazer perguntas, e Kim não queria isso.

Também fomos recebidos no aeroporto pelo promotor, sr. Udo, e sua equipe.

Eles nos levaram direto para uma coletiva de imprensa. Não há paz para os ímpios. Ainda estávamos com os colares de flores no pescoço e as mesmas roupas havia muito tempo. Não tivemos tempo para nos trocar, descansar, cagar, tomar banho nem comer. O sr. Udo ia fazer o dinheiro que investiu em nós valer a pena.

Eu estava andando na frente de Cherie. Um braço se estendeu através da fila de guardas de segurança. A mão foi em direção ao meu cabelo longo e sedoso, que aparentemente alguns japoneses acharam exótico. Cherie agarrou o braço pelo pulso e, ao fazer isso, outro braço surgiu e puxou seu cabelo. Nós duas tivemos uma boa parte do cabelo arrancada, uma dor dos infernos. Esses fãs queriam mesmo um pedaço de nós!

Fomos orientadas pelo pessoal da segurança a correr em direção à nossa limusine. Enquanto a limusine tentava partir, todos os fãs se amontoaram em cima dela e se aglomeraram ao redor. O carro não podia se mover. Não sabíamos o que estava acontecendo. Nem nós nem o motorista conseguíamos enxergar pela janela. A recepção nos pegou de surpresa e foi um pouco assustadora, mas também achamos incrível! Não sabíamos se as pessoas no Japão eram assim com todas as bandas ou se isso estava acontecendo só com a gente. Acontece que as Runaways, Queen, Kiss, Deep Purple e Led Zeppelin eram as bandas de rock mais populares no Japão, e o aparecimento de uma dessas bandas em solo japonês era motivo de insanidade coletiva.

Na entrevista coletiva, eles nos ofereceram saquê. "Que diabos é isso?", sussurrei para Eileen.

"É vinho."

"Mas está quente!", sussurrei para ela. Fiquei enojada com aquilo, mas tentei não demonstrar. Os japoneses eram muito respeitosos e tinham muita classe. Eu não queria magoar ninguém, então joguei a bebida numa planta na primeira oportunidade que tive.

A imprensa japonesa parecia feliz e amigável, e era óbvio que os repórteres haviam feito suas pesquisas. Eles já sabiam quem eram nossos ídolos musicais e nos fizeram perguntas sobre eles, e também perguntas previsíveis, como: "Qual a comida favorita de vocês?", "Como vocês aprenderam a tocar?", "O que acharam do Japão até agora?" e "Vocês estão felizes em estar aqui?". Eles falavam um inglês impecável e todos ficaram muito impressionados por Sandy ser uma baterista tão boa e por eu ser uma ótima guitarrista, principalmente porque éramos muito jovens e mulheres. O cabelo loiro e os olhos azuis de Cherie os intrigavam. Éramos como criaturas de um planeta diferente. Parecia que estávamos sendo dissecadas sob um microscópio. E sem banho!

O sr. Udo nos deu um tratamento cinco estrelas, incluindo presentes, naquele primeiro dia: um gravador/toca-fitas, brincos de marfim de verdade, rosas e lindos colares de pérolas que vieram embrulhados em bolsinhas de cetim roxo, embaladas em outra bolsa de cetim com ideogramas japoneses. Cada uma de nós recebeu uma bolsa de cor diferente. Foi tudo muito arrebatador e incrível porque estávamos acostumadas a ser tratadas como lixo. Na verdade, nós nos sentimos estrelas do rock pela primeira vez.

Quando finalmente chegamos ao hotel, descobrimos que cada uma tinha seu próprio quarto. Pela primeira vez, não precisamos dividir o quarto e o hotel não era do tipo econômico em beira de estrada. Era um lindo hotel de luxo chamado Tokyo Prince. Eles tentaram dar a Eileen a suíte presidencial alguns andares acima e ela disse: "Não, apenas me dê um quarto comum perto das meninas, no fim do corredor". Toda noite ela colocava o ouvido em nossas portas para se certificar de que nada suspeito estava acontecendo. Éramos boazinhas na maior parte do tempo, principalmente porque tínhamos medo de ir parar numa prisão japonesa. Eles eram tão rígidos e corretos onde quer que fôssemos, então a prisão no Japão parecia assustadora. Outra razão era que as leis em relação a drogas eram muito severas.

O Japão foi muito intrigante para todas nós em termos de comida, cultura e idioma. Íamos a um restaurante e víamos cardápios com algas marinhas com polvo e coisas malucas assim. Tentávamos ser educadas, mas nenhuma de nós queria comer aquilo. Por fim, dei uma segunda chance ao saquê. Acho que só precisei me acostumar com ele, embora eu ainda continuasse com minha dieta habitual de uísque e McDonald's durante a maior parte da viagem. Eileen pediu aos funcionários do hotel que entregassem Quarterões com Queijo em nossos quartos toda noite para que, quando chegássemos lá, tivéssemos algo para comer.

Os organizadores da turnê japonesa nos designaram nossos próprios técnicos de guitarra, que atuaram de forma tão conjunta que não precisaram de nenhuma orientação minha ou das outras garotas. Só precisávamos conectar nossas guitarras nos amplificadores Marshall, ajustá-las e tocar; não usávamos pedais nem efeitos naquela época. Parecia que todos os técnicos se chamavam Hiro. Perguntei a Joan: "Qual é o nome do seu técnico?".

JAPÃO

"Hiro", respondeu ela.

"Não, esse é o nome do meu técnico."

Não podíamos ir a lugar nenhum sem causar um grande alvoroço. Fomos fazer um lançamento numa loja em que a rua estava tão lotada que a multidão esmagou o teto da limusine enquanto o veículo avançava devagar no meio de tanta gente. Foi difícil chegar à loja, mas conseguimos.

Aonde quer que eu fosse, havia pessoas atrás de mim, pessoas na minha frente, pessoas colocando a cabeça para fora das janelas e gritando: "Rita, Rita!". Quando nos virávamos, havia dezesseis pessoas nos seguindo, sussurrando umas para as outras, dando risadinhas, então alguém se aproximava e me entregava um presente. Poderia ser um colar ou o anel que estavam usando – elas tiravam e nos davam. No fim da turnê, recebi tantos presentes que tive de comprar outra mala para levá-los para casa.

Nossa turnê pelo Japão durou seis semanas e fizemos shows em grandes auditórios em cidades grandes como Osaka e Nagoya. Fomos de trem-bala de cidade em cidade e, como esses trens passavam pelas fazendas das pessoas, era interessante ver os campos de arroz. Foi muito mais educativo do que estar no colégio.

Apesar de todo o caos que nos seguiu no exterior, o público no local era muito conservador. Ninguém tinha permissão para se levantar e gritar, e depois de cada música eles aplaudiam de forma educada. Enquanto o público esperava a música seguinte, ficava um silêncio que daria para ouvir um alfinete caindo. Era uma sensação estranha estar no palco com aquele tipo de reação do público, principalmente porque tínhamos lidado com um público bem louco nos Estados Unidos e no Reino Unido.

Logo tínhamos só mais dois shows para fazer, incluindo o grande show no Budokan, em Tóquio, e precisávamos terminar a gravação do álbum *Live in Japan*. Em uma semana voltaríamos para casa. Na noite anterior ao show no Budokan, estávamos passando o som e, de alguma forma, o baixo favorito de Jackie, seu Gibson Thunderbird, tombou. Ele estava sobre um antigo suporte de guitarra que não era muito resistente. Parece que isso aconteceu quase em câmera lenta. Jackie tentou agarrá-lo antes que caísse no chão, mas não conseguiu a tempo. A mão do baixo se quebrou ao bater no palco de madeira. Que merda! Ficamos paradas olhando para o baixo quebrado. Thunderbirds são conhecidos por braços finos, fáceis de quebrar. Claro que tínhamos um baixo de reserva, mas isso deu a Jackie um motivo para ficar muito brava com Cherie. Nenhuma de nós o teria derrubado de propósito, mas Jackie achou que Cherie tinha feito isso, porque ela estava perto do baixo quando ele caiu. Provavelmente alguém tropeçou no cabo e o instrumento foi puxado. Vai saber. De qualquer forma, Jackie culpou Cherie. Eileen tentou acalmar as garotas e eu simplesmente fui embora. Estávamos tão perto do fim da turnê, mas as coisas estavam começando a se complicar.

Então, por algum motivo, a gravadora mandou Eileen voltar.

"Eu realmente acho que deveria ficar", disse ela.

"Não, elas só têm mais alguns shows. Vai ficar tudo bem", disseram os executivos.

Eileen pressentia que não deveria ir embora, mas a gravadora precisava dela nos Estados Unidos. Então Eileen foi embora... foi quando o inferno começou.

UM DIA, Cherie disse que não poderia ir para uma coletiva de imprensa porque estava se sentindo mal. Ela voltou para o hotel, nós saímos e cumprimos o compromisso. Quando voltamos, vimos Cherie sentada no chão do lobby vestindo um quimono que estava estendido como se alguém fosse se casar. Ela estava dando autógrafos e tirando fotos. Jackie ficou puta. "Isso é demais! Ela pensa que é a única estrela!" Jackie estava infeliz com muitas coisas. A praia dela não era o rock'n'roll. Ela odiava não poder deixar as unhas crescerem e tocar baixo, e também que os fios no palco se enrolassem em seus sapatos de salto alto, então ela não podia usá-los durante a apresentação. Eu costumava falar para ela usar botas, mas ela gostava de sandálias delicadas de salto que ela não poderia usar e se movimentar pelo palco. Ela não podia comer certos alimentos, e todos os tipos

JAPÃO

de cheiros – comida, desodorante, spray de cabelo, meu Noxzema para limpeza facial – a deixavam com náuseas. Se os produtos tivessem alguma fragrância, eles a deixavam enjoada. Meu Deus! Era difícil ficar perto dela e ela estava começando a perder o controle. No Japão, ela teve alguns problemas médicos típicos de mulheres e foi para o hospital. Acontece que ela tinha uma infecção por levedura, algo que poderia ter sido facilmente resolvido. De acordo com Jackie, ela não conseguia se comunicar com os médicos. Eles deram a ela uma boneca e pediram para ela apontar o que havia de errado. Quando Jackie voltou para o hotel, estava mais chateada do que antes de ir para o hospital.

Kent, que gostava de hostilizar as pessoas, viu nisso uma oportunidade de azucriná-la ainda mais. Se ele visse um motivo para irritar alguém, ele faria isso. Quando Jackie voltou para o hotel, Kent estava mexendo em seu gravador. Sendo o canalha que era, entrou no quarto dela e, no começo, mostrou-se solidário, mas depois disse algo para deixá-la chateada de novo. Sem ela saber, Kent estava gravando a conversa. Ele tinha escondido o gravador no bolso do casaco. Ela gritou com ele. "Estou cansada de ficar doente. Quero ir pra casa. Quero consultar meu próprio médico. Estou cansada de ficar doente."

O surto inteiro foi gravado. Kent estava tão satisfeito com ele mesmo e foi para o meu quarto para reproduzir para mim o que havia gravado. Quando ouvi Jackie gritando: "Estou cansada de ficar doente!" e repetindo isso, gritando histericamente, falei: "Isso não é novidade", e bati a porta na cara dele. O que eu não sabia era que, quando Kent saiu do quarto, Jackie pediu serviço de quarto, quebrou os pratos e retalhou o braço, do antebraço até o pulso. Alguém pediu ajuda e Jackie foi levada de novo para o hospital, onde eles fecharam seu braço em bandagens. Eu não sabia, mas, assim, Jackie saiu da banda. Para minha surpresa, ela voltou para os Estados Unidos num voo na manhã seguinte.

E agora?

Só faltava um show, mas era o maior show da turnê – no Budokan, em Tóquio. Era a arena de rock mais importante e conhecida do Japão, onde as maiores bandas tocavam. Em todas as entrevistas para a imprensa, TV e rádio que dávamos, falavam desse show. Não havia como cancelar ou desistir, e estávamos em pânico. Fizemos uma reunião e decidimos que Joan deveria assumir o baixo porque imaginamos que ela daria conta do recado com o que sabia de guitarra, e eu poderia cobrir todas as partes de guitarra. Isso funcionou bem e eu estava orgulhosa de Joan e das outras garotas por terem conseguido fazer isso.

Esse foi o único show em que o público não pôde ser contido pelos seguranças. Eles enlouqueceram. A Runawaymania estava em pleno vigor e foi incrível. Depois do show, quando estávamos saindo do camarim, prendi o salto da bota na barra enrolada da calça e caí de um lance de escada. Eu havia me machucado, mas não precisava ir para o hospital nem nada, então não dei importância e voltei para o hotel.

Minhas costas doíam. Eu tinha torcido minhas costelas e pernas ao cair da escada. Fui ao bar do hotel tomar umas doses de uísque para acabar com a dor. A turnê tinha acabado e o show no Budokan foi feito: que alívio. Hora de comemorar! O primeiro americano que eu via em muito tempo estava sentado no bar, então me aproximei dele. Perguntei de onde ele era, e ele disse que era do Texas. Acho que talvez ele tenha trabalhado com a equipe de uma das bandas do Festival de Música de Tóquio. Não sei se cheguei a perguntar o nome dele.

Ele tirou uns comprimidos ovais do bolso, explicando que eram um tipo de calmante que chamavam de "footballs". Comprimidos como aquele não estavam disponíveis no Japão. Fiquei impressionada. "Você quer alguns?", perguntou ele.

Pensei: *Puta merda! Calmantes. Que legal!*

"Sim!", respondi. A turnê acabou, vamos tomar esses calmantes.

Não só tomei algumas doses de uísque, como também tomei dois "footballs". Em pouco tempo, subimos para o meu quarto e acabamos na cama juntos. Nós nos divertimos muito, e esqueci completamente que havia rolado escada abaixo. Ele era divertido e o sexo era excitante. Ele foi gentil comigo, e depois adormecemos, provavelmente por causa dos "footballs".

JAPÃO

Acordei e precisei fazer xixi. Olhei dentro do vaso sanitário depois de fazer xixi e ele estava cheio de sangue. Na hora, pensei: *Tudo bem, é só a menstruação que desceu muito forte*, então voltei para a cama. Dormi por mais trinta minutos ou mais, depois me levantei para me sentar no vaso sanitário e ver se o sangramento havia parado, mas, na verdade, tinha piorado. Olhei um pouco mais de perto e percebi que havia mais sangue do que qualquer menstruação comum: muito mais sangue! Eu estava com uma hemorragia muito forte. O banheiro estava cheio de sangue coagulado. Sentei na cama enquanto o texano estava lá deitado. A cama estava coberta de sangue – parecia a cena de um crime. O estranho era que eu não sentia dor e não achei que ele havia feito alguma coisa comigo. Com tanto sangue, daria para pensar que eu estava sentindo uma dor tremenda.

Não acusei o texano de me machucar, mas falei para ele: "Vai embora!". Ele reagiu confuso. "O quê? Por quê?"

Respondi: "Não sei se você fez alguma coisa ou não. Só dê o fora. Agora!" e apontei para a porta.

Ele parecia inocente, de verdade, mas como uma pessoa tem uma hemorragia como eu estava tendo a não ser que alguém a machuque? Eu não queria saber que história ele ia contar, só queria que ele fosse embora.

Eu não sabia o que fazer ou para quem ligar. Com certeza, para Kent, não! Eileen já tinha ido embora. Tentei ligar para Cherie, que estava, é claro, com Joan. Pedi que fossem ao meu quarto. Quando elas chegaram, eu estava deitada na cama. Perguntei a Cherie e Joan se elas conseguiam ver alguma coisa. "Não, Lita", elas me disseram. "É só um monte de sangue."

Sério? Não brinca! Eu não precisava ouvir isso delas.

Cherie me disse que na noite anterior ela tinha ficado com um cara americano. Quando ele descobriu que ela era menor de idade, encheu uma garrafa de Coca-Cola com água morna e usou isso para fodê-la. Que horror!

"Ele usou isso em você? Talvez tenha quebrado?", perguntou ela.

"Porra, não! Eu não deixaria ninguém me foder com uma garrafa de Coca, Cherie! Nossa, me sinto muito melhor agora", falei sarcasticamente.

Elas não ajudaram em nada e, por fim, saíram do meu quarto. Fiquei lá pensando em ligar para a emergência. Mas como fazer isso no Japão? Era só discar 911, acho? Se eu não fizesse isso logo, com certeza sangraria até a morte, considerando o tanto de sangue que eu estava perdendo.

Abri um pouco a porta do quarto para espiar o corredor. Um homem passou. Um americano! Desesperada, falei: "Com licença, senhor. Por favor, me ajude. Por favor!".

Ele se aproximou um pouco mais, espiou pela porta do hotel e viu o sangue na cama. Chocado, ele me disse para deitar. "Não se mexa. Vou ligar para a emergência." Acontece que ele era o gerente de turnê do Deep Purple. De todas as pessoas, tinha que ser o gerente de turnê de Ritchie Blackmore? De qualquer forma, fiz o que ele disse, já que ele parecia ter a cabeça no lugar. Na época, eu definitivamente não tinha. Eu estava morrendo de medo. Eu podia ouvir a ambulância berrando ao longe, se aproximando. Eles finalmente chegaram. Quando foram até meu quarto, me amarraram a uma maca e me levaram para um hospital de Tóquio.

A equipe médica que me admitiu não sabia o que havia de errado comigo, então me colocou na ala de parto. Eu podia ouvir uma mulher gritando na sala ao lado. Eu não sabia se eles entendiam o que eu estava falando. Não havia muita comunicação. Segurei o lençol contra o meu rosto enquanto a mulher na cama ao lado continuava gritando. Quando o médico finalmente veio ver o que eu tinha, perguntei: "Por que ela está gritando?".

"Ela vai ter um bebê."

"Estou na ala de parto?"

"Sim." Me disseram que fui cortada como se tivesse passado por uma episiotomia, então esse era o lugar mais lógico para me levarem.

"Me costure bem", falei. "Certifique-se de que está tudo fechado lá embaixo."

O médico entendeu perfeitamente o que eu quis dizer. Ele sorriu. Com uma risadinha, ele disse: "Ah, tudo bem!".

Ele me deu catorze pontos. Por causa da barreira do idioma, não consegui descobrir se era um corte, um rasgo ou o que era. Até hoje não tenho ideia do que aconteceu comigo. Por causa da quantidade de pontos, presumo que o texano tenha me cortado. Eu não o senti me cortando nem me machucando e não sei se ele tinha algo como um anel peniano, algum tipo de brinquedo sexual ou mesmo uma faca, porque não senti nenhum tipo de dor enquanto estávamos transando.

Acordei no quarto do hospital e vi Joan dormindo numa cadeira ao lado da minha cama. As outras garotas não foram me ver. Pedi a Sandy que viesse, mas ela disse ter pânico de hospitais. Foi estranho, porque Joan e eu nunca saímos juntas, mas, no instante em que a vi sentada à minha cabeceira no hospital, senti um respeito enorme por ela. As Runaways nunca foram uma equipe, mas aquilo significava muito para mim. Ela me trouxe o toca-fitas que o sr. Udo nos dera para que eu pudesse ouvir um pouco de música no hospital, já que fiquei três dias lá enquanto terminavam de mixar e masterizar o disco *Live in Japan*.

Ouvi várias fitas do Black Sabbath, com "Sabbath Bloody Sabbath", "Children of the Grave" e todas essas músicas desagradáveis e pesadas. A enfermeira me perguntou se eu poderia desligar o Black Sabbath porque a senhora na sala ao lado estava morrendo. Baixei o volume, porque achei que não era o tipo de música para acompanhar a morte de ninguém, mas não desliguei. Eu precisava do meu Black Sabbath.

Cerca de doze anos depois, o texano me ligou. Ele queria falar sobre o incidente no Japão. Eu não sabia se ele queria se explicar ou me perguntar o que aconteceu. Falei: "Nunca mais me ligue de novo", e desliguei o telefone. Isso me deixou transtornada. Claro que ele tinha pensado nisso durante todos aqueles anos, mas, de qualquer forma, a essa altura, eu não acreditaria em nada que ele dissesse; não importava e eu não queria saber.

No voo de volta do Japão, todas ficamos em silêncio, atordoadas e em estado de choque. Criamos a Runawaymania, mas o que foi aquilo? Jackie tinha ido embora, as outras estavam destruídas, abatidas e exaustas, e levei quatorze pontos por causa de um cara cujo nome eu nem sabia. Eu tinha dezoito anos e parecia que eu tinha vivido uma vida inteira de aventuras em seis semanas.

CAPÍTULO 6

ADEUS, CHERIE

Shades of gray don't fade away,
They're waiting for the night.
[Tons de cinza não desaparecem,
Eles estão esperando pela noite.]

— "Waitin' for the Night"
(Letra escrita por Lita Ford, Kari Krome e Kim Fowley)

QUANDO VOLTAMOS DO JAPÃO, KIM COMEÇOU COM SUAS RECLAMAÇÕES de costume sobre despesas. A Mercury Records lançou *Live in Japan*, que recebeu o Disco de Ouro no Japão. Na noite em que o álbum deveria ser entregue, Kent e o engenheiro foram os únicos a ficar no estúdio. Eu e as outras garotas fomos embora porque tínhamos terminado de gravar o álbum. Foi quando o engenheiro apagou por acidente a parte da guitarra base de Joan na música "Queens of Noise". Que merda! Kent enlouqueceu. Era madrugada e não havia tempo para encontrar Joan para regravar essa parte, então Kent subiu alguns lances de escada e foi para outro apartamento, onde havia conhecido um cara que tinha uma Stratocaster. Ele acordou o cara e implorou para que ele emprestasse a Strat. Kent usou aquela Stratocaster para substituir as partes de Joan em "Queens of Noise". Eureka! Funcionou! Ainda bem que ninguém percebeu. *Live in Japan* deveria ser lançado apenas no Japão, mas abriu caminho para outros mercados e se tornou um grande sucesso para as Runaways. Ele foi literalmente feito com muito sangue, suor e lágrimas.

De volta para casa, precisávamos lidar com a perda de Jackie. Precisávamos de uma baixista: de novo! Uma garota de dezoito anos de Newport Beach chamada Vicki Tischler foi a próxima a fazer o teste para as Runaways. Vicki e Kim se falaram e ela foi encontrá-lo no Larrabee Studios. Ele achou que ela se encaixaria bem, então, dois dias depois, todos nós fomos para o ensaio no Studio Instrument Rentals (SIR) no Sunset Boulevard, um local apropriado para ensaios, com mesas de sinuca e lugares para ir. Joan, Sandy, Cherie e eu estávamos descansando nos sofás quando Vicki entrou. No começo, ninguém disse nada. Era possível dizer que daria um pouco de trabalho colocá-la em pé de igualdade com o resto da banda. Ela precisava se transformar em uma estrela do rock instantaneamente.

Vicki estava entrando na banda num momento ruim, e senti empatia por ela. Havia muito uso de drogas e tensão entre as integrantes da banda, e ela tinha seus próprios problemas para resolver. Um deles era o fato de ser epiléptica, ou seja, ela precisava tomar medicamentos devido a essa condição, e eles a deixavam letárgica. Por conta disso, Kent a azucrinava durante as apresentações ao vivo. Ela estava insegura, assustada e intimidada. Nesse momento, qualquer um estaria. Kent jogava elásticos nela e cuspia bolinhas de papel mastigado para fazê-la subir ao palco. Isso realmente me irritava. Me incomodava que Kent a tratasse dessa forma. Ele sempre achava engraçado fazer estragos e causar problemas. Vicki era bem-educada e, sendo nova na banda, nunca falava nada para Kent. Ela tinha ataques epilépticos graves e mordia toda a língua, eram ataques horríveis. Ela precisava de um ambiente estável, e as Runaways eram tudo menos estáveis.

Ninguém da banda queria dedicar tempo para ajudar Vicki. Joan estava completamente perdida em outro mundo. Sandy, como baterista, estava ficando cansada de todas as mudanças na seção rítmica e não tinha paciência com outra baixista. Ninguém mais queria lidar com isso, mas eu não ia deixar aquela garota ou a banda sofrer mais. Já tínhamos passado pelo inferno. Virei sua colega de quarto e a coloquei sob a minha asa. Ela se agarrou a mim porque sabia que eu me importava e queria ajudar a protegê-la. Trabalhei com Vicki, tentando ajudá-la a mudar seu estilo, perder peso e mudar toda sua abordagem. Fiz Kent parar de importuná-la e Vicki começou a florescer. Sua aparência estava melhor e ela também parecia melhor e começou a se encaixar muito bem na banda quando estávamos prontas para a sessão de fotos para a capa do álbum *Waitin' for the Night*.

UM DIA, estávamos esperando Cherie. Ninguém sabia onde raios ela estava, *de novo*. Duas horas depois, ela finalmente apareceu. Parecia cansada e perturbada. Dei uma olhada nela e disse: "Se recomponha", apontando para o camarim, que ficava atrás de uma porta de vidro fosco. Eu estava cheia de ela estar sempre atrasada ou ausente. A gota d'água foi quando Cherie disse: "Tenho de sair mais cedo para levar minha irmã pra aula de teatro", depois de chegar duas horas atrasada. Fiquei furiosa e pensei: *Por que alguém não pode dar uma carona para ela? Um roadie? Ela não tem amigos? Pais? Ela não poderia pegar um táxi ou ônibus?* Uma sessão de fotos para a capa de um álbum envolve muita preparação – da banda, do estúdio e do fotógrafo.

Ela entrou no camarim e fechou a porta. Fui atrás dela e entrei no camarim; estava com tanta raiva que não percebi que a janela acima da porta estava aberta, então todo mundo pôde nos ouvir. Quando comecei a gritar com ela, ela começou a chorar e ser dramática como sempre. Fiquei muito irritada com ela. Acabei colocando-a contra a parede: "Você tem de escolher entre sua família e essa banda". Eu quis dizer naquele dia. Cherie achou que eu quis dizer para sempre.

Ela respondeu: "Não consigo mais fazer isso. Já chega". Olhando para trás, agora entendo que Cherie estava sofrendo muita pressão. Ela precisou lidar com o fato de engravidar de Scott Anderson, com Joan Jett apaixonada por ela e assumindo alguns dos vocais principais, e as exigências de Kim Fowley para que ela fosse a líder que ele havia imaginado para as

Runaways. Havia sempre pessoas agarradas a ela, e acho que isso também teve muito a ver com sua saída. Ela era jovem e isso a oprimia e, embora eu ache que ela quisesse minha aprovação, eu sempre estava brava com ela. Ela precisava estar em sessões de autógrafos, entrevistas e outros eventos de mídia e, apesar de ela achar que estava dando o melhor de si, comprometendo-se 100%, ela não percebeu que todas essas outras coisas estavam atrapalhando. Ela estava sempre atrasada ou ausente, e tudo precisava ser resolvido naquele dia no estúdio de Barry Levine. Acho que todas as pressões aumentaram e, no fim, a atingiram. Estávamos todas exaustas e eu não queria mais perder tempo. De qualquer forma, fomos em frente e tiramos algumas fotos com Barry sem ela e, mais tarde, uma dessas fotos foi para a capa do álbum *Waitin' for the Night*. Quando ela foi embora naquele dia, não sabíamos que ela ia desistir, mas foi exatamente o que ela fez.

Agora estávamos sem vocalista principal. Tínhamos duas escolhas. As Runaways poderiam acabar naquele momento ou poderíamos continuar. Quando Cherie saiu, não percebeu que havia deixado seu fardo nos ombros de Joan. Ela jogou uma bomba em Joan. Isso mudaria a cara da banda. Joan poderia assumir essa responsabilidade? Ela usaria um espartilho? Ela não tinha cabelos loiros e olhos azuis brilhantes e não era tão feminina quanto Cherie. Olhamos para Joan e perguntamos se ela achava que conseguiria assumir o papel de vocalista principal. Ela hesitou no início, mas concordou, porque, para ela, separar as Runaways naquela época não era uma opção. O restante de nós também precisou dar um passo à frente.

Joan assumiu os vocais em *Waitin' for the Night*. Joan fez um belo trabalho nos vocais, mas nunca fui creditada por coescrever a faixa-título, a típica enganação que acontecia nas Runaways. Foi a primeira vez que prestei atenção na voz de Joan, que havia se desenvolvido como cantora principal. Ela estava sob a mira de uma arma e teve de provar que era uma líder. Parecia natural para ela, mas logo as pressões de ser a vocalista das Runaways também afetariam Joan.

ADEUS, CHERIE

DEPOIS DE TERMINAR *Waitin' for the Night*, fomos para a Europa no fim de 1977. Nossa primeira parada foi na Irlanda do Norte, durante os bombardeios de Belfast. Tínhamos um ônibus de turnê, e tanques militares o paravam, entravam e verificavam se havia bombas e armas. Depois de verificar nosso ônibus, pediam autógrafos. Cães farejadores de bomba inspecionavam os locais antes da entrada do público. Era desesperador e não estávamos acostumadas com isso. Um dos hotéis em que ficamos já havia sido bombardeado, então estávamos hospedadas na parte do hotel considerada segura. Tocamos para um mar de jeans e couro. Só havia caras arruaceiros bêbados, neve e álcool. Foi quando meu consumo de bebidas destiladas aumentou. Fazia muito frio e era difícil tocar guitarra. As guitarras ficavam frias, então as cordas não arqueavam e não dava para sentir os dedos. Fazia tanto frio em alguns festivais ao ar livre que eu precisava fazer algo para me soltar e aquecer os ossos e, então, conseguir mover os dedos na guitarra. Sendo de uma família italiana e britânica, as bebidas destiladas eram comuns para mim. Nunca foram vistas como algo proibido. No início, gostava das doses do brandy de amora que minha mãe me dava antes de eu ir para a Europa. Depois, mudei para Johnnie Walker Black Label, que se tornou minha bebida preferida.

Até aquele momento da minha vida, meu consumo de álcool aumentava ou diminuía dependendo da companhia; isso também variava dependendo dos homens com quem eu estava. Enquanto estávamos na Irlanda, tomei um drinque com o Captain Dirty, que era o chefe dos Hells Angels de Belfast. Ele gostou de nós. Os Hells Angels literalmente ficaram no palco conosco enquanto tocávamos e ninguém, incluindo nós, ia falar para eles saírem, então eles se tornaram nossos seguranças. Eles acabaram sendo muito legais. Por causa deles, o que a gente quisesse, a gente teria. Vicki viu um cinto que um garoto estava usando e estava olhando para ele do palco. O Captain Dirty viu isso e arrancou o cinto do garoto e o deixou no palco na frente de Vicki.

Naquela noite, no hotel, entrei no quarto que dividia com Vicki. Já era tarde, então eu estava tentando ser cuidadosa e ficar quieta. Fui ao banheiro e vi cabelos pretos crespos na minha escova de cabelo. *Que nojo*, pensei. *Quem está usando minha escova?* Enquanto eu andava para a cama, olhei ao redor e encontrei duas pessoas rolando no chão ao lado da minha cama. Era a Vicki e, para minha surpresa, ela estava com um cara! Mas, também, como alguém poderia recusar o irlandês negro com quem ela estava? O inigualável Phil Lynott, do Thin Lizzy. Vadia de sorte! Eu adorava o Phil! Acho que isso explicava o cabelo crespo na minha escova. Fui lentamente para minha cama e adormeci. Na manhã seguinte, os dois já tinham saído.

    Aquela turnê europeia durou cerca de um mês, depois voltamos para casa para começar outra turnê americana no início de 1978, pela qual estávamos todas entusiasmadas porque pegaríamos a estrada com os Ramones de novo. Foi durante aquela pequena pausa que conheci John Entwistle, do The Who. Ele estava entre um casamento e outro. Nós nos conhecemos nos bastidores de um show do Cars. A única coisa que John Entwistle e eu tínhamos em comum eram as aranhas: nós dois as adorávamos. Nos demos bem naquela primeira noite e fomos para o bar The Rainbow depois do show e acabamos no hotel Riot House. Ele tinha cerca de um quarto de grama de cocaína e íamos cheirar, mas deixamos a droga cair na lateral do sofá-cama e nunca mais encontramos. As coisas esquentaram bem rápido depois disso e, quando percebi, já tinha tirado a roupa e estávamos na cama. De repente, John pareceu um pouco assustado, parou e apontou para minhas coxas. "O que aconteceu com você?"

    Eu não tinha ideia do que ele estava falando. Olhei para baixo e percebi que minhas pernas e a parte interna das coxas estavam pretas e azuis! Eu estava usando uma calça jeans nova e tinha andado a cavalo mais cedo naquele dia. Meu jeans estava muito apertado e ajudou a causar hematomas. Nem preciso dizer que John estava olhando para mim como se eu curtisse sadomasoquismo ou algo assim. Tentei contar a história da cavalgada, mas ele não deixou. De qualquer forma, acabamos transando, então ele não deve ter ficado tão assustado.

ADEUS, CHERIE

NO COMEÇO da turnê americana, Kim Fowley basicamente nos abandonou. Acho que ele ficou desapontado por Cherie ter saído da banda: ele nunca imaginou Joan como vocalista principal. No início das Runaways, Kim queria que Kari Krome tocasse guitarra e fosse a vocalista da banda. Ele gostava mais da aparência de Kari do que da de Joan, mas Kari não tinha o talento de Joan. Kari empurrou Joan para a frente. Nessa época, ele não se importava com Vicki, Sandy era baterista e estava sempre no fundo, e ele tinha medo de mim. Acho que começamos a perder parte do nosso público porque, com a saída de Cherie, perdemos a representante mais feminina, e Kim não gostou disso. Kim trouxe Toby Mamis para substituí-lo e fiquei muito confusa. Não sei de onde ele veio, mas achei que ele era dez vezes pior que Kim em relação à capacidade de nos gerenciar. Ele era um cara baixinho e rechonchudo, tinha cabelo afro e usava óculos fundo de garrafa. Ele vivia do velho refrigerante diet Tab. Mas, por alguma razão, ele nunca perdia peso. Tudo nele me irritava. Até a forma como ele bebia seu Tab. Toby não sabia nada sobre nós, garotas. Ele era um intruso e não era criativo nem paternal, como até Kim acabou se tornando de seu próprio jeito estranho. Toby não se encaixava no grupo e ninguém prestava muita atenção nele.

Nosso primeiro show da turnê com os Ramones foi em 7 de janeiro de 1978, no Palladium, em Nova York. Os camarins daquele lugar eram pequenos e me lembro de ter visto Joey Ramone trocando de roupa. Ele tinha uma enorme cicatriz nas costas e pensei no que teria acontecido com ele, mas nunca perguntei. Ele tinha muitos problemas de saúde e usava muito spray nasal para respirar e colírio para enxergar. Ele tinha uma linda namorada que era de Los Angeles. Na época, eu me perguntei como um cara como Joey tinha conseguido uma garota tão gata, mas quando a gente o via no palco, entendia. Comecei a adorá-lo também. Comecei a adorar todos os Ramones. Eu adorava a forma como eles usavam roupas combinando e se moviam juntos dedilhando suas guitarras em sincronia. Eu sabia cada palavra do setlist. Eles eram muito populares, muito rudes, atrevidos e brutos. Os Ramones eram como ratos de rua com atitude num nível rock'n'roll.

Fiquei amiga da namorada de Joey. A única vez que me piquei foi com ela, quando ela injetou heroína em uma das minhas nádegas. Isso me deixou tão enjoada! Vomitei no gramado da frente da casa dela. Foi um desastre. Nunca mais! Definitivamente, não fui feita para heroína. Essa nunca foi minha droga preferida.

Após a longa turnê americana com os Ramones, as Runaways seguiram para a Europa de novo. Um dos meus programas favoritos na Europa era o Festival de Verão em Estocolmo, na Suécia, que o país esperava o ano inteiro. Era uma feira combinada com um festival de rock – linda, louca, turbulenta e repleta de todo tipo de gente: adolescentes, famílias com filhos pequenos e os Hells Angels suecos. Parecia que o país inteiro ia para esse festival. Quando estávamos no palco, podíamos ver a roda-gigante iluminada no escuro, girando ao longe, pessoas gritando nas montanhas-russas e milhares de pessoas se divertindo, ouvindo música, comendo e bebendo durante todo o fim de semana.

Durante esses dois dias, conheci um jornalista chamado Lars. Ele tinha cabelo loiro comprido na altura dos ombros, olhos azuis e um rosto esculpido parecido com um jovem Mick Jagger. Ele gostou de mim e eu gostei dele. Eu o achei interessante, lindo e sexy. Nos divertimos durante todo o festival. Fui para casa dele com ele depois do show e passei a noite lá, já que estávamos de folga no dia seguinte, quando Lars me levou para conhecer a cidade. Fizemos compras e pegamos um barco para ver pequenas ilhas costeiras acessíveis apenas de barco. Navegamos pelas águas e observamos todas as casas em uma ilha chamada Vaxholm.

Nosso show seguinte foi em Oslo, na Noruega. Falei para as garotas e para os nossos empresários britânicos levarem minha bagagem e irem na frente – eu me encontraria com eles a tempo para o show em Oslo. Eu queria ficar com Lars e me divertir. A casa dele ficava num prédio de apartamentos e sua vizinha era a atriz Britt Ekland. Ele cozinhava para mim e me contava histórias – e, como jornalista, tinha algumas histórias legais de rock'n'roll para contar, principalmente sobre os Rolling Stones. Falei para ele que minha música favorita na época era "Winter", do álbum *Go-*

ats Head Soup, dos Stones. Há um verso na música que diz: "I wish I been out in California" [Eu gostaria de estar na Califórnia]. Quando eu tinha saudades de casa, ouvia "Winter" e ela me fazia sentir melhor.

Lars era interessante e diferente. Gostamos tanto um do outro que não dormi o fim de semana inteiro. Eu estava muito cansada, mas precisava pegar o voo seguinte para Oslo. Falei para ele: "Volto logo", e fui para o aeroporto de Estocolmo. Infelizmente, não era um voo direto, então precisei trocar de avião em algum lugar. Ninguém havia me avisado sobre a conexão, então, exausta e ainda sonhando com o fim de semana, apaguei. Quando o avião pousou na cidade onde eu deveria descer e pegar outro voo, não acordei. Durante esse tempo, um grupo inteiro de pessoas diferentes entrou no avião. Quando começamos a ir em direção à pista, prontos para decolar de novo, abri os olhos e percebi que o cara ao meu lado tinha uma aparência diferente. Eu me sentei rapidamente e perguntei para ele: "Com licença, senhor. O senhor acabou de entrar neste avião? Porque o senhor não estava aqui há alguns minutos, estava?".

"Não, acabei de embarcar."

"Para onde esse avião está indo?", perguntei.

"Islândia."

"ISLÂNDIA!"

Gritei para a aeromoça: "Pare o avião!".

Ela veio correndo. Eu disse a ela: "Preciso sair desse avião agora! Era para eu ter descido quando pousamos! Eu estava dormindo! Preciso ir para Oslo!".

A aeromoça pediu para o piloto parar o avião. Eu não acreditei, mas ele parou o avião, a parte de trás se abriu e uma escada desceu sob a cauda. Peguei minhas coisas e corri para a escada e para a pista. Eu estava parada na porra da pista pensando em como chegar ao terminal. Eu estava completamente perdida. Eu nem sabia em que país ou cidade estava. *Fique calma, Lita*, pensei.

Vi um prédio ao longe e comecei a andar em direção a ele, esperando que fosse o terminal, e felizmente era. Entrei no terminal e descobri que havia perdido meu voo de conexão. Merda. Eu com certeza perderia o show em Oslo. Fui até o balcão da companhia aérea sueca e contei a história a eles. Eles disseram: "Temos mais um voo que parte para Oslo. É o último do dia". Ele chegaria a Oslo na mesma hora em que eu deveria estar no palco. Meu gerente de turnê deve ter surtado, andando de um lado para o outro, se perguntando o que tinha acontecido comigo. Não havia telefones celulares naquela época. Procurei e encontrei um papel com o número de telefone dele na minha bolsa. Liguei para ele e disse que havia perdido o voo de conexão, mas que pegaria o próximo. Ele começou a me xingar, então desliguei na cara dele. Pelo menos ele sabia que eu estava a caminho e não ia para a Islândia.

Quando o avião pousou em Oslo, eu já estava atrasada para o show. Meu gerente de turnê estava no aeroporto para me pegar. Eu estava tão feliz em vê-lo, mesmo que ele estivesse puto comigo. Mas acho que ele gostou do meu comportamento errante. Ele me deu um sorrisinho e disse: "Você se divertiu, Lita?". Fomos direto para o show, onde outro mar de vikings irritados, ansiosos e bêbados estava aguardando para ver as Runaways. Subimos imediatamente ao palco e fizemos o show. Criamos uma grande confusão naquela noite por causa do atraso, mas demos a eles um dos nossos melhores shows. Depois de sair do palco, fui direto para o hotel para dormir um pouco. Quando entrei no quarto do hotel, o telefone estava tocando. Era o Lars. Ele ligou para tocar "Winter" para mim pelo telefone. E, com isso, todos os meus problemas foram suavizados. Depois desse show, Lars me ligava regularmente e tocava "Winter". Acabamos perdendo contato, mas sempre penso nele quando ouço essa música.

A turnê europeia durou dois meses. Talvez você esteja pensando que, com toda a turnê, estávamos ganhando algum dinheiro. Não. Estávamos todas falidas, confusas e cansadas. Com exceção de Vicki, que tomava remédios para controlar seus problemas médicos, estávamos recorrendo às drogas e ao álcool para aliviar nossas almas jovens e destruídas.

ADEUS, CHERIE

QUANDO TERMINAMOS a turnê europeia de 1978, Sandy, Joan e eu fomos morar numa casa-barco azul-marinho de mais ou menos 27 metros em Londres, no rio Tâmisa. Inicialmente, fomos para Londres pensando que ficaríamos lá e gravaríamos nosso álbum seguinte com um produtor britânico chamado Phil Wainman, que havia trabalhado com a banda Sweet. Mas, para ser honesta, de novo, ninguém nos disse por que estávamos lá. Embora eu adorasse a Inglaterra e pudesse ter ficado lá para sempre, não percebi que a gravação com Wainman não estava confirmada. Joan, Sandy e eu não éramos a combinação certa para que esse cara fizesse nossa produção. Naquela época, estávamos usando drogas demais e saindo com punk rockers britânicos que usavam drogas demais. Nós o assustamos antes mesmo de começarmos.

A casa-barco ficava ao lado da ponte Battersea, perto da King's Road, que estava cheia de lojas, restaurantes, pubs e lugares interessantes. E, mais importante, estávamos na mesma rua onde os Sex Pistols moravam. Era um local privilegiado para problemas.

Estávamos imersos na era punk na época, quando "God Save the Queen", do Sex Pistols, foi lançada. Sid Vicious, sua namorada Nancy, o baterista Paul Cook e o guitarrista Steve Jones iam ao barco o tempo todo. Às vezes eu adorava recebê-los lá, mas às vezes isso me deixava nervosa. Dependia de quais drogas eles estavam usando, acho. Sid era assustador e noiado, embora eu pudesse ver um garotinho bonito por baixo de todos os cortes e cicatrizes feitos com lâmina de barbear.

Uma vez, eu estava sentada no sofá sem fazer nada e Sid entrou, muito bravo. Apontou o dedo para mim e gritou: "Você!".

"O quê?", respondi.

"Você me roubou!", ele gritou novamente.

"Roubei o quê? Do que você está falando, Sid?"

Sid estava com roupas rasgadas e havia algo escrito em sua camisa. Seu cabelo era curto e bagunçado em todas as direções possíveis. Os lugares onde ele havia talhado palavras e nomes de pessoas em seus braços e peito estavam sangrando. Que confusão. Ele continuou gritando que eu o tinha roubado.

"Não roubei você", disse a ele. "Você é louco?"

Ele apontou para o meu colar. "Isso!", disse ele. "Esse colar é meu."

"Não, não é", respondi. "Isso sempre foi meu."

Ele tinha um colar semelhante e provavelmente havia perdido. Eu estava bastante nervosa porque ele não estava bem da cabeça. Ele estava muito alucinado! Por algum motivo, Sid foi até Nancy. Eles se sentaram, e ele esqueceu a questão do colar na hora. Poucos minutos depois, Sid se levantou e foi até a cozinha preparar um sanduíche de pasta de amendoim com geleia. Só comemos sanduíches de pasta de amendoim e geleia durante aquele verão e, quando acabávamos de comer, jogávamos os pratos pela janela, dentro do rio. Assim, nunca precisávamos lavar a louça.

Enquanto Sid estava na cozinha, Nancy estava ao meu lado. Ela era linda, normal e tinha um bom coração. Eu não conseguia entender por que ela estava com Sid no começo, mas, quando ele não estava drogado, era uma alma gentil e bondosa, então isso começou a fazer mais sentido. Nancy deu um passo, se aproximando de mim, foi quando percebi que ela estava dando em cima de mim. Pensei: *Ah, que merda! E se Sid descobrir?* Ele me mataria ou participaria. Eu não estava interessada em nenhum dos cenários. Então falei para ela: "Você é muito bonita, Nancy. E gosto muito de você como amiga. Mas eu não gosto de garotas".

Ela interrompeu a conversa quando Sid voltou para a sala. Eu estava muito desconfortável, então desci as escadas. Eu estava trocando de roupa quando Paul Cook passou pelo meu quarto. Ele deve ter usado o banheiro. Eu não sabia que ele estava lá ou teria fechado totalmente a porta do meu quarto. Mas fiquei feliz por não ter feito isso, porque Paul, um baterista muito pálido, bonito, loiro, de olhos azuis, me viu tirando a roupa pela fresta da porta. Eu o vi e, em vez de me cobrir, eu o olhei nos olhos. Ele entrou no meu quarto e eu não o impedi. Nenhuma palavra foi dita, mas começamos a dar uns amassos e acabamos transando. Sexo incrível. Passamos algumas noites juntos aqui e ali, mas na maior parte do tempo éramos só amigos.

ADEUS, CHERIE

Steve Jones era o mais organizado do grupo. Ele tinha cabelo escuro e usava um casaco preto, de aparência limpa, e não surrada como as roupas de Sid ou de Johnny Rotten. Steve havia escrito uma música para nós chamada "Black Leather" e, às vezes, ele e Paul Cook subiam ao palco e a apresentavam com a gente.

Uma vez, Sid, Nancy, Sandy e eu fomos até a casa de Johnny, que ficava bem perto da casa-barco. Quando chegamos, fiquei chocada ao ver como sua porta estava arruinada por fãs, que a haviam pichado com spray e retalhado. Eu me senti mal por Johnny. Ele era um recluso e eu não podia culpá-lo. Batemos à porta e tocamos a campainha várias vezes, mas Johnny não atendeu. Ele devia estar dormindo ou sem vontade de atender a porta. Então Sandy, Sid, Nancy e eu fomos embora. Fomos até um pub lá perto tomar umas bebidas e voltamos para a casa-barco.

A casa-barco era muito divertida, mas basicamente uma perda de tempo. As Runaways estavam começando a desmoronar. Não conseguíamos ninguém para nos produzir porque havia muitas drogas envolvidas naquela época. Depois de um mês, todo mundo deixou o barco e voltou para casa. Kim não estava por lá, então o hype em torno das Runaways diminuiu. Fiquei sozinha por mais alguns dias, porque tinha parentes em Londres e queria vê-los. O barco parecia muito estranho sem ninguém nele além de mim. Como se estivesse assombrado. As portas abriam e fechavam sozinhas às vezes por causa da maré subindo e descendo. Eu não gostava disso, então fiz as malas e voltei para casa em Los Angeles.

Cerca de um mês depois, em outubro de 1978, ouvi a notícia de que Nancy fora encontrada morta no chão do banheiro do Hotel Chelsea, em Manhattan. No começo, achei que ela havia morrido de overdose, mas depois soube que Sid tinha sido preso. Mais detalhes começaram a surgir. Os braços dela foram amarrados a um porta-toalha e ela foi esfaqueada. Eu estava devastada. A imprensa começou a publicar notícias sobre Sid e Nancy, mas entenderam tudo errado. Na verdade, Nancy era um amor. Ela era uma garota bonita, realista e comum. Ela não estava procurando nada além de um relacionamento, e foi tragada pelo charme de Sid. Muitas vezes ele estava fora de si, mas por baixo disso tudo também havia uma pessoa legal com um grande coração.

Eu não acredito que ele pretendia matar Nancy. Sei que ele gostava muito dela. Nancy era o amor da vida dele. Mas Sid estava tão louco com as drogas que, na metade do tempo, não sabia mais o que estava fazendo. Pode ter começado como um jogo sexual excêntrico que deu terrivelmente errado. Vai saber que diabos aconteceu. Dez dias depois, ele tentou se suicidar e foi internado na ala psiquiátrica do Hospital Bellevue. Sid ficou devastado quando Nancy morreu, e eu sabia que era só uma questão de tempo até ele morrer de coração partido, o que infelizmente aconteceu alguns meses depois, quando ele teve uma overdose enquanto estava livre sob fiança.

TOBY MAMIS trouxe John Alcock, produtor do Thin Lizzy, para produzir o quarto álbum das Runaways. John achou que Sandy e eu deveríamos ser apresentadas com um pouco mais de destaque nesse álbum do que tivemos no passado. Ele estava tentando dar um toque musical diferente ao disco, apresentando quem ele achava as musicistas mais fortes da banda, eu e Sandy. Tinha a ver com bateria e guitarra, não com vocais. Joan pareceu levar isso para o lado pessoal, como se Sandy, John e eu estivéssemos conspirando contra ela. Ela estava errada. Não estávamos. Se ela tivesse chamado nossa atenção para isso, nós a teríamos tranquilizado.

Nós adorávamos Joan, mas não sei se ela entendia isso dessa forma. Embora Joan não escrevesse tudo, ela costumava receber crédito por isso durante os anos de Kim Fowley. Dessa vez, como Kim não estava por perto, Sandy e eu pudemos escrever e participar mais do processo criativo. No fim, nem recebemos crédito suficiente por isso. Sandy e eu éramos um time musical forte. Em *And Now... the Runaways*, finalmente me tornei a baixista que todos pensavam que eu fosse quando entrei na banda. Para falar a verdade, eu deveria ter tocado baixo o tempo todo nos álbuns de estúdio. Sandy e eu ficamos muito felizes em trabalhar juntas como uma seção rítmica, e Joan deve ter se sentido excluída, mas isso estava longe de ser verdade.

PEGAMOS A ESTRADA pela última vez em dezembro de 1978. Em 1º de dezembro, fizemos um show no Palladium, na cidade de Nova York. Toby estava dirigindo por Manhattan na Mercedes do pai dele. Eu estava sentada no banco do carona. Toby costumava me dar nos nervos e me ocorreu uma coisa naquele momento. Peguei minhas algemas (éramos as Runaways, sempre tínhamos algemas por perto, caso você não tenha percebido), prendi um lado no pulso de Toby e outro no volante da Mercedes. Tirei as chaves da ignição e saí do carro, deixando Toby parado no trânsito da hora do rush de Nova York. Encontrei Toby na semana seguinte. Ele nunca me falou nada sobre ser algemado, mas estava irritado. De qualquer forma, ele geralmente estava irritado comigo por alguma coisa. Toby era assim. Mas me diverti com a situação.

Logo após o lançamento de *And Now... the Runaways*, Vicki foi substituída por Laurie McAllister. E aqui vamos nós de novo com outra baixista. Laurie não tocava tão bem quanto Vicki, mas não tínhamos escolha na época. Quando Laurie entrou na banda, as Runaways estavam por um fio. Jackie, Cherie, Vicki, Scott e Kim tinham saído. Joan estava infeliz e puta da vida. Toby era um pé no saco. John Alcock tinha virado um pesadelo. Sandy e eu estávamos fazendo as coisas por fazer, e Sandy começou a perder a paciência com facilidade, algo incomum para ela. Ela estava cansada e queria uma pausa. Todas nós queríamos. Laurie não conseguia tocar tão bem quanto nós, e estávamos acabadas demais para arranjar tempo para ajudá-la a aprender como fizemos com Vicki. A essa altura, ninguém se importava. Nem eu.

Tínhamos dez shows na Califórnia naquele dezembro. As pressões com a saída de Cherie e John Alcock dando mais importância para Sandy e para mim pareciam estar afetando Joan. Nessa época, ela estava usando drogas demais e piorava a cada dia. Eu a via vomitando e ela apagava no meio de uma conversa. Resumindo, as Runaways terminaram assim. Uma pessoa drogada se dirigindo a outra pessoa drogada e se perguntando quem salvaria quem. Era uma cega guiando outra cega.

Senti que a banda havia acabado em nosso último show, no Cow Palace, em San Francisco. Todas nós presumimos que a banda havia acabado. Ninguém se despediu. As Runaways haviam desmoronado. Foi assim, simples e triste.

EM JANEIRO DE 1979, eu tinha só vinte anos. Minha vida estava apenas começando. Acho que ninguém sabia o que aconteceria a seguir. A banda havia acabado? Eu sabia que Joan precisava de alguma estabilidade na vida. Parecia que todas as garotas haviam seguido direções diferentes e ninguém nunca mais voltou. Então também segui em frente. Nenhuma de nós guardou ressentimentos, exceto Cherie e eu.

Eu era uma roqueira autêntica na época em que as Runaways se separaram, ou seja, não apenas cresci em meu próprio estilo musical, mas também me tornei insensível às pessoas da indústria da música. Descobri que elas não se importam com você. Só querem usar você. Querem seu dinheiro e sua fama. E então o cospem quando não o querem mais.

Ter feito parte das Runaways me preparou para o restante da minha carreira como artista solo. Não havia nada que eu não tivesse passado com a banda. Pelo menos foi o que pensei na época. Ainda havia um longo caminho pela frente, mas eu havia me formado na faculdade do rock'n'roll e estava pronta para um novo começo.

PARTE II

GAROTAS NÃO TOCAM GUITARRA

CAPÍTULO 7

ARRANJE UM EMPREGO DE VERDADE

I find you alone at night

Don't know what you're thinking

Don't know what you're dreaming of

Stay with me baby

[Encontro você sozinho à noite

Não sei no que está pensando

Não sei com o que está sonhando

Fique comigo, querido]

— "Stay With Me Baby"
(Letra escrita por Lita Ford)

DEPOIS QUE AS RUNAWAYS SE SEPARARAM, FUI PARA A CASA DOS MEUS PAIS em Long Beach. Eu estava pronta para enfrentar o mundo, só não sabia por onde começar.

Meu primeiro passo foi comprar um carro novo e confiável para poder ir de Long Beach a Hollywood. Havia pouco tempo, quando eu estava indo pegar Sandy, meu Monte Carlo ficou destruído num engavetamento de quatro carros causado por uma senhora idosa num carrinho de golfe que, para começo de conversa, nem deveria estar na estrada. Peguei todo o dinheiro que ganhei com as Runaways e comprei um Pontiac Firebird prata. Paguei tudo em dinheiro, para não ficar com prestações. O Firebird era um carro esporte grande e robusto. Ele era muito veloz e ótimo nas curvas. Depois de fazer a curva, era só soltar o volante e ele se endireitava sozinho. Eu e Edward Van Halen testamos isso algumas vezes passando pelas estradas profundas, intricadas e sinuosas de Laurel Canyon e, numa curva íngreme, em vez de pisar no freio, só gritávamos. Embora isso não ajudasse a diminuir a velocidade do carro, era muito divertido.

Eu ainda estava saindo com Sandy e John Alcock nessa época, porque compartilhávamos os mesmos gostos musicais e pensávamos em trabalhar num álbum juntos no futuro próximo. John foi fisgado por Sandy e tinha uma queda por ela. Mas como culpá-lo? Sandy era linda e amável.

Ele tinha uma casa que dava para o Sunset Boulevard, e a casa geralmente estava repleta de sexo, drogas e rock'n'roll. Eu já tivera mais que o suficiente de drogas e comportamento selvagem quando fazia parte das Runaways, mas a casa de John estava num nível totalmente diferente. Todas aquelas pessoas pareciam ter um desejo de morte. Principalmente John.

John nos contou sobre seu diagnóstico de câncer. Pensar em John morrendo não era chocante, por conta da forma como ele abusava de si mesmo. Para falar a verdade, eu não sabia o quanto ele estava doente. Um dia, ele me disse: "Tem algumas coisas que quero fazer antes de partir. Você faria comigo?".

"Ai, meu Deus. Não consigo acreditar, John. Qualquer coisa que você quiser fazer, vamos fazer", falei. "Aonde você quer ir? O que você quer fazer?"

"Eu quero andar de montanha-russa no novo Six Flags em Valencia." Uma montanha-russa!!! Puta merda! Ok, John, vamos lá. Jesus! Por que eu?

Pensei que ele estava fora da porra da casinha, mas, de qualquer forma, concordei em ir com ele. Quando chegamos à primeira montanha-russa, li uma placa que dizia: GRÁVIDAS OU PESSOAS COM PROBLEMAS

ARRANJE UM EMPREGO DE VERDADE

CARDÍACOS NÃO DEVEM EMBARCAR. Isso me fez ficar preocupada com a saúde de John.

"John, você viu a merda dessa placa?", perguntei.

"Vi."

"E você ainda vai embarcar?" E essa foi uma pergunta idiota da minha parte. Claro que ele faria isso!

"Sim, claro."

"Certo, vamos lá."

John era um homem enorme. Ele tinha um metro e noventa de altura e pesava uns cento e cinquenta quilos. Quando embarcamos no carrinho da montanha-russa, tudo em que eu conseguia pensar era como eu o carregaria se alguma coisa acontecesse com ele. Eu estava começando a ficar cansada de andar com pessoas tão descuidadas com a vida.

O rompimento final aconteceu numa noite quando eu estava na casa de John, com Sandy e um monte de outras pessoas da indústria da música. John havia usado tantas drogas que começou a atirar num alvo que ele havia colocado na cozinha. De sua varanda, dava para ver toda a Sunset Strip, o lugar onde tudo começou para as Runaways. Enquanto eu estava na varanda, observei um farrista atirar para o céu sobre o Sunset Boulevard, só por diversão. Então Sandy se juntou a ele. E, para mim, deu. Eu não aguentava mais ficar perto das drogas e da estupidez. Fui embora, determinada a fazer as coisas de outro jeito, sem o envolvimento dele. Foi uma das últimas vezes em que vi Sandy. Acredito que John foi o começo do fim para Sandy, literalmente, pois ela se envolveu com pessoas erradas.

OUTRA AMIGA MINHA — também chamada Patty (com "y", e não "i") - e eu decidimos fazer uma viagem, dessa vez para Las Vegas, para nos divertir. Era o passeio favorito da minha mãe. Sempre quis ver o que havia de tão legal em Las Vegas. Quando eu era criança, minha entrada nos cassinos era proibida, mas no fim de 1979 eu tinha vinte e um anos e podia entrar para ver do que se tratava. Embarcamos no meu Firebird e pegamos a estrada. No caminho para Las Vegas, estávamos com fome e paramos para comer num lugar para caminhoneiros no meio do deserto. Pedi peixe e batatas fritas, uma coisa idiota para se pedir num lugar para caminhoneiros no meio do deserto. Estava muito gorduroso e frituras não me fazem bem, apesar de eu adorar o verdadeiro peixe com batatas fritas inglês. Mas é claro que não estávamos na Inglaterra, então acabei com uma dor de estômago. Quando chegamos a Las Vegas, eu estava enjoada. Patty foi fazer o check-in para o nosso quarto porque senti que vomitaria a qualquer momento. Fui me sentar no canto do saguão, num sofá de veludo vermelho e, enquanto esperava Patty, uma banda de rock entrou no hotel para fazer o check-in. Eu estava sentada no canto, então achei que não haviam percebido que eu estava olhando para eles.

Patty se aproximou e disse: "Certo, vamos, peguei as chaves".

Eu disse: "Patty, olhe pra esses caras. Eles são interessantes, hein?".

Os olhos de Patty brilharam. "Sim! Talvez possamos encontrá-los mais tarde em algum lugar."

"Sim, isso seria legal", respondi.

Estávamos pegando nossa bagagem quando um dos membros da banda se aproximou de nós e disse: "Oi, garotas", com um forte sotaque britânico. "Eu sou Glenn".

Era Glenn Tipton, guitarrista do Judas Priest.

"Oi, sou Lita", respondi.

"Qual o problema?", perguntou ele.

"Estou com dor de estômago por causa da comida de estrada."

"Ah, sim", Glenn respondeu. Ele entendeu completamente.

Eu nunca tinha encontrado Glenn nem os outros membros da banda Judas Priest e não sabia por que ele viria até mim, a menos que me reconhecesse das Runaways. Não sei. Mas, céus, ele era fofo!

Glenn disse: "Bem, venha para o meu quarto e vou fazer você se sentir melhor".

Pensei: *Hã? Sério? Não que eu nunca tivesse ouvido isso. Como ele faria eu me sentir melhor?* Mas ele era tão atraente que não consegui resistir, então respondi: "Tudo bem. Vou para o meu quarto me ajeitar um pouco. Depois vou para lá. Qual o número do seu quarto?".

Trocamos os números dos quartos, já que ele tinha acabado de receber as chaves do quarto do gerente de turnê. "Torre Leste, 1784."

"Deixa eu ver o que esse tal de Glenn tem de especial. Já volto", falei para Patty depois de nos acomodarmos. Também falei para ela para qual quarto eu estava indo, caso acontecesse alguma coisa.

Bati à porta de Glenn. Ele estava me esperando e disse: "Entre, meu amor, por favor, sente-se". Ele me serviu um refrigerante de gengibre de seu minibar.

"Que atencioso. Obrigado, Glenn", falei enquanto me sentava na cadeira.

Ele me interrompeu: "Não, não, não, querida, aí não. Por favor, sente-se aqui, meu amor, no meu colo".

Ah! *Certo*. Glenn tinha uma voz de cavalheiro maravilhosamente reconfortante. Adorei seu sotaque britânico. Claro que eu me sentia mais do que bem com isso. Ele colocou a mão na minha barriga e disse: "Então, me fale sobre essa sua dor de estômago". Falei para ele sobre o peixe e a batata frita na parada para caminhoneiros, que morávamos em Los Angeles e que dirigimos quatro horas para Vegas para nos divertir.

"Peixe com batatas fritas", disse ele.

"Sim, também sou britânica. Meu pai é um cavalheiro britânico", eu lhe contei. Ele ficou impressionado.

Seu comportamento era tão relaxante, e ele começou a me contar uma história sobre uma menina com um sonho enquanto colocava sua mão na minha barriga comigo em seu colo. Eu me senti com doze anos. A história me pareceu bem familiar. Sua voz me atraía e fiquei maravilhada com ele quase instantaneamente. Depois da história, ele perguntou: "Como está sua dor de estômago agora?".

Eu tinha me esquecido completamente disso! "Que dor de estômago?", perguntei. "Você é mágico, Glenn. Não consigo acreditar que desapareceu assim."

"Agora você se sente melhor?"

"Me sinto, sim!", respondi.

Ficamos no quarto dele a noite toda, conversando e nos conhecendo. Patty ligou para o quarto cerca de duas horas depois para ver se eu estava bem. Falei para ela não me esperar, porque ela estava empolgada me contando sobre essa tal banda Judas Priest. Pensei: *Vá fazer o que você quer, amiga. Vou ficar aqui com Glenn.* Ela aprovou e partiu para sua própria expedição com outra pessoa.

Depois de um tempo, passamos da cadeira para a cama para nos deitarmos juntos.

Ele era maravilhoso.

No dia seguinte, voltei para encontrar Patty. Ela percebeu o que estava acontecendo. Patty e eu fomos tomar sol na piscina e ela quis saber de cada detalhe. Falei para ela que o Judas Priest tocaria naquela noite em Las Vegas e que deveríamos ir vê-los, mas que naquele momento eu precisava dormir. Apaguei no calor do deserto à beira da piscina. O Priest fez seu show naquela noite, então deixou a cidade para fazer o show seguinte. Nem preciso dizer que fiquei fã do Judas Priest depois disso – em mais de um sentido – e pensei se algum dia veria Glenn de novo.

EDWARD VAN HALEN era um bom amigo e foi uma grande inspiração durante esse período da minha vida. Os fãs o conhecem como Eddie, mas ele nunca gostou de ser chamado assim. As Runaways e Van Halen cresceram juntos musicalmente na Sunset Strip, com várias outras bandas ótimas. Íamos para a casa da mãe de Edward depois de uma noite de farra e dávamos um "oi" para ela. Ele fazia o café da manhã para mim abrindo um pacote de achocolatado em pó e adicionando leite. Edward não tinha tempo para nada, a não ser sexo ou rock'n'roll. Ele nem tinha um interruptor de ignição no carro. Ele dizia: "Porra, eu não preciso de uma chave", e então juntava os fios e partíamos. Era uma lata velha com um sistema de som incrível.

Ele havia tocado "Runnin' with the Devil" para mim antes do lançamento. Fiquei impressionada porque ela soava muito incrível e "rock".

ARRANJE UM EMPREGO DE VERDADE

Um bom e velho rock'n'roll desafiador. Não havia excessos na produção, com toneladas de overdubs de guitarra e teclado. Isso foi durante a era da banda Boston. Boston era legal e tinha um álbum foda, mas extremamente produzido. A música do Van Halen era animadora numa época em que ninguém tocava o rock'n'roll básico com três instrumentos. Todos estavam ocupados demais tentando descobrir como superar uns aos outros, enquanto Edward só ligava sua guitarra e tocava a coisa toda. Simples assim.

Às vezes, para nos divertirmos, Edward e eu transávamos, dependendo de quantas bebidas havíamos tomado. Isso foi um pouco antes de ele conhecer Valerie Bertinelli e logo depois de eu ter terminado com um cara esquecível chamado Mark, com quem fiquei porque nós dois dirigíamos Firebirds. O meu era prata e o dele era preto e dourado. Eu o magoei, pois descobri que um relacionamento precisa ter mais bases do que um gosto comum por carros. Uma noite, logo depois do último término, Edward foi ao meu apartamento, logo acima da Sunset Strip. Começamos a nos pegar e a beber vodca Absolut. Ele estava experimentando minhas roupas e eu estava usando as dele. Eu estava usando uma camiseta que dizia: ME BATA. ME MORDA. ME CHICOTEIE. ME FODA. GOZE NAS MINHAS TETAS, POIS SOU UMA VADIA SUJA. DIGA QUE VOCÊ ME AMA. E ENTÃO DÊ O FORA. Tudo isso em uma camiseta. Rá! Era para ser uma camiseta idiota, não era para ser interpretada literalmente, mas minha mãe odiava aquela camiseta. Meses depois, quando ela estava lavando roupa, essa camiseta desapareceu magicamente.

Depois de brincar com as roupas um do outro, fomos para a cozinha para nos servir com um pouco de vodca com gelo. Então deitamos no piso da sala e começamos a dar uns amassos. De repente, senti alguém chutando a lateral do meu tornozelo com muita força. Primeiro pensei: *Que merda Edward está fazendo comigo?* Olhei para o meu tornozelo e fiquei chocada ao ver um terceiro par de pés. Que merda era essa? Não era Edward. Era meu ex-namorado Mark!

"Como você entrou aqui?", perguntei.

"Subi pelas varandas e entrei pela porta de vidro de correr."

"O quê? Você só pode estar brincando! Essa é a minha casa!"

Edward e eu estávamos um pouco tontos e Edward percebeu que Mark era um cara grande, então ficou apavorado. Ele recuou em direção ao banheiro e disse: "Bem, se vocês forem me matar, só me enterrem com a minha guitarra". Então ele bateu a porta do banheiro e a trancou.

Não que a porta fosse ficar trancada, era muito frágil.

Mark era um amor, mas ele nunca devia ter escalado a minha varanda e entrado no meu apartamento. Falei para Mark que isso era uma loucura e que ele precisava ir embora. Não estávamos mais namorando e isso levou alguns minutos, mas finalmente consegui fazê-lo ir embora.

Depois que Mark saiu, bati à porta do banheiro e falei: "Edward, você pode sair agora. Mark foi embora". Mas não houve resposta. Continuei batendo e comecei a ficar meio preocupada, então chutei a porta. Não havia sinal de Edward em lugar nenhum. *Que porra é essa?* Parecia que ele tinha desaparecido. Como ele saiu? Havia uma janela minúscula, aberta, acima do chuveiro. Não havia como um ser humano passar por ela. Logo descobri que, de alguma forma, ele havia conseguido espremer o corpo pela janela, arranhando toda a barriga. Ele caiu do quarto andar e saiu correndo para o Sunset Boulevard. Isso foi em 1980. Ninguém era maior que o Van Halen em 1980. E, no entanto, lá estava ele, correndo pela Sunset Strip com minha calça Levi's, minha camiseta que dizia GOZE NAS MINHAS TETAS, sem sapatos nem dinheiro. Ele teve de pedir uma moeda para um jovem para poder ligar para o 911 do orelhão. O estranho disse: "Ei, você não é o Eddie Van Halen? Por que você precisa de uma moeda?". A calça jeans era minha, então é claro que não havia dinheiro nos bolsos. O rapaz deu uma moeda para ele e alguns minutos depois a polícia estava na minha porta. Atendi vestindo as roupas de Edward. Mark tinha feito a coisa certa e foi embora quando pedi. Mas Edward estava certo em ter chamado a polícia.

Essa foi a última vez que nos pegamos, porque, não muito depois disso, ele se apaixonou por Valerie. Fiquei feliz por ele. Ele é uma pessoa muito especial e me influenciou de muitas formas.

ARRANJE UM EMPREGO DE VERDADE

Sabe quando as pessoas às vezes dizem coisas que você carrega por anos e o que dizem pode mudar sua vida para sempre? Edward Van Halen foi uma dessas pessoas para mim. Eu estava empacada num mundo onde muitas pessoas não escutavam garotas que tocavam guitarra. Eu não sabia o que era capaz de fazer, principalmente por ter acabado de sair das Runaways, o que era uma batalha difícil. Um dia Edward me disse: "Lita, você sabe tocar guitarra, qual é o seu maldito problema? *Toque* e pronto". Algo tão simples e verdadeiro saindo da boca de Edward Van Halen fez todo o sentido do mundo para mim. De repente, minha vida clareou. Eu me senti fortalecida. O que eu estava esperando? Aprovação? Foda-se! *Toque* e pronto. Fez todo o sentido para mim!

Com o conselho de Edward em mente, eu sabia que precisava ser a única guitarrista da minha banda. Eu não queria que ninguém falasse: "Ela não está tocando isso. Ele está tocando isso". Então decidi arranjar um cara para ser o vocalista e eu seria a única guitarrista. Comecei a fazer audições para vocalistas principais, mas não sabia o quão difícil seria esse processo. Sempre apenas concordei em relação aos backing vocals das Runaways. Primeiro, encontrei alguém que tinha a aparência certa, mas não sabia cantar. Então fiz o teste com alguém que sabia cantar, mas tinha a aparência toda errada. Minha paciência se esgotou rápido. Comecei a acreditar no velho ditado: *Se você quer algo bem feito, faça você mesmo*. Então decidi ser a líder da banda.

Eu montaria um power trio à la Jimi Hendrix: um baixista, um baterista e uma guitarrista que também seria a vocalista principal (que seria eu). Eu tinha ouvido muito Jimi Hendrix e gostava de como a estrutura do power trio automaticamente o colocava à frente. Não havia outro guitarrista a ser visto. Pensei que, se eu pudesse fazer isso, seria algo que atrairia as gravadoras. Depois de tudo com que eu tinha lidado enquanto estava nas Runaways, não queria mais enfrentar o drama que acompanha o fato de estar cercada por garotas adolescentes. Ao mesmo tempo, eu queria provar uma coisa para o mundo: uma mulher pode arrasar de verdade.

LITA FORD

CANTAR NÃO VEIO naturalmente para mim, como aconteceu com a guitarra. Cantar *e* tocar guitarra ao mesmo tempo é outra habilidade. Algumas pessoas nascem com ela. Precisei treinar bastante para aprender a tocar e usar o microfone ao mesmo tempo. Eu continuava olhando meus dedos e nunca focava nos vocais ou no público. Mas, se for entreter alguém, não dá para ficar olhando para suas próprias mãos. Procurei Bernie Rico Sr. na B.C. Rich Guitars e consegui guitarras especiais feitas sem os marcadores no braço, então, mesmo que eu olhasse para o instrumento, não saberia onde meus dedos estavam. Eu precisava descobrir sem olhar. Em seguida, os trastes se foram. Não havia nada no braço da guitarra me dizendo o que eu estava fazendo. Eu precisava sentir o caminho com os dedos até as notas e acordes certos. Era como braille. Aprendi a olhar para a frente. Contratei treinadores vocais para trabalharem comigo. Eles me mostraram o que fazer, o que não fazer e como acertar minhas notas.

Eu também ia a shows para ver músicos que tocavam guitarra elétrica e cantavam ao mesmo tempo – pessoas como Johnny Winter, que eu adorava e admirava. Ele tinha baixa visão e não conseguia enxergar o braço de seu violão, o que "permitia" que ele cantasse e não se distraísse muito. Ele tocava e caminhava pelo palco sem esforço, com um lenço branco flutuando da guitarra enquanto ele se movia.

Aluguei um depósito no centro de Long Beach e instalei um sistema de som, uma aparelhagem de guitarra e um microfone. Foi onde aprendi a cantar. Durante esse tempo, eu também estava compondo o álbum que se tornaria *Out for Blood*. Era muito trabalho, mas eu sabia que era só uma questão de tempo até ter meu próprio contrato de gravação e estar em turnê.

Meus pais apoiaram cada movimento meu, mas eu não queria pedir dinheiro a eles sempre que precisasse de ajuda. Eu tinha vinte e dois anos e decidi arranjar um emprego para pagar minhas despesas. Você poderia pensar que, depois de três anos numa banda de grande sucesso, eu tinha uns dólares no bolso, mas eu não tinha nem o suficiente para a gasolina, muito menos para alugar o armazém de que precisava para os ensaios.

ARRANJE UM EMPREGO DE VERDADE

Consegui um emprego como instrutora de preparo físico, o que não durou muito tempo porque falei para um dos clientes dar o fora. Ops! Depois consegui um trabalho na Broadway Stores (atualmente, Nordstrom) no Lakewood Mall. O shopping ficava do outro lado da rua onde meus pais moravam. Eu vendia colônia masculina e me disfarçava prendendo o cabelo, usando óculos e me vestindo de forma muito conservadora. Eu me sentia muito deslocada. Trabalhei lá quase seis meses. Nenhum dos clientes soube quem eu era. Às vezes alguém dizia: "Você me parece familiar", e eu mudava de assunto na hora. Eu não estava feliz com aquele trabalho, mas era preciso dar um jeito de pagar as contas para conseguir algo melhor.

Um dia, quando eu estava trabalhando na loja de departamentos, um cara chamado Ray Marzano entrou com sua namorada, Laura Johnson. Ele estava comprando colônia masculina. Ele disse que estava querendo formar uma banda e precisava de um guitarrista. Nesse momento, saí da personagem, me apresentei e disse a ele quem eu era. Ele me convidou para ir ao local onde fazia os ensaios.

Ray era um ótimo ponto de partida. Ele tinha um local para ensaios em North Hollywood, em Lankershim. Era escuro, como uma caverna. Mas eu não precisaria mais pagar o aluguel daquele armazém, ou seja, poderia deixar o trabalho na loja de departamentos. Essa é a primeira razão pela qual sou grata a Ray. A segunda é porque Ray me ajudou a entar em contato com um grande baterista chamado Dusty Watson. Dusty era um rapazinho na época e muito inexperiente. Quando ele apareceu para a audição, parecia um pouco nervoso. Tocamos três ou quatro músicas, e então larguei minha guitarra. Eu nunca tinha tocado com outro baterista além de Sandy West.

Dusty era um ótimo baterista. Adorei! "Maldição!", falei para ele depois. "Ninguém nunca fez meus peitos suarem assim!". Eu estava vestindo um moletom cinza e calça jeans. Agarrei a mão de Dusty e coloquei-a embaixo do meu moletom para mostrar a ele que eu estava mesmo suando. Nem preciso dizer que ele conseguiu o emprego.

LITA FORD

COM A ENTRADA de Dusty e Ray como substituto temporário no baixo, minha banda de três instrumentos estava se formando. Começamos a tocar em clubes noturnos e a notícia se espalhou. Durante um desses shows, fui abordada por Neil Merryweather, um cara mais velho que havia composto alguns álbuns e "vivia por aí". Ele me disse que poderia me ajudar. Talvez ele quisesse fazer isso só porque poderia se beneficiar dessa ajuda, mas aceitei a oferta. Acontece que Neil tinha muitas ideias. Ele fez roupas à mão para mim – roupas iradas, do tipo Barbarella, calcinhas de couro, com bustiês e braçadeiras. Era um look heavy metal, "anormal", um pouco assustador, mas decidi arriscar. De qualquer forma, eu estava vivendo a vida no limite. Anos mais tarde, Madonna, Cher e Lady Gaga tornariam esses tipos de itens da moda o centro de todo o visual delas, mas, na época, ninguém havia se vestido daquele jeito para tocar rock'n'roll.

No começo, Neil e eu só íamos escrever algumas músicas. Porém, assim que começamos a gravar, descobri que Neil era um baixista excepcional e pedi a ele para tocar nas gravações de estúdio, completando nossa enxuta banda de três instrumentos. O trio se encaixava na minha visão de manter o álbum *Out for Blood* livre de uma superprodução. Eu queria que as pessoas ouvissem cada instrumento de forma individual, principalmente a guitarra!

DURANTE O TEMPO em que estávamos escrevendo esse álbum, fui com um bando de garotas ao Troubadour, um pequeno clube noturno cafona, mas agora lendário, de Hollywood. Uma das garotas me disse: "Se você pudesse sair com qualquer um nesse clube, qual cara você escolheria?".

Fiquei lá parada, olhei ao redor e, conforme cada cara passava, eu dizia: "Esse, não. Esse, não. Esse, não". Então passou um cara desalinhado, com aparência de roqueiro, cabelo muito escuro e olhos claros. Ele estava usando botas vermelhas de couro envernizadas com saltos até a coxa. "Esse, sim", falei.

ARRANJE UM EMPREGO DE VERDADE

"Vai e fala alguma coisa para ele", disse uma das garotas. Todas elas entraram na conversa e me desafiaram a falar com ele. Eu não queria parecer constrangida na frente das minhas amigas, então fui até ele e perguntei seu nome.

"Rick", disse ele. E eu me afastei na hora. Eu sabia que o nome dele não era Rick. "Espere, espere, espere", gritou ele atrás de mim. "Meu nome é Nikki. Nikki Sixx." Parecia que ele não sabia qual era o seu próprio nome. Conversamos um pouco.

"Você quer um quaalude?", perguntei.

"Claro!", respondeu ele.

Coloquei um quaalude em sua língua, o que o deixou muito feliz. Meu baterista, Dusty, estava dando uma festa em seu apartamento em West Hollywood e, assim que o clube noturno começou a fechar, fomos para lá. Era uma espelunca sem móveis. Nikki tirou as botas vermelhas de couro envernizado e seus pés estavam com bolhas.

"Qual o problema com seus pés?", perguntei a ele.

"Minhas botas são dois tamanhos menores."

"Então por que você usa?"

"É o único calçado rock'n'roll que eu tenho. Uma garota deu para mim", respondeu ele.

Na verdade, eram botas femininas e tenho certeza de que doíam pra caralho. Ele usou aquelas botas por pelo menos mais um ano.

Então os quaaludes começaram a fazer efeito. Estávamos no apartamento de Dusty e pensando como voltaríamos para casa. Nikki não tinha carro e eu não podia dirigir na condição em que estava, então passamos a noite lá. Dormimos juntos no chão, sobre um cobertor e alguns travesseiros. Era aconchegante, mesmo não sendo a definição de "romântico" para a maioria das pessoas. Transamos e depois apagamos.

No dia seguinte, eu o deixei em seu apartamento. Nikki não tinha carro. Porra, ele não tinha dinheiro nem para comprar um par de calçados do tamanho dele. Ele morava no "apartamento da banda", porque sua banda ainda não tinha contrato. As pessoas estavam falando sobre um grupo de aparência única com três caras de cabelo preto-azulado e um vocalista de cabelo loiro descolorido. Eu sabia que ele era um dos caras "daquela banda" – Mötley Crüe, é claro. Conforme Nikki e eu nos aproximamos, comecei a passar muito tempo no apartamento deles. Era uma espelunca. A porta da frente não tinha dobradiças e seu péssimo estado era impressionante, porque todos costumavam chutá-la, escrever coisas com objetos cortantes nela e batê-la com força. Nem é preciso dizer que não fechava direito. A única coisa que a prendia no lugar era uma fechadura. Nikki dormia num colchão no chão, embaixo da janela do quarto. Era um apartamento no térreo e eles simplesmente jogavam o lixo na varanda dos fundos – nunca na lixeira. Havia pilhas e mais pilhas de sacos de lixo nos fundos; elas se tornaram um próspero refeitório para ratos.

Eu me lembro de uma noite em que estava na sala bebendo vinho e, quando olhei para baixo, para minha bebida, uma baratinha estava boiando na minha taça. Um bom jeito de se morrer: se afogando – em vinho. O forno também estava cheio de baratas. Quando ligávamos o forno, o calor as fazia ficar de pé sobre as patas traseiras, cair de cabeça para baixo e morrer. Nikki fazia a marcha de Hitler e as saudava enquanto todas morriam. "Queimem e morram!", dizia ele. Então preparávamos nossa refeição.

Às vezes, caminhávamos até o restaurante da esquina e dividíamos um pedido de ovos pochê. Um ovo para Nikki, um para mim. Era tudo que podíamos pagar.

No apartamento, havia um mapa dos Estados Unidos, pendurado na parede perto do banheiro. Sempre que Tommy Lee, o baterista da banda, ou Nikki, precisava cagar, eles arrancavam um dos estados para limpar a bunda. Esse mapa foi ficando cada vez menor. Sempre me perguntei quem acabou com Rhode Island.

Por fim, por causa das baratas, ratos e crescentes danos à propriedade, o prédio foi condenado e os rapazes foram forçados a se mudar. Nikki e eu decidimos arranjar um lugar nosso, então nos mudamos para um apartamento de um quarto em Coldwater Canyon. Não era grande, mas era

ARRANJE UM EMPREGO DE VERDADE

nosso. Tínhamos um colchão novo e até compramos um sofá de dois lugares, nossas únicas mobílias limpas. Acima do sofá de dois lugares havia um pôster de um pentagrama preto enorme, o sinal do diabo. Em todo o apartamento, havia manequins pela metade com sangue falso por cima. Nikki os usava em suas encenações no palco. Eu o ensinei como fazer sangue falso, porque as Runaways o usavam nos shows. Era uma mistura de corante vermelho e xarope para panquecas, o que obviamente atraía formigas. Então, tínhamos esses corpos pela metade com sangue e formigas em todo canto. Era lindo.

Comemoramos o aniversário de Nikki logo depois de nos mudarmos para aquele apartamento, em 11 de dezembro. Ele é sagitariano. Me animei em dar a ele um bolo de aniversário especial naquele ano. Eu já havia lhe dado sua primeira tatuagem, uma rosa com uma teia de aranha, no braço. Ele ficou bem feliz com essa tatuagem. Não tínhamos muito dinheiro para presentes, então o bolo de aniversário seria o presente. Depois de pesquisar um pouco, encontrei um lugar que fazia bolos personalizados. Esse local fazia quase tudo e qualquer coisa que você quisesse em formato de bolo. Eu não queria um bolo em formato de guitarra porque as Runaways encomendaram um para mim no meu vigésimo aniversário, e ele era grande demais só para nós dois. Pensei no que Nikki gostava além de música. Garotas! Um bolo sexy seria uma histeria. Encomendei à padaria um bolo em formato de seios.

Era para ser piada, mas quando enfiamos as velas nos mamilos e as acendemos, ele se assustou. Não sei por quê. Ele se recusou a comer o bolo. Achei que ele estava brincando no começo, mas não estava.

"Qual o problema, Nikki?", perguntei.

"Esse bolo é estranho", respondeu ele.

"Sério? Com manequins ensanguentados espalhados pela casa, você tem medo de um bolo?"

"Não tente entender", ele me disse.

Eu estava em choque. O sr. Estrela do Rock, o sr. Louco por Garotas se recusava a comer um bolo em formato de seios. Nunca entendi essa.

"EU ESTAVA EMPACADA NUM MUNDO ONDE MUITAS PESSOAS NÃO ESCUTAVAM GAROTAS QUE TOCAVAM GUITARRA. EU NÃO SABIA O QUE ERA CAPAZ DE FAZER. UM DIA EDWARD VAN HALEN ME DISSE: 'LITA, VOCÊ SABE TOCAR GUITARRA, QUAL É O SEU MALDITO PROBLEMA? TOQUE E PRONTO'.

DE REPENTE, MINHA VIDA CLAREOU. EU ME SENTI FORTALECIDA. O QUE EU ESTAVA ESPERANDO? APROVAÇÃO? FODA-SE! TOQUE E PRONTO!"

NIKKI ME DEU meu primeiro corte de cabelo dos anos 1980. "Seu cabelo não está bagunçado o suficiente", ele me falou.

"Certo, então bagunce", falei, entregando a ele uma tesoura. Confiei nele quando ele, com segurança, passou a tesoura no meu cabelo longo e loiro no estilo anos 1970 e o cortou num estilo dos anos 1980.

Eu gostava muito de Nikki porque ele tinha ambições em relação ao que faria da vida e sabia como seria seu futuro. Ele era um líder. Ele tinha sonhos e os faria acontecer. Eu sentia isso por ele porque compartilhava os mesmos sonhos e vi que ele estava disposto a trabalhar tão duro quanto eu para garantir que eles se tornassem realidade.

Vi Nikki montar o Mötley Crüe do zero. Sem ele, Mötley Crüe nunca teria existido. Ele foi o criador da banda e trabalhava constantemente para fazê-los prosperar. Nikki se inspirava em vários artistas diferentes. W.A.S.P., Alice Cooper, Hanoi Rocks e vários outros. Ele pegava o telefone e resolvia as coisas sozinho. Ele me dizia: "Vou fazer um álbum chamado *Too Fast for Love*". "Vou fazer um álbum chamado *Theatre of Pain*." Ele me disse que havia escrito uma música chamada "Looks That Kill", que supostamente era sobre mim. E eu falei para ele: "Bom, vou fazer um álbum chamado *Out for Blood*". Então nós dois trabalhamos duro para fazer isso acontecer.

Na maioria das noites, Nikki e eu entrávamos no Rainbow e comíamos uma fatia de pizza de alguma mesa. Não nos importávamos de quem era a pizza. De qualquer forma, o Rainbow estava sempre tão lotado à noite que ninguém sabia quem havia roubado a pizza. Uma noite, Tommy entrou, pegou uma fatia de pizza da mesa de alguém e, enquanto comia, se aproximou, colocou o pau para fora e o pôs sobre a mesa. "Olhem", disse ele, "meu pau ainda tem porra da garota da esquina". Essa era uma das merdas típicas do dia a dia. Além de pizza, basicamente bebíamos nossas refeições. Qualquer tipo de bebida alcoólica servia. O que fosse mais barato.

Numa noite específica, estávamos saindo do Rainbow cedo, quando um caipira se aproximou de Nikki e começou a falar merda porque não gostava da aparência dele. Estávamos cuidando da nossa vida e o idiota começou a xingar Nikki e a provocá-lo. Nikki me deu a bebida dele, pois sabia que não conseguiria passar por esse cara sem brigar. Olhei para ele e fiz um aceno de aprovação para ele ir em frente. Nikki não tinha escolha. Tirei o cinto que estava usando. Tinha fivelas e duas correntes penduradas. Entreguei a Nikki e disse: "Usa isso".

Nikki era magro e não sabia brigar. O cara pulou em cima dele e, na hora, eu soube que Nikki estava fodido. Então Nikki começou a girar o cinto. Os policiais apareceram e tentaram interromper a briga. Nikki não sabia que os policiais estavam lá e continuou girando o cinto. Por acidente, ele acertou um dos policiais que se aproximou demais, batendo o cinto de corrente no alto de sua cabeça. Nem preciso dizer que esse policial estava puto da vida! Assim como o caipira, a polícia não gostou da aparência de Nikki. Isso deu a eles um motivo para colocá-lo na prisão. Enquanto isso, o cara que começou a briga se livrou de qualquer acusação e simplesmente foi embora.

Enquanto colocavam Nikki no carro da polícia, garanti a ele que o tiraria de lá, mas não sabia como. Fui ao escritório do delegado e perguntei: "Quanto vai custar?". Era uma quantia louca, tipo US$ 4 mil. É claro que eu não tinha esse dinheiro, mas tinha meu amado Firebird, que estava pago. Foi doloroso, mas entreguei a documentação do Firebird para o delegado. Eu não sabia se conseguiria recuperá-lo. Eles seguraram o carro por alguns dias até que finalmente deixaram Nikki sair. Mas foi o fim do meu cinto de corrente, o que me deixou irritada. Eu usava aquele cinto em todos os lugares. Agora pertence ao Departamento de Polícia de Los Angeles.

Meus pais adoraram Nikki desde o momento em que o conheceram. Quando minha mãe começou a lhe dar presentes, como meias, cuecas, biscoitos e dinheiro, isso o tocou profundamente, mas ele nunca deixava transparecer e, quando era convidado para jantar, ele recusava. Acho que ele tinha medo de ser rejeitado por meus pais porque já estava cansado disso durante sua própria criação. Ele nunca falou sobre a própria infância.

Acho que era muito doloroso para ele. Bastava que minha mãe e meu pai o amassem, lhe dessem presentes e demonstrassem carinho.

INFELIZMENTE, minha relação com Nikki não durou muito depois que o Mötley Crüe começou a crescer. Ele estava ficando mais famoso a cada segundo, o que veio acompanhado de muitas drogas e garotas. Eu estava focada em trabalhar no meu álbum. Foi uma época em que era impossivelmente difícil permanecer estável e verdadeiro um com o outro. Ele foi sugado pela indústria musical muito rápido e começou a usar heroína em excesso. Isso o consumia. Ele não era o mesmo cara que eu conhecia. Fui ao Rainbow uma noite para encontrá-lo e o vi saindo com uma garota, bêbado e pendurado nela. Para mim, bastava. Fiquei muito magoada. Acho que Nikki nem sabia quem era a garota, porque ele estava muito drogado. Para mim, não importava. Era o fim. Fui para casa, empacotei todas as merdas dele e joguei pela porta da frente.

Nikki se mudou para o outro lado da rua em Coldwater Canyon, para outro prédio de apartamentos. Tão perto que, se eu ficasse quieta na cama, conseguia ouvir seu velho Porsche sendo ligado. Ele comprou um Porsche usado depois de assinar seu primeiro contrato de gravação. Eu odiava ouvir o carro dele dando partida porque pensava que isso significava que ele estava indo buscar drogas ou para uma festa. Era uma tortura. Senti uma falta enorme dele quando nos separamos.

Quando ele tentou voltar a falar comigo alguns anos depois, fiquei chocada. Acho que era um grito de socorro. Ele estava procurando alguma estabilidade na vida. Ele estava tão alucinado que duvido que tivesse consciência do que estava me falando. Àquela altura, acho que teria sido eu contra o mundo – uma batalha perdida. Embora me preocupasse com ele, eu sabia que não havia nada que pudesse fazer para ajudá-lo naquele momento, então disse não. Ele era uma bomba-relógio ambulante, e eu precisava lidar com a minha própria carreira.

CAPÍTULO 8

A TRANSFORMAÇÃO

Get your ammunition,

I'm ready for war.

[Pegue sua munição,

Estou pronta para a guerra.]

– "Out for Blood"
(Letra escrita por Lita Ford)

DEPOIS QUE NIKKI "SE MUDOU", CONTINUEI MORANDO NO APARTAMENTO NA Coldwater Canyon. Um dia, o telefone tocou. "Alô, querida." *Ah, essa voz,* pensei. Fiquei muito feliz em ouvir aquele som novamente.

Era Glenn Tipton.

"O que você está fazendo, meu amor?"

"Estou cozinhando molho de espaguete. Molho para massa."

"Ah, parece delicioso. O que você coloca nele?"

Falei para ele, como se ele não soubesse. "Alho, azeite, extrato de tomate, molho de tomate. E, você sabe, tempero italiano, cebola. Você ia amar, Glenn. Minha mãe me ensinou a fazer."

"Ah, sua mãe italiana", respondeu ele.

"Sim, você se lembra bem das coisas. Na próxima vez que você vier à cidade, precisa conhecê-la."

"Venha me ver hoje à noite. Estou na Long Beach Arena." Ele estava na minha cidade natal para a turnê Screaming for Vengeance, do Judas Priest.

Fala sério! "Certo. Estarei lá."

Quando apareci mais tarde no show, ele me disse que eu estava com cheiro de alho, o que talvez fosse verdade, porque eu estava com tanta pressa para vê-lo que não havia tomado banho antes de ir. Ele estava só brincando, mas, mesmo assim, me deixou constrangida. Ainda assim, o alho não o afastou. Antes do show, ele disse: "Fica comigo essa noite". Fiquei emocionada. Eu o deixei sozinho por um tempo para que ele pudesse se concentrar no show. Entrei no camarim do Judas Priest quase no fim do show e comecei a abrir uma garrafa de vinho branco que estava no gelo. Eu estava lá sozinha, lutando com um abridor de garrafa, tentando abrir o maldito vinho, quando Rob Halford entrou no camarim e desabou num sofá de couro preto. Eu o vi no palco e ele pareceu muito másculo em sua jaqueta de couro preta coberta de tachas. A forma como ele dançava no palco era incrível. Ele havia se esforçado tanto que, quando saiu do palco, estava pingando suor! E buscando ar fresco. Então ele se virou lentamente e olhou para mim. Mas Rob sabia que era só eu, a garota das Runaways, a garota com quem Glenn estava em Las Vegas, então não disse nada, mas precisava de seu espaço. Percebi que estava abrindo o que provavelmente era o vinho dele, então, sem dizer uma palavra, coloquei-o de volta no gelo com o saca-rolhas ainda na ponta e saí do camarim. Esperei Glenn do lado de fora.

Depois que Glenn se ajeitou, ele me levou para uma limusine que estava na parte de trás, perto de onde os ônibus estavam estacionados. Ele abriu a porta da limusine para mim. Lá dentro, um cara nos esperava com um potinho branco cheio de cocaína. Glenn me entregou um canudo e disse: "Primeiro as damas". Eu nunca tinha visto um pó assim antes – coisa muito refinada. Não percebi que era para pegar só um pouquinho com a ponta do canudo; se você cheirasse muito forte direto do recipiente, você aspirava tudo. Bem, fiz do jeito errado, só coloquei o canudo e inalei.

A TRANSFORMAÇÃO

Ah, que merda. Engasguei com o pó e precisei ir ao banheiro o mais rápido possível. Glenn olhou para mim e disse: "Porca".

Nós dois rimos. "Glenn, não sei como usar isso!"

Ele disse: "Já chega para você", e eu disse: "Eu sei, eu sei!".

Voltamos para dentro, vagamos pelos bastidores por um tempo e então fomos para um hotel na esquina, onde a banda estava hospedada. Glenn e eu ficamos acordados até umas 4h da manhã, depois fomos dormir. Na tarde seguinte, fugi, deixando um bilhete para Glenn em seu travesseiro: "Tchau, até a próxima".

Eu estava empacada e precisava de uma carona para casa. Então liguei para o meu pai! Ele nunca me perguntou o que eu estava fazendo, ou por que estava acordada tão tarde, ou por que cheirava a cigarro. Ele só me levou para casa. Eu estava exausta e com fome.

Dessa vez, decidi passar na casa de John Alcock para ver como ele estava indo. Quando estacionei o Firebird, ele me disse, com seu forte sotaque britânico: "Que diabos você está fazendo dirigindo pela cidade com o hit de Joan Jett na placa do seu carro?". As letras da placa eram ILUVRNR, mas eu não sabia do que John estava falando. Eu estava tão focada na minha própria música e carreira que não ouvia rádio nem fazia ideia do que Joan estava fazendo. Nessa época, é claro, sua música "I Love Rock'n'roll" estava subindo nas paradas. Assim que me atualizei das novidades, tive de rir. Fiquei feliz em ver que John Alcock ainda estava animado e vivo.

Também conversei com minha velha amiga Toni. Fazia algum tempo que eu não a via e fiquei chocada ao ver como ela estava debilitada. Toni sempre tinha drogas por causa de um acidente que havia sofrido, mas nunca as tomara. Estava claro que as circunstâncias haviam mudado.

Ela não tinha emprego e estava com problemas.

"Lita", disse ela, chorando. "Não sei o que vou fazer comigo."

"Eu sei", falei para ela.

"Você sabe?", ela fungou.

"Sim. Você vai sair em turnê comigo."

"E fazer o quê?"

"Ser minha técnica", respondi.

"Mas eu não sei ser uma técnica."

"Tudo bem", falei para ela. "Posso ensinar tudo que você precisa saber."

Eu sabia que ela conseguiria fazer isso. Ela sempre foi determinada – uma pessoa destemida e forte. O engraçado era que, quando encontrei Toni pela primeira vez, eu a expulsei do camarim das Runaways porque ela estava dando drogas para as garotas da banda. Agora, aqui estávamos nós, cinco anos depois. Ela se tornou minha melhor amiga. Eu me importava muito com ela. E, assim, começamos de onde paramos, boas amigas e grandes parceiras no crime.

EM 1982, depois de trabalhar um ano no álbum *Out for Blood* – e com minha repaginada agora completa: uma calcinha de couro e um corpete feito à mão que Neil Merryweather criou para mim –, eu estava pronta para mostrar ao mundo que uma mulher podia arrasar na guitarra. Denny Rosencrantz, da Mercury Records, um dos homens que assinou contrato com as Runaways, veio nos ver tocar e adorou o que ouviu. Ele assinou contrato com a gente quase na hora.

Incrível! Meu trabalho árduo e criatividade valeram a pena.

Out for Blood, meu primeiro álbum solo, foi lançado em maio de 1983. Era inovador. Uma mulher nunca havia liderado uma banda de hard rock de três instrumentos. As lojas não queriam vender o álbum porque havia sangue saindo de uma guitarra na capa. Sem falar numa foto minha sem calças. A Mercury precisou trocar a capa para que o Walmart e outros lugares pudessem vendê-lo. Fico pensando: se tivesse sido um cara na capa, teria sido diferente? Mas a fórmula funcionou: uma garota na guitarra, cantando como vocalista principal e vestida como Barbarella. Isso chamou a atenção de muitas pessoas. Era um rock'n'roll pesado e rápido. O tipo de música que eu sempre quis tocar nas Runaways.

A TRANSFORMAÇÃO

Artie Ripp era nosso empresário na época. Ele nos mandou ficar em Oregon por um curto período para nos manter longe dos males de Hollywood – ou seja, beber e festejar. Cara, ele com certeza acumulou honorários advocatícios enquanto negociava um acordo para nós. Naquela época, meu foco total era tentar fazer com que as pessoas me notassem como a única guitarrista da banda. Eu queria o devido crédito, droga. Em uma banda de três integrantes, as pessoas tinham apenas uma guitarrista para olhar: eu, uma mulher!

A gerência pode ter pensado que escreveríamos músicas melhores em Oregon, mas nos tirar de nosso meio, na verdade, fez mais mal do que bem. Era como estar de férias. Cada um escolheu o próprio quarto assim que chegamos. "Esse é meu", falei enquanto subia uma escada de mão que dava para um buraco na parede. Os rapazes encontraram alguns quartos na parte de baixo. Em seguida, localizamos a loja de bebidas mais próxima e, por fim, fomos ao armazém local para comprar carne para churrasco.

Neil não tinha a aparência adequada nem se encaixava comigo e com Dusty durante as apresentações ao vivo. Ele era velho demais, mais parecia nosso pai do que um membro da banda. Então acabei contratando Randy Rand para tocar baixo. Randy também era mais velho que nós, mas não dava para perceber isso por sua atitude roqueira e corpo esguio. Randy foi ao Oregon para ensaiar e gravar o vídeo "Out for Blood". Sem Neil, não queríamos que Randy se incomodasse com as linhas do baixo não sendo tocadas corretamente no vídeo. Olhei em volta e vi um machado de verdade pendurado na parede. Eu o peguei, coloquei contra o peito de Randy e disse: "Toma, 'toque' isso". Ele era muito alto e magro e tinha um ótimo senso de humor, então eu sabia que ele conseguiria fazer isso. De alguma forma, ele se encaixou: o vídeo era ambientado num hospital distorcido, o tipo de lugar onde os médicos davam aos pacientes uma transfusão de sangue tirado da minha guitarra roxa. Minha parte favorita do vídeo é o final, quando Randy pega seu machado e quebra minha guitarra, fazendo um monte de sangue jorrar. Ainda penso nisso toda vez que toco essa música. O vídeo também tinha alguns outros truques de câmera inovadores. Agora todo mundo usa câmeras GoPro de cento e quarenta gramas. Quando usei uma câmera no corpo da guitarra pela primeira vez, para o vídeo "Out for Blood", ela pesava quase sete quilos! Ela ficava pendurada na parte inferior da guitarra e me capturava tocando o solo. Conseguimos ótimas filmagens de perto enquanto eu arrasava na guitarra.

Assim que terminamos de gravar o vídeo, começamos os ensaios para deixar Randy atualizado e então partimos em turnê. Pegar a estrada como uma banda de três integrantes foi uma festa. Um ônibus de turnê nos pegou na casa de Oregon e voltamos pela Costa Oeste em direção a Los Angeles. Ao longo do caminho, fizemos alguns shows para nos aquecermos antes de ficar sob os holofotes de Hollywood. Eu me lembro de estarmos sentados à beira da estrada, Dusty viajando com uns cogumelos, esperando outro ônibus porque o nosso havia quebrado. Ainda bem. Dias depois, finalmente voltamos para casa, em Los Angeles, e estávamos prontos para tocar no clube noturno Whisky A Go Go. Durante a passagem de som no Whisky na noite anterior ao show, um cara entrou no clube segurando duas dúzias de rosas. Ele gritava: "LITA! Quem é LITA FORD?". Como se ele não soubesse! Não poderia haver outra pessoa no mundo com a mesma aparência que eu lá, usando roupa de couro com tachas e meias arrastão. "LITA!" O maldito levou duas dúzias de rosas para a área do palco. Pensei: *Olha, que legal, de quem são?* Eu esperava que fosse um "parabéns" ou algo legal, mas estava errada – era uma intimação de um advogado de merda. Aparentemente, eu devia a ele US$ 40 mil em taxas legais que ele afirmava que eu não tinha pagado. Eu não tinha ideia de que devia a ele, ou a qualquer outra pessoa, esse tanto de dinheiro. Fiquei lá boquiaberta. Joguei as flores enquanto o oficial de justiça fugia covardemente para a porta. Esse advogado não poderia ter ligado para o meu contador? Meu gerente? Me enviado a conta? Teríamos resolvido o problema. Tudo errado! Olhando para trás agora, o que é notável nesse incidente é a rapidez com que deixei isso pra lá: quando o homem que me entregou os documentos deixou o prédio, retomei minha passagem de som. Na época, caos era apenas um dia de trabalho normal.

LOGO TODOS OS LUGARES de Los Angeles queriam a nossa banda. Conseguimos shows no Artie's. Tocávamos cerca de três ou quatro músicas para cada grupo que chegasse. Ninguém tinha muito dinheiro, então, sempre que o letreiro parava, levavam comida. Dusty corria até o telefone público para ligar para os outros caras e dizer: "Cara, você TEM de vir aqui AGORA. Tem comida de graça". Dusty e eu saíamos muito juntos, e isso nos levou a grandes aventuras. Por exemplo, Dusty discordou de um cara que devia dinheiro a ele e não queria pagar. Ele sabia que Dusty não tinha carro na época, então disse a ele para buscar o dinheiro em Riverside, só para ferrar com ele. Riverside era longe: a uma hora e meia indo pro meio do nada. Eu me senti mal por Dusty. Esse cretino estava com o dinheiro dele e ele não tinha como buscá-lo, então eu o levei de carro. Dusty se lembra de nós dirigindo na via expressa com todas as janelas abertas, o aquecedor no máximo e os faróis desligados – no meio da noite. No meu Firebird sempre busquei atingir três dígitos no velocímetro. Até hoje, Dusty diz que nunca esteve num carro correndo tanto. Eu só queria ir a Riverside para pegar o dinheiro dele. E pegamos.

Sempre que precisávamos de boas margaritas, íamos para um lugar em Rosarita Beach, no México, do outro lado da fronteira. Muitos policiais, câmeras e policiais rodoviários ficavam por ali por causa do tráfico de drogas e da imigração ilegal. Não é um lugar para ficar de bobeira. Mas nós nos importávamos? "Foda-se! Vamos!", eu falava. Era apenas uma viagem de duas horas até lá, mas poderia levar uns dois dias para voltar. Boas margaritas. Elas têm um jeito de distorcer o tempo. Uma vez fiquei tanto tempo ao sul da fronteira que voltei e descobri que minha tarântula de estimação, Damien, havia morrido. Achei que, se seus antepassados puderam evoluir para viver no deserto árido, Damien poderia sobreviver alguns dias em minha casa em Oakwood Apartments, uma rede de apartamentos mobiliados para permanência temporária frequentados pela galera do rock. Acontece que os abrigos temporários de rock'n'roll são um ambiente implacável. Voltei para Oakwoods e descobri que o *rigor mortis* total havia se estabelecido. Coitadinho. Coloquei Damien no micro-ondas para tentar desfibrilá-lo, mas Toni e eu assistimos horrorizadas quando seus membros caíram. Que lástima para o meu animal de estimação.

Muitas vezes, no caminho do México para casa, parávamos na casa dos meus pais em Long Beach, onde mamãe cozinhava bastante comida. Eu passava a noite lá se estivesse de folga, então comia até ter energia suficiente para outra semana de shows e agito. Uma vez, Dusty e Randy foram para um churrasco e Dusty queria impressionar meu pai com suas habilidades na grelha. Ele não deixou o carvão esquentar direito, então o fogo se apagou. Ele continuou colocando fluido para isqueiro nos briquetes e estragou completamente os bifes nesse processo. Meu pai só olhou para ele e disse: "É, o fogo não estava quente o suficiente". Ele foi muito educado e respeitoso com a incompetência de Dusty. Minha mãe uma vez preparou um enorme assado para Dusty levar para o apartamento dele. "Acho que você não está cozinhando muito, então fiz isso para você." Dusty comeu esse assado por mais ou menos uma semana. Meus pais alimentavam todo mundo. Amigos, parentes, vizinhos, não importava – eram sempre bem-vindos.

SEMPRE QUE não havia trabalho, era perigoso. Dias de folga significavam problemas! Mais especificamente: um monte de quaaludes, uma garrafa de Jack Daniel's e geralmente um pouco de cocaína. Fazíamos festas e agitávamos tanto quanto podíamos. Nosso traficante era um sujeito chamado Little John, que afirmávamos ser nosso "empresário" quando Artie Ripp não estava por perto. O único trabalho de Little John era tentar fazer com que ficássemos com o pó que ele tinha. Alguém havia alugado um andar em Vegas para celebrarmos seu aniversário. Eu estava no carro com

A TRANSFORMAÇÃO

Toni, enquanto Dusty e seu amigo estavam em outro veículo. Eles estavam totalmente chapados e sem condições de estar ao volante. Dei uma olhada neles e disse: "Céus, deixa eu fazer o check-in". Quando voltei para o carro, vi que estava rolando algum tipo de briga. Dusty e seu amigo devem ter trocado palavras com algumas garotas de programa no estacionamento enquanto me esperavam. Seja lá o que eles disseram a elas, isso as irritou, porque elas acabaram com eles. Sim, eles foram literalmente espancados. Fui até Dusty e gritei: "Você está sempre tão noiado, você fode tudo!".

Mais tarde, Dusty perdeu o amigo e ficou vagando pelos corredores procurando por ele, batendo a todas as portas. Ele bateu à minha porta e à de Toni e, quando dei por mim, Dusty estava no meu quarto e Toni o estava limpando. Eles pediram bife e Dom Pérignon, a coisa toda. Coisas boas. Eu estava dormindo na cama e, quando acordei, chamei Dusty de idiota, então ele saiu de lá. Ele deve ter reencontrado o amigo e ido para casa. Foi um desastre. Não sei como eles voltaram para casa nas condições em que estavam. Nem preciso dizer que fomos colocados na lista negra daquele cassino.

NO RAINBOW ROOM dava para comprar cocaína com algumas das garçonetes. O restaurante tinha cardápios altos que você colocava de pé – quase como uma divisória – e as pessoas cheiravam o pó na mesa. Uma vez, estávamos comendo lá e uma garota estava tentando entrar na nossa mesa. Dusty se recusou a deixá-la entrar, e ela começou a se irritar, jogou a bebida na cara dele e a mesa inteira começou a brigar. Eu a agarrei pelos cabelos e a joguei sobre a mesa; todo mundo estava empurrando e jogando todo mundo. Acabamos sendo expulsos do lugar. Que surpresa. Dusty entrou em seu carro e foi embora. Naquela noite, ele teve um acidente grave, seu carro girou na Deadman's Curve umas três vezes. Seu motor pousou na beira da estrada. Uma garota que ele nem conhecia falou com a polícia por ele e conseguiu fazer com que eles saíssem de cena, e ela o levou para casa. Ele tinha sorte de estar vivo. No entanto, os dias de Dusty como um membro funcional da banda estavam contados. Uma noite ele apareceu atrasado para um ensaio com Edward Van Halen. Eu estava irritada porque queria apresentar a banda a Edward, que estava sentado em uma cadeira de costas para a porta. No começo, quando finalmente entrou, Dusty nem percebeu quem era. Então Edward se virou. De repente, Dusty percebeu por que eu estava tão irritada por ele estar atrasado. Naquele momento, decidi despedi-lo. Foi uma coisa muito difícil de fazer, considerando que ele era um dos meus melhores amigos, mas as farras estavam comprometendo a capacidade de ele cumprir suas responsabilidades como membro da banda. Por mais que eu amasse Dusty, não podia deixá-lo atrapalhar meus sonhos.

EU ESTAVA começando a progredir no mundo da música como a única garota roqueira que tocava guitarra e conseguia arrebentar. Mas as pessoas ainda estavam em negação a respeito da mulher por trás da guitarra. Havia alguém atrás da cortina, talvez? Eu me lembro de ver os olhares do público quando eu fazia um solo de guitarra. As pessoas ficavam surpresas. Puro choque! Era um sentimento poderoso saber que eu conseguia fazer isso com as pessoas. E também havia os idiotas que queriam me ferrar.

De todos, o pior ofensor, de longe, era a banda Dokken. O guitarrista principal, George Lynch, se aproximou de mim no Country Club, em Reseda, na Califórnia. Achei que ele fosse dizer algo elogioso. Em vez disso, ele olhou para mim da cabeça aos pés e disse com uma voz esnobe, como uma criança de dez anos: "Então... Acho que vocês estão todas... sem a Joan agora".

"Como assim?", respondi. *O quê?*

"Garotas não tocam guitarra!", George afirmou.

Até hoje, ainda me lembro de suas palavras ignorantes.

"Sabe, são idiotas como você que me fazem dar muito mais duro."

A TRANSFORMAÇÃO

George não disse nada depois disso, saiu apressado e fez seu show. Ele pareceu infeliz pelo resto da noite.

Naquele mesmo show, minha amiga e técnica Toni também o atacou. Ela estava enrolando nossos cabos quando alguém disse: "Ei, esses cabos são meus!".

"Não, são meus. Esses cabos são meus", disse Toni. Ela sempre ficava de olho em tudo porque nosso equipamento já tinha sido sabotado várias vezes.

Toni não sabia quem era esse cara, até ele dizer que era George Lynch, do Dokken.

"Quer saber como eu sei que eles são nossos?" Ela desenroscou a ponta do cabo da guitarra e mostrou as iniciais "LF", de Lita Ford. Ela mandou fazer os cabos especialmente para mim antes de sairmos em turnê e escreveu minhas iniciais com um marcador permanente preto dentro de cada cabo. Ele foi embora como um garotinho que teve seu brinquedo roubado. Toni disse que foi ótimo abrir aquele cabo e ver a cara dele.

Não era só o Dokken que fazia isso. Às vezes, caras de outras bandas ou a equipe deles tiravam uma válvula do meu amplificador após a passagem de som ou bagunçavam as configurações do meu monitor. Escrevíamos as configurações em fita adesiva para podermos reconfigurar o amplificador sem levar muito tempo. Lidávamos com esse tipo de idiotice o tempo todo. Algumas bandas não queriam perder para uma garota, então tentavam me ferrar de todos os jeitos que podiam. Acho que pensavam que não sabíamos o que estávamos fazendo, mas sabíamos como resolver quase todos os problemas, principalmente com uma técnica boa como a Toni.

Sempre pedi ao diretor de iluminação que diminuísse a intensidade dos holofotes para que eles não me cegassem. Dessa forma, eu poderia ver se algo estava vindo na minha direção e poderia desviar. Num show, um cara estava parado bem na minha frente com o peito contra o palco. Ele não sabia que eu estava olhando para ele. Ele estava com uma lata de cerveja e a sacudiu com força para que ela explodisse em mim. Enquanto ele segurava a lata na direção da minha guitarra, pronto para abrir a cerveja, chutei seu pulso o mais forte que pude. Eu não ficaria surpresa se tivesse quebrado seu pulso; ele foi embora logo depois disso. Cretino maldito. Acho que ele nem viu que isso aconteceria. A cerveja voou para longe de mim e para cima no lugar lotado.

As namoradas dos rapazes que me curtiam eram as pessoas que mais me assustavam. A experiência me ensinou a estar sempre atenta, a prestar atenção para não levar um tapa na cara de uma namorada ciumenta. Eu me preocupava com alguma mulher que talvez quisesse prejudicar minha aparência jogando um cinzeiro ou uma garrafa de cerveja quebrada em mim. Posso parecer paranoica, mas precisava estar preparada para esse tipo de coisa. Mesmo estando de costas, você precisava estar ciente do que estava atrás de você. Essa é a merda toda que você tem em mente quando está no palco.

EM SETEMBRO DE 1983, fiz uma turnê europeia com a banda pós-Deep Purple de Ritchie Blackmore, Rainbow. Eu queria fazer dessa turnê algo importante, já que estaria com Ritchie, meu herói da guitarra favorito de todos os tempos. Minha banda, minha equipe e Toni foram comigo, claro. Foi difícil deixar Dusty para trás, porque todos o amávamos, mas tivemos a sorte de encontrar um ótimo substituto, o falecido Randy Castillo. Sempre tive os melhores bateristas, mas havia algo completamente único e diferente em Randy. Eu o descobri num clube noturno local de Hollywood chamado Madame Wong's. Randy era um indígena americano muito bonito de Albuquerque, Novo México. Ele aparentemente tinha duas ou três garotas em cada cidade. Eu o via de manhã com uma loira, então à noite ele aparecia com uma ruiva. Seu jeito de falar era muito parecido com o do Scooby-Doo, e Toni e eu zombávamos disso, embora o adorássemos. Ele era muito engraçado e um grande espírito para se ter por perto.

Durante um dos primeiros shows de Randy conosco, fiz uma merda enorme. Randy quase desistiu. Claro que tinha a ver com um cara.

A TRANSFORMAÇÃO

Eu estava em uma casa no meio de North Hollywood que estava sendo alugada pela banda australiana de rock Heaven. Conheci o guitarrista, Mick Cocks, e passei a frequentar a Heaven House, que se tornou um grande ponto de festas. Se eu não ficasse em casa com Mick, Mick passava a noite comigo em Oakwoods. Heaven era uma banda ótima e tinha um humor excelente. Uma noite, pouco antes da turnê europeia com o Rainbow, tocaríamos no Wiltern Theatre, em Beverly Hills. Mick tinha dormido na minha casa na noite anterior, o que foi um grande erro, por saber que eu teria um show muito importante no dia seguinte. Quem conhecia Mick sabia que ele era uma encrenca, no bom sentido. Ele parecia um Mel Gibson (numa versão jovem) do rock'n'roll. Quando comecei a me preparar para o show, entrei no chuveiro, e Mick também. Provavelmente foi o banho mais longo que já tomei na vida. Ele não me deixava sair. Embora eu não tivesse reclamado na época, isso me deixou numa situação ruim, porque, quando finalmente consegui me vestir, percebi que já estava atrasada para um de nossos shows mais importantes. Era no Wiltern Theatre, em nossa cidade natal, com todos os executivos de gravadoras aguardando para ver a novidade da apresentação. Eu sabia que estava ferrada antes mesmo de deixarmos Oakwoods. Eu não ia conseguir, e agora tinha de lutar contra o trânsito da hora do rush em Los Angeles. O pior da história da humanidade. Eu teria de enfrentar os demônios que estavam me esperando.

No Wiltern, meu horário combinado já havia passado; meu empresário estava lidando com os promotores irritados, e Toni estava sendo assediada por todos e qualquer um – incluindo a outra banda, Ratt –, porque ela não era apenas minha técnica, mas também minha amiga próxima, então as pessoas perceberam que conseguiriam uma resposta dela. "Onde está Lita?" "Ela está chapada?" "Ela está desmaiada em algum lugar? Ela deve estar." As pessoas estavam com raiva porque eu já tinha perdido meu show inteiro e Ratt estava quase terminando. Assim que pisei na entrada dos bastidores, o inferno começou. Todos se aglomeraram ao meu redor ao mesmo tempo.

"Onde você estava? O que você está fazendo?"
"Você sabe que horas são?"
"Estávamos te esperando!"
"Você sabe quem está aqui?"
Ninguém me perguntou se eu estava bem. Exceto Toni.

A distância, pude ouvir Stephen Pearcy dizer "boa noite" para o público e, em seguida, acrescentar: "Por que Lita não está aqui? Ela ficou menstruada?". Quando ele disse isso, não consegui ouvir mais nada do que as outras pessoas estavam dizendo. Sua voz ressoou pelo prédio. Tudo em que eu conseguia pensar era fazer com que ele engolisse a própria língua.

Como eu explicaria a todos que entre transar no chuveiro e ficar presa no trânsito da hora do rush perdi o show inteiro? Não é uma forma muito boa de começar uma turnê. Nem pensei no que diria quando cheguei, até ouvir alguém na multidão nos bastidores mencionar um acidente de carro quando entrei pela porta. Pensei comigo mesma: *Vou apenas concordar com isso*, já que não é um evento incomum em Los Angeles, então falei: "Sim, foi isso que aconteceu". Parecia uma boa desculpa.

Depois do show, entrei no camarim de Stephen Pearcy e disse: "Seu filho da puta. Acabei de voltar do México e você me lembra o verme fedorento no fundo da garrafa de tequila". Isso não pareceu incomodá-lo, e ele apenas deixou pra lá.

Depois que a fumaça se dissipou no Wiltern Theatre naquela noite, Randy, felizmente, não saiu da banda, conversei com Stephen Pearcy, e, no fim, os promotores decidiram me manter na turnê do Rainbow.

ABRIR O SHOW para um dos meus ídolos era um sonho que se tornou realidade. Toni e eu aplaudíamos Ritchie e o Rainbow na lateral do palco todas as noites. Cantávamos junto cada palavra do show. Fiquei muito amiga de Joe Lynn Turner, o vocalista do Rainbow. Ele era um cara extrovertido, divertido e despreocupado. Ele era uma fonte de energia: sempre pronto para qualquer coisa. Eu ajudava Joe com seus movimen-

A TRANSFORMAÇÃO

tos de palco, suas roupas de performance, suas batidas, sua maquiagem de palco. Ritchie tinha uma mulher próxima a ele o tempo todo durante aquela turnê, então, por mais que eu quisesse, não conseguia chegar perto dele. Às vezes, ele pregava uma peça em mim e fingia ser meu técnico. Eu caminhava para a lateral do palco para trocar de guitarra, e Ritchie estava pronto para me entregar a minha guitarra. Acho que era sua forma de compartilhar um momento especial comigo, mas eu estava no palco, então, tudo que eu podia fazer era sorrir e rir antes de voltar e continuar meu show. Acho que Ritchie se irritou por eu ter prestado tanta atenção em Joe durante a turnê.

Quando saíamos, era sempre uma aventura. Certa noite, na Dinamarca, alguns de nós da turnê fomos a um bar de travestis que tinha uma bandeja giratória com cocaína, maconha e heroína. Naquela noite, perdemos Randy Castillo. Tínhamos de sair na manhã seguinte às 8h, então a maioria de nós voltou para casa num horário relativamente decente, mas Randy ficou fora até mais tarde porque suas atenções se voltaram para uma jovem "senhora". Randy teve de pegar o próprio voo para a cidade seguinte.

Randy Castillo costumava usar no palco calças de nylon do tipo "paraquedas", comuns naquela época, porque eram confortáveis. Numa noite, ele estava tocando um solo de bateria e colocou o pé no chão para mudar o tom. As calças paraquedas não são tão maleáveis, então, quando ele levantou a perna, toda a área da virilha rasgou. Estávamos todos na lateral do palco e percebemos que a masculinidade de Randy foi exposta para o público ver. A banda estava tentando avisá-lo de que suas bolas estavam aparecendo e, enquanto isso, ele olhava para nós, tipo: *Sim, olhem para mim! Legal*, né? Não, não era legal! Se você já viu Randy Castillo tocar, sabe que ele se empenhava com vigor em sua arte.

Nessa turnê, tivemos a oportunidade de ir a Stuttgart, na Alemanha, para abrir o show do Black Sabbath. O primeiro show de rock que vi foi do Sabbath, e eles me influenciaram muito desde que eu era criança. O guitarrista principal, Tony Iommi, era o "mestre dos riffs". Para mim, ele era um deus. Pelo menos era isso que eu pensava.

Durante o primeiro show, Iommi gostou de mim e perguntou se eu o encontraria no bar depois do show. Claro que sim. *Incrível!* Fui para o bar com Toni. Iommi estava lá com o vocalista do Sabbath, Ian Gillan, e o baixista, Geezer Butler. Toni e eu nos sentamos com esses três caras, e fiquei atraída por Iommi na hora. Eu o achei legal, muito engraçado, muito bêbado, com um forte sotaque de Birmingham. Eu o achei muito charmoso, confiante e bonito. Mais tarde, eu descobriria que as aparências enganam.

Toni conversou com Geezer Butler enquanto eu conhecia Iommi. Geezer era um cara ótimo, muito divertido e atraente. Ian Gillan parecia estar na banda errada, como se fosse um estranho, e não estava feliz com a forma como era tratado. Pelo menos foi essa a impressão que tive. Como fã do Deep Purple, para mim era estranho vê-lo em qualquer outra banda, e eu imaginava que era estranho para ele também.

Gillan não falava muito, mas, para um cantor do nível dele, fumava muitos cigarros. Enquanto conversávamos, os cozinheiros saíram da cozinha do restaurante e perguntaram para mim e para Toni se queríamos voltar e encontrar os chefs. Voltamos lá e imaginei que eles queriam uma fotografia ou um autógrafo. Em vez disso, eles trouxeram uma enorme tábua de corte. Toni e eu pensamos que eles nos ofereceriam linguiça alemã ou cortes de carne selecionados. Mas então o chef saiu do corredor e jogou uma montanha de cocaína na tábua. Toni e eu nos entreolhamos, chocadas. Eles fizeram grandes carreiras. Foi bem louco. Nessa época, Toni não usava drogas, então cheirei um pouco por nós duas. Afinal, não queríamos ser mal-educadas.

Nós realmente nos divertimos muito naquela noite. Iommi me perguntou se eu iria para o quarto dele no hotel. É claro que eu disse: "Vamos lá". Quando entramos no quarto, senti o cheiro de couro saindo de seu armário. Ele sempre tinha as melhores roupas. Vasculhei suas jaquetas e botas, admirando tudo. Tudo era top de linha. Conversamos sobre música e guitarras, e ele me contou a história das pontas dos dedos cortadas, de quando ele trabalhava em uma construção antes de entrar no Sabbath. Ele estava empurrando alguns ladrilhos no cortador de ladrilhos e cortou

A TRANSFORMAÇÃO

a ponta dos dedos dele. Que coisa horrível para um guitarrista! Tony tinha pontas especiais feitas de plástico macio e couro, então conseguia tocar.

Descobri que a guitarra que ele tocava quando o vi pela primeira vez em 1972 não era uma Gibson SG. Ela foi feita por John Diggins, que trabalhava para o famoso luthier inglês John Birch, antes de fundar a Jaydee Guitars. Esse mesmo cara também fez instrumentos para Angus Young, do AC/DC. Eles eram únicos. Foi legal ouvir as histórias de Tony. Ele me pediu para passar a noite com ele, e eu passei. Nos pegamos um pouco, mas isso foi tudo que ele fez, porque estava muito chapado. Ele ficou impotente pelo uso constante de drogas e estava muito envergonhado. Eu me senti mal por ele e não sabia o que fazer. Depois, consegui excitá-lo. Saí na manhã seguinte e voltei para o hotel. Fizemos apenas alguns shows com o Sabbath antes de voltar para o Reino Unido para terminar os últimos shows com o Rainbow.

A gravadora sempre me levava para a cidade seguinte, mas às vezes o resto da minha equipe não tinha tanta sorte. Em um trecho específico da turnê com o Black Sabbath, eles colocaram a equipe num barco tipo balsa para levá-los de Estocolmo a Helsinque. Toni odeia espaços pequenos, então acabou dormindo no convés superior do barco. Quando ela não estava no bar bebendo, estava no convés superior. A viagem deles pareceu durar uma eternidade e, quando finalmente chegaram a Helsinque, Toni bateu à porta do meu quarto no hotel e estava em péssimo estado.

"Preciso de um banho, um pouco de comida e dormir um pouco. Você tem banheira?"

"Hum, mais ou menos."

"O que você quer dizer com 'mais ou menos'?", perguntou ela.

Mostrei a ela a pequena bacia suja que tinha uns dez centímetros de profundidade no banheiro. Você precisava derramar água sobre si mesma com uma mangueira.

"Eu não dou a mínima!", disse ela.

Ela entrou e usou o sabonete líquido do hotel e, em menos de quarenta minutos, sua pele estava toda coberta de bolinhas vermelhas. Ela não estava feliz, mas sei que ela amou cada minuto daquela turnê – incluindo as erupções na pele.

Antes de um show no Marquee Club, em Londres, tínhamos saído para comer sushi e beber saquê. Randy Rand nunca tinha comido sushi nem bebido saquê na vida e, quando chegamos ao show, ele e Randy Castillo estavam agradavelmente um pouco bêbados. Havia cerca de trezentos caras sem camisa na plateia e alguns deles estavam jogando dardos nos Randys, que estavam apavorados. Não percebi isso, porque não estavam jogando em mim! Mas, não importa onde estivéssemos, conseguíamos dar um jeito. Nosso público não queria gostar de nós, mas, quando saíamos do palco, eles nos adoravam.

Durante a última parte da turnê, percebi outro lado intrigante de Ritchie que eu não tinha visto antes, quando passamos um tempo juntos durante meus dias nas Runaways. Para começar, ele era supersticioso. Ele nunca ficava num quarto de hotel se os números somassem treze. Ele não queria ter nada a ver com o número treze, na verdade. Ele precisava ficar de costas para a parede num lugar aberto para que nada pudesse surgir atrás dele. Ele também gostava de rituais ocultos, mas não de coisas más. Ele chamava isso de "magia branca" em vez de "magia negra".

Ele gostava de ficar nos velhos castelos da Europa. Uma noite, ficamos no Castelo Dalhousie, na Escócia. Toni e eu tínhamos alugado um carro e íamos até lá para ficar com Ritchie e o resto da banda. Comecei a dirigir, mas percebi que, como estávamos no Reino Unido, tudo estava do lado contrário e achei que não conseguiria lidar muito bem com a diferença. Fui dar seta e liguei os limpadores de para-brisa. Toni disse: "Eu dirijo". Fiquei muito impressionada com a forma como ela descobriu facilmente para onde estávamos indo. Ela não virou em nenhum lugar errado!

Ritchie realizou uma sessão espírita naquela noite, tentando falar com espíritos que ainda estavam naquele castelo de quinhentos anos. Ele disse que estava conversando com pessoas que haviam sido reis e rainhas desde os anos 1800. Era algo muito difícil de se ver. Isso me assustava, mas Ritchie me fascinava.

A TRANSFORMAÇÃO

Numa noite, depois de um show em Londres, quatro ou cinco de nós estávamos num dos meus hotéis favoritos na Inglaterra, o Swiss Cottage Hotel. Estávamos todos sentados ao redor de uma bela lareira de pedra, tomando cerveja em canecas. Ritchie me deu uma caneta e um papel e disse: "Escreva algo, mas não me deixe ver".

"Tipo o quê? Uma palavra? Uma frase?"

"Uma ou duas frases."

Pensei por um momento no que poderia escrever para deixar isso realmente difícil. Ele afastou o rosto para não ver o que eu estava escrevendo. Escrevi uma citação boba que meu pai sempre dizia: *Sem saber a situação das consequências, não posso dizer ao certo.*

Olhei para suas costas e perguntei: "E agora?"

"Amasse o papel e jogue-o no fogo."

Fiz o que ele disse e observei o papel queimar. Ritchie se virou para me encarar. Ele olhou para mim por alguns momentos em silêncio, e então disse, palavra por palavra: "Sem saber a situação das consequências, não posso dizer ao certo".

Como ele sabia? Nem perguntei. Apenas fui para o meu quarto, perplexa. Ele estava realmente sintonizado com grande parte do mundo ao seu redor, desde a foto no painel do meu carro na primeira vez em que o visitei até os espíritos de reis e rainhas em castelos. Ele era um homem incrível. Eu o amava e sabia que ele conseguia sentir meu coração. Ele era uma daquelas raras pessoas que merecem ser idolatradas de verdade.

No dia seguinte, a banda inteira e toda a equipe foram para casa depois da turnê, exceto Toni e eu. Ficamos presas na Inglaterra porque meu passaporte estava vencido, o que significava uma nova foto de passaporte. Já estávamos bastante exaustas de estar em turnê, e você poderia pensar que, depois de abrir shows para o Rainbow e o Black Sabbath e passar uma daquelas noites no quarto do meu ídolo, eu estaria nas nuvens. Em vez disso, eu tinha porra no cabelo e maquiagem escorrendo pelo rosto enquanto tiravam a minha foto para o meu passaporte. Deveria estar num livro de mesa de centro: *As fotos para passaporte mais elegantes já tiradas.* Página um.

QUANDO TONI e eu voltamos da turnê, tínhamos um dia de folga na cidade de Nova York. Pegamos um táxi e fomos direto para uma lavanderia. Não havia amaciante de roupas lá, então tudo saiu com o máximo de aderência estática. No caminho de volta para o hotel, Toni disse: "Vamos sair para jantar".

Concordei. Voltamos para o hotel e nos trocamos.

Fomos a um restaurante indiano excelente e passamos um tempo muito agradável relembrando nossa viagem pela Europa. Foi uma aventura e tanto. Quando estávamos saindo, percebi algo pendurado na calça jeans de Toni.

"O que é isso?", perguntei a ela.

Ela se virou para olhar para o que eu estava apontando.

"Meu Deus! Minha calcinha!"

A calcinha estava lá durante todo o jantar! Choramos de tanto rir. Mesmo sendo do rock'n'roll, as pessoas precisam de amaciante de roupas, rapazes e garotas.

Nesse mesmo outono, depois que voltamos da turnê com o Rainbow, meus pais e eu passamos o Dia de Ação de Graças com a família de Toni na casa da mãe dela. Quando Toni e eu estávamos indo embora, a mãe de Toni nos deu toneladas de sobras porque estava preocupada por talvez não estarmos comendo direito. E é claro que não estávamos. A não ser que você considere álcool, cigarros e comprimidos uma refeição balanceada.

Enquanto voltávamos para Hollywood, estávamos dirigindo pelo Santa Monica Boulevard quando paramos num sinal vermelho. Um Porsche Carrera vermelho parou ao nosso lado e os homens abriram as janelas. Pensamos que eles estivessem perdidos e eles pensaram que ficaríamos impressionadas com o Porsche novo deles. Eles estavam vestidos com suas melhores camisas havaianas bregas. Toni e eu estávamos cansadas e mal-humoradas naquele dia, e só queríamos voltar para o hotel onde estávamos – o Tropicana.

O cara no banco do passageiro olhou para nós por muito tempo e então disse: "Oooooooi, gatiiiiinhas!".

A TRANSFORMAÇÃO

Fiquei irritada e, quando olhei de volta para ele, alcancei a sacola com as sobras que a mãe de Toni nos dera no banco de trás. Eu queria achar alguma coisa para jogar naquele cretino arrogante. Apalpei umas espigas de milho e gritei para ele: "Toma a sua gatinha!", enquanto jogava o milho com toda a força em seu Porsche novinho em folha. O milho atingiu a lateral com tanta força que amassou a porta. Eu não conseguia acreditar nos meus olhos. Foi uma pancada e tanto! Mas isso calou a boca dele.

Olhei para Toni e disse: "Que merda! Pisa fundo!".

Então o sinal ficou verde e ela pisou no acelerador. Toni dirigia um Pontiac Firebird cobre 1973 com tubos laterais. Ela era uma motorista durona e sabia o que estava fazendo por causa do longo período em que correu de motocicleta. Ela não tinha medo. Estávamos tirando racha pelo Santa Monica Boulevard com aquele yuppie. Ele nos perseguiu até que vimos um hotel. Falei para Toni encostar. Sempre me senti segura em hotéis. Eles eram minha casa longe de casa. Entramos naquele hotel e os caras também. Eles saíram do Porsche e começaram a derramar cerveja no teto do carro de Toni e a nos chamar de vadias.

"Vocês não deveriam falar com uma mulher desse jeito. Quem vocês pensam que são?", respondi. Eu só queria que eles fossem embora.

Um segurança viu o tumulto e perguntou para mim e para Toni: "Esses caras estão incomodando vocês?".

"Sim, eles estão", respondemos, com olhos meigos de cachorrinho.

O segurança falou para eles irem embora imediatamente ou iriam para a cadeia. Os caras foram embora, e Toni e eu comemoramos com um "toca aqui". Eles se viraram e gritaram: "Vadias!", enquanto se afastavam. Estávamos ambas tão fartas da forma como éramos tratadas pelos homens que esse episódio parecia uma pequena vitória naquele dia.

"LOGO APÓS O NOSSO NOIVADO, TONY [IOMMI] TEVE O PIOR ACESSO DE RAIVA QUE EU JÁ TINHA VISTO. DEPOIS DE CHEIRAR MUITO PÓ, ELE FICOU COM RAIVA E ME ASFIXIOU ATÉ EU FICAR INCONSCIENTE.

QUANDO ACORDEI, EU O VI SEGURANDO UMA CADEIRA SOBRE A MINHA CABEÇA. ELE ESTAVA PRESTES A ATIRÁ-LA NO MEU ROSTO."

CAPÍTULO 9

"DANCIN' ON THE EDGE"

You're always running for your life,

You can't escape.

You fall deeper in hell.

[Você está sempre correndo para salvar a sua vida,

Você não pode escapar.

Você cai mais fundo no inferno.]

— "Dancin' on the Edge"
(Letra escrita por Lita Ford)

EU ESTAVA NA CALIFÓRNIA E COMEÇANDO A TRABALHAR NO MEU SEGUNDO álbum quando recebi um telefonema de Tony Iommi. Mantivemos contato desde aquela primeira noite na Alemanha. Ele ainda estava em turnê com o Black Sabbath e nos víamos com mais frequência. Em uma dessas ocasiões, conheci Ronnie James Dio. Ronnie me parou uma noite no corredor de um hotel. "Ei, se você precisar de um lugar, será bem-vinda no meu quarto." Ele quis dizer isso como um gesto amigável para o caso de eu estar em apuros. Isso me deixou confusa. "Obrigada", respondi. "Isso é muito gentil. Estou bem, mas, se ficar com medo, vou aceitar." Senti como se ele estivesse cuidando de mim como um irmão mais velho faria. Ronnie James Dio era uma alma carinhosa e muito pé no chão, além de ser um vocalista incrível. Eu tinha muita sorte por receber seu convite e senti seu calor como ser humano.

Quando meus pais encontraram Tony pela primeira vez, eles o acharam muito estranho. Meus pais eram as pessoas mais compreensivas que eu conhecia e haviam gentilmente hospedado meus amigos músicos por anos, então, se eles achavam que alguém não era muito bom, isso significava algo. Ele ia jantar na casa dos meus pais e às vezes dormíamos na casa dos fundos. Ele fazia coisas estranhas como chacoalhar a maçaneta da casa principal e depois andar até a entrada dos fundos. Minha mãe me disse com seu forte sotaque: "Lita, acho que ele tem um parafuso solto". Cara, ela estava certa. Mas eu estava apaixonada. O que não percebi é que estava apaixonada pela estrela do rock, não pelo homem.

Quando eu chegava ao hotel de Tony em Los Angeles, sempre via outra mulher entrando ou saindo. Eu presumia que era uma segunda namorada ou uma traficante de drogas, e não me importava qual das duas ela era. Sempre me perguntava quem era essa "mulher misteriosa", embora ela nunca tenha falado comigo. Eu não perguntava a ele sobre isso, mas eu e ela sabíamos que estávamos lá para ver Tony.

Quando li o livro de Tony, descobri que ele ainda era casado, e não divorciado, quando começamos a namorar. Tive pena de sua esposa e filha, embora nunca as tivesse encontrado. Ele gastava centenas de dólares por dia com drogas, mas não pagava pensão alimentícia. Achei horrível um pai não querer sustentar a filha. Parecia que ele não se importava com a menina, e eu odiava isso nele.

QUANDO EU ESTAVA trabalhando no meu segundo álbum, *Dancin' on the Edge*, aluguei a casa de Shep Gordon no Havaí para compor músicas e fugir. Shep é o empresário de Alice Cooper, e conheci Alice quando estava nas Runaways, então Shep não era um estranho para mim. Levei meu baixista Gordon Copley comigo para compormos; sua esposa se juntou a nós logo depois. Uma tarde, enquanto Gordon e eu estávamos trabalhando

"DANCIN' ON THE EDGE"

em uma música, olhei para a parede atrás dele e vi a maior barata voadora que já tinha visto em toda minha vida. Eu disse: "Gordon, vira pra trás. Olha pra parede". Gordon era um pouco parecido com Ron Wood – um cara bom, mas um personagem engraçado. Ele não sabia como lidar com essa barata gigantesca. Não era o tipo de inseto no qual você simplesmente pisaria. Gordon olhava para o inseto e depois se virava, olhava para mim e não dizia nada. Gritei com ele: "Porra, Gordon! Faça alguma coisa!".

"Tipo o quê?"

"Não sei! Acerta ela com seu baixo!"

Ele não gostou da ideia.

Eu me lembrei de ter visto um monte de revistas no banheiro, então levei Gordon até lá. Examinamos a pilha, pensando: "Será que vamos acertá-la com uma *Casas e Jardins*? Ou com uma *Mecânica popular*?".

Enquanto estávamos decidindo, a barata foi parar em Gordon e estava em seu peito.

"Gordon! Olha!", gritei, apontando para seu peito.

Gordon enlouqueceu e conseguiu derrubar a barata de seu peito com a *Casas e Jardins*. Parecia um rodeio de baratas. Elas eram tão grandes que dava para selá-las e montar nelas.

Eu nunca tinha visto um inseto assim. Que merda de bicho pré-histórico. Bem, logo descobri que a casa inteira estava infestada de baratas havaianas voadoras. Pensamos em ir para um hotel, mas eu havia pagado muito dinheiro por esse lugar, acabamos ficando acordados a noite inteira, batendo em baratas e dormindo durante o dia. Quando a esposa de Gordon, Lorraine, chegou lá, ela foi falar com a gerência e o lugar foi dedetizado. Por que não pensamos nisso? Não era exatamente o auge da criatividade.

GRAVAMOS *Dancin' on the Edge* em Nova York e na Filadélfia. Toni ainda era minha técnica na época, e ficamos na Filadélfia para gravar com o produtor Lance Quinn e para estar perto de estúdios de gravação como o Power Station, em Nova York, e o Warehouse e o Studio 4, na Filadélfia. Morávamos num lugar chamado One Buttonwood Square. Sempre falávamos como se fôssemos o Pernalonga: "One Buttonwood Squwah". Costumávamos subir correndo os degraus de Rocky e fingir que estávamos em forma. Depois íamos para o bar.

One Buttonwood Square era um lugarzinho legal. Jon Bon Jovi e seus companheiros de banda moravam perto de nós e também estavam gravando. Jon e Richie Sambora iam até nossa casa para sairmos. Íamos ao bar da esquina, o Rose Tattoo Café, para tomar uma bebida. Bebíamos muito às vezes, sentávamos e conversávamos sobre música e sonhávamos em como seríamos grandes um dia. Nos tornamos bons amigos durante esses meses.

Uma noite, estávamos todos em Nova York e hospedados no Broadway Plaza Hotel. Fomos a um clube noturno chamado Traxx, e Jon e Richie levaram Aldo Nova. Aldo foi o tecladista no meu álbum *Dancin' on the Edge*. Jon amava seu vinho tinto, mas bebeu demais naquela noite. Quando voltamos do clube para casa, ele estava desajeitado, como um cachorrinho quando você o leva para casa. Eu achava meio fofo. Logo Jon e eu começamos a nos pegar. Richie percebeu bem rápido e começou a dar uns amassos em Toni. Aldo observou, bebericando seu vinho tinto, enquanto tentávamos encaixá-lo também. Todos fomos para o quarto, que tinha duas camas. Jon e eu ficamos com uma cama, Richie e Toni com a outra. Aldo ficou parado na porta observando, ainda com o vinho na mão. Jon começou a se sentir um pouco enjoado e a vomitar no canto, no carpete do quarto. Toni saiu de cima de Richie como se dissesse: *Aqui, Lita. Experimente o meu.* Então fui para a cama com Richie. Puta merda. Devo dizer que Richie Sambora é o rei do swing. Jon se recuperou do vômito e Aldo finalmente entrou em ação, e isso se transformou numa suruba divertida no Broadway Plaza Hotel. Fizemos o check-out na manhã seguinte, deixando o quarto do hotel um desastre completo, com vômito de vinho tinto no canto.

"DANCIN' ON THE EDGE"

DURANTE ESSE PERÍODO, eu estava me encaixando no meu próprio estilo. Eu estava rompendo com a imagem que havia criado para *Out for Blood*, que foi influenciada por Neil Merryweather, e me tornando vocalista. Mas eu tinha feito a minha cama e agora tinha de me deitar: eu era a garota que tocava guitarra. Nem todo mundo acreditava nas minhas habilidades vocais, principalmente meu produtor. Vivemos o melhor momento da nossa vida fazendo o disco, mas logo percebi que também seria um dos maiores desafios da minha vida, principalmente por ser mulher.

Jon Bon Jovi me apresentou o produtor Lance Quinn. Eu não o suportava. Eu o achava um inútil como produtor, mas fiquei presa a ele para produzir aquele álbum por causa da recomendação de Jon. Ele queria que seu amigo, que se achava Edward Van Halen, tocasse guitarra em "Gotta Let Go", meu single do álbum, mas ele não me falou isso. Ele também estava me empurrando um cara chamado Geoff Leib para tocar teclado. Eu não conseguia entender. Eu já tinha o Aldo Nova tocando teclado, e ele era ótimo! Por que diabos eu precisaria de mais tecladistas num álbum como *Dancin' on the Edge*? Não era um álbum com ênfase no teclado.

Eu tinha uma ótima banda para o *Dancin' on the Edge*. Das bandas que montei, foi uma das minhas favoritas. Além de Randy na bateria, também tive Bobby Donati e Gordon Copley. Bobby e eu nos demos muito bem. Ele era cantor e era muito inteligente. Juntos, todos parecíamos atraentes.

Em nossa última noite de gravação do álbum, saí do estúdio e o álbum estava pronto. O disco deveria ser entregue à gravadora no dia seguinte. Todos foram para casa, exceto Lance. "Tenho algumas coisas de última hora para organizar", disse ele. Depois de todos nos despedirmos, o querido Lance colocou o solo de seu amigo em "Gotta Let Go". Eu só soube depois que o álbum foi masterizado. Acho que Lance não teria feito isso se eu fosse um cara. Na minha opinião, ele queria que seu amigo tocasse no meu disco e, como eu era mulher, ele se aproveitou de mim. Nem Lance Quinn conseguia entender a garota que tocava guitarra. Fiquei surpresa ao saber que, depois de tudo o que havia conquistado, ainda não tinha controle sobre a produção do meu próprio álbum.

Dancin' on the Edge foi o primeiro álbum que ultrapassou a fronteira. Eu me tornei uma garota na guitarra com credibilidade, e não apenas um pedaço de carne. Me colocaram com roupa na capa do álbum, embora isso não mudasse nada a qualidade do meu trabalho com a guitarra. Os executivos da gravadora tentaram me mudar e me transformar numa estrelinha pop bonitinha, mas isso não estava no meu sangue. Eu gostava da vulgaridade e do choque de ser excêntrica e tocar guitarra. Eles não sabiam como vender esse meu lado, mas obviamente estava funcionando, porque fui indicada ao Grammy. Mesmo assim, a briga entre mim e meu empresário, Allen Kovac, e minha gravadora continuou.

DEPOIS DE GRAVAR o álbum, fui para Londres passar alguns meses com minha banda para gravar um clipe e fazer alguns shows. O clipe era para a música "Gotta Let Go". Enquanto estávamos filmando, minha banda e eu morávamos numa casa em Marble Arch, no West End de Londres. Com frequência, íamos a um bar chamado Funny Farm. Era um bar clandestino, aberto da meia-noite às 7h, que atendia músicos quase com exclusividade. Um homem chamado Frank Coe cuidava do bar. Ele era famoso em Londres e aquele bar também. Ficava no porão de um hotel grego e acomodava apenas de oitenta a cem pessoas. Você tinha de bater à porta, e eles abriam a janela para ver seu rosto. Se o conhecessem, eles o deixavam entrar; se não, eles diziam para você se mandar. Todas as grandes bandas britânicas estavam lá: Thin Lizzy, Deep Purple, Whitesnake etc. Conheci um músico chamado Phil Soussan naquele bar. Nós nos demos bem na hora e, a partir daí, saíamos juntos quase todos os dias. Phil estava transitando entre bandas na época e mais tarde se juntou a Randy Castillo no grupo pós-Sabbath de Ozzy Osbourne (Ozzy havia saído do Black Sabbath em 1979). Eu estava trabalhando com minha banda, mas à noite nos encontrávamos num restaurante mexicano para tomar algumas doses de bebida e depois íamos a um bar chamado Stringfellows ou acabávamos no

"DANCIN' ON THE EDGE"

Funny Farm. Isso durou alguns meses, mas depois precisei voltar para a estrada. Na época, meu relacionamento principal era com o rock'n'roll.

QUANTO A MIM E A TONY, nos víamos apenas de vez em quando porque nós dois viajávamos muito. No entanto, ele me surpreendeu um dia, quando me disse: "Quero te levar para a Inglaterra para conhecer minha mãe". Seu pai havia falecido e ele raramente falava sobre ele.

O tecladista de Tony, Geoff Nicholls, que ele apelidou de Nick, estava com ele o tempo todo. Nick nunca esteve no palco com o Black Sabbath – a banda o mantinha escondido na lateral do palco durante os shows. Ele foi conosco para a Inglaterra quando fomos visitar a mãe de Tony. Nick parecia ser a naninha de Tony. Ele ria das piadas de Tony, usava suas drogas e parecia dizer sim a qualquer coisa que Tony pedia. Não gostei muito de Nick, e suspeito que ele também não gostou de mim. Acho que ele estava com medo de que eu arrastasse Tony para longe.

Nick, Tony e eu estávamos acomodados em um jumbo, prontos para decolar para a Inglaterra. Cara, eu estava animada! E um pouco nervosa. Eu ia conhecer a mãe de Tony. Eu queria causar uma boa impressão, e só estava pensando nisso, quando, do nada, assim que o avião estava em movimento, Tony me puxou e me deu um soco no olho. Sem motivo nenhum! Será que foi por algo que eu disse? Por algo que eu não disse? Vai saber! Era quase como se ele estivesse tentando se exibir para Nick e mostrar o "homem" que ele era. Um homem de verdade não faz isso. Nick não pareceu tão surpreso quanto eu.

Eu me levantei e tentei achar um lugar para me esconder. Porra, eu estava num avião, para onde iria? Falei para a aeromoça que meu namorado tinha me batido e pedi para ela me ajudar a encontrar um lugar onde ele não pudesse me encontrar. Ela me levou a uma área privada que haviam fechado apenas para as aeromoças. Tony veio me procurar, mas desistiu depois de alguns minutos e voltou para o lugar dele. Durante todo o voo de dez horas do Aeroporto Internacional de Los Angeles para Londres Heathrow, fiquei na área das aeromoças. Eu estava devastada. Meu herói, meu ídolo, o homem que pensei que amava, tinha acabado de me dar um soco no olho. E eu nem sabia por quê.

Meu olho começou a inchar e eu sabia que ficaria preto e azul. A aeromoça me deu um pouco de gelo. Quando o avião pousasse, eu planejava dar meia-volta e pegar o próximo voo de volta para Los Angeles. Tony agiu como se nada tivesse acontecido. Eu me perguntei se Tony tinha tomado alguma droga que o fez perder o controle e rezei para que seu efeito tivesse passado e ele não fizesse isso de novo. Então, como uma idiota, acabei ficando por lá. Mas agora eu tinha de encontrar a mãe dele com um olho roxo.

Tivemos de dirigir algumas horas até Birmingham, onde Tony tinha uma casa perto da casa da mãe dele. Sua casa era uma típica casa inglesa. De madeira e revestida de pedras de rio; era grande, mas não extravagante. Ele me mostrou o quarto principal no andar de cima, onde coloquei minhas malas. No andar de baixo ficavam a sala de estar e a área da cozinha, que eram muito agradáveis e claramente montadas por uma mulher.

"Amanhã minha mãe vem aqui", ele me disse.

Achei que a forma de impressionar a mãe de Tony era cozinhar uma refeição britânica completa. Fiquei aliviada por ter um dia para descobrir como me recompor depois do que aconteceu. Subi a rua até o açougue e comprei uma linda perna de cordeiro com osso. É preciso ter o osso. Também comprei cebolas, couve-de-bruxelas e batatas para assar com a perna de cordeiro e um pouco de molho de hortelã.

No dia seguinte, passei horas cozinhando e fiquei feliz porque Tony me deixou em paz. O tempo todo em que eu estava preparando a refeição, fiquei pensando em como passaria a semana. A mãe dele apareceu naquela tarde quando eu estava dando os retoques finais na refeição. Ela foi muito simpática e, quando nos sentamos para comer, ela pareceu impressionada com o que eu tinha feito. Depois de comer, ela disse: "Bem, eu dou nota dez para o jantar!". Eu sabia que isso significava que ela não gostava só da comida, mas que também gostava de mim.

"DANCIN' ON THE EDGE"

Em algum momento da noite, Tony foi buscar algo no piso superior e fiquei sozinha com a mãe dele. Perguntei a ela: "Você notou meu olho roxo?".

"Sim", respondeu ela.

"Tony fez isso", falei.

"Eu imaginei."

"Como? Por quê?", eu quis saber.

"O pai dele costumava fazer isso comigo."

Tudo ficou claro para mim. Precisei aceitar que isso não tinha a ver só com as drogas. Era uma agressão, passada de pai para filho. Eu estava feliz porque o pai não estava por perto – e tenho certeza de que a mãe dele também –, mas finalmente entendi o que Ronnie James Dio quis dizer com a possibilidade de eu precisar de um lugar seguro para ficar enquanto estava com Tony. Ronnie e eu nos tornamos amigos depois disso.

Tony e eu ficamos em sua casa em Birmingham por uma semana e, graças a Deus, ele não voltou a me bater. Voltamos para Los Angeles juntos e fui embalada por uma falsa sensação de segurança. Era a primeira vez que um homem batia em mim. Fiquei com ele, esperando que o abuso terminasse por aí.

DEPOIS DE DOIS ANOS, eu ainda estava com ele. Embora não fosse frequente, os abusos aconteceram quatro ou cinco vezes enquanto estávamos juntos. Toda vez eu ficava chocada com sua violência repentina e extrema contra mim.

Viajávamos e usávamos muita droga. Ele me disse que precisava sair da Inglaterra por seis meses seguidos para que o governo não cobrasse dele um valor exorbitante de imposto de renda. Assim, ficávamos na Califórnia ou às vezes parávamos em diferentes lugares do mundo. Ele consumia tanta cocaína a ponto de pensar que pessoas estavam olhando pelo olho mágico. Às vezes ele pegava uma toalha e colocava na parte inferior da porta. Eu perguntava para ele: "Por que você está fazendo isso?".

"Não quero que as pessoas ouçam, vejam ou sintam o cheiro do que estou fazendo." Ele sempre achava que havia pessoas nas frestas, então fechava todas. Ele me disse que o som e os cheiros eram transportados. Ele era uma aberração paranoica. Tony não estava trabalhando muito nessa época – a maior parte de sua energia era gasta no consumo de grandes quantidades de drogas. Sempre havia grandes potes do tamanho de latas de leite em pó por perto. Ele gastava centenas de dólares em cocaína todos os dias. Ele era tão antissocial que as únicas pessoas com quem falava éramos eu e seu amigo Nick.

Nesse tempo, a mulher misteriosa que eu via no saguão de cada hotel onde nos hospedávamos estava começando a me afetar. Era uma traficante de drogas? Uma prostituta? As duas coisas? Mesmo curiosa, o que me incomodava não era tanto a mulher em si, mas Tony, de vez em quando, me falando, de brincadeira: "Anda logo e sai, tenho outra esperando lá embaixo". Será que ele achava que eu não notava a mulher? Eu me sentia uma idiota e isso estava começando a me irritar.

RECEBEMOS UMA PROPOSTA para tocar no Guitar Greats Show no Capitol Theatre de Nova Jersey em novembro de 1984. Era uma *jam session* curta, com todos os melhores guitarristas da indústria: Edward Van Halen, Johnny Winter e Brian Setzer, só para citar alguns. Foi uma noite para ficar na lembrança. Como sempre, eu era a única mulher cercada por músicos homens nos bastidores. De qualquer forma, havia pressão por causa dos grandes guitarristas que estavam no projeto. Johnny Winter estava bem na nossa frente. Acompanhar Johnny Winter – uma das minhas maiores inspirações – já era algo bastante tenso. Eu deveria continuar sozinha, sem Tony, mas tudo veio à tona uma hora antes de entrarmos no palco.

"O que eu vou tocar?", perguntou Tony. "Como vai ser o som do baterista?"

"Tony, é Kenny Aronoff!", respondi.

"O quê? Quem é esse?"

"DANCIN' ON THE EDGE"

Tony estava muito nervoso porque ele não era do tipo que entrava no palco com outras bandas – ele não era um *jammer*, não costumava improvisar com outras bandas. Nem eu, na verdade. Nessa fase da vida, ele tinha esquecido quase todos os seus riffs por estar bastante chapado o tempo todo. Eu costumava mostrar a ele como tocar suas próprias partes na guitarra, o que eu odiava fazer, porque ele tinha sido meu ídolo. Mas eu as conhecia como a palma da minha mão, e ele, infelizmente, não. Eu me sentava e tocava para ele. Ele dizia: "Como você fez isso?". Então eu desacelerava e mostrava para ele até que ele entendesse. Foi a única coisa pela qual ele me agradeceu durante todo o nosso relacionamento.

Enquanto estávamos num canto da área dos bastidores tentando descobrir qual música do Sabbath ele tocaria, falei: "Tony, por que você simplesmente não improvisa? Não se preocupe. E se eu subir no palco com você? Te cubro em uma música". Ele gostou da ideia, então decidimos subir no palco juntos. Não era o que estava programado originalmente, mas era algo legal. A ideia de eu estar no palco com ele o fez se sentir melhor, mas o que ele não sabia era que eu tinha um plano para ofuscá-lo e deixá-lo com a cara no chão. Mergulhei fundo em minha alma e tirei de lá todas as vezes que ele me bateu, a mulher misteriosa no saguão e as noites em que ele ficava acordado com Nick cheirando carreira após carreira de cocaína até ter alucinações. Tudo isso, combinado com a necessidade constante de ter de provar minha capacidade toda vez que eu pegava numa guitarra só porque era mulher, me motivou mais do que o suficiente para fazer o meu melhor para superá-lo no palco naquela noite. Peguei minha poderosa guitarra B.C. Rich Bich rosa e subi ao palco com Tony. Kenny Aronoff me perguntou: "O que você quer tocar, Lita?". Tony estava no canto do palco ligando o plugue na tomada. Eu disse a Kenny: "Que tal uma improvisação de blues em Mi Menor para começar?". Decidi dar a Tony uma prova de seu próprio veneno.

Ao adicionar alguns riffs a "Heaven and Hell", a improvisação foi feroz. Essa era a minha chance. Tony precisava de um belo chute na bunda. Ele conseguiu forçar um sorriso para a multidão na metade da apresentação.

No momento em que o nosso show acabou, ele estava suando horrores, e eu sabia, pela reação da multidão, que eu tinha mais do que arrasado naquela noite.

Depois do show, voltamos para o hotel. Tony ficou aliviado porque o show tinha acabado. Ele não falou muito comigo. Acho que ele percebeu o quanto havia decaído com todas as drogas que estava consumindo. Pensei que ele me arrancaria sangue, mas ele não perdeu o controle naquela noite. Talvez aquilo tivesse acabado para sempre?

Poucos meses depois do show Guitar Greats, ele me deu um anel de noivado. Era um lindo anel solitário com um grande diamante circundado por mais diamantes. Não houve proposta romântica. Era mais algo do tipo *Ei, aqui, tenho um anel para você*. E foi isso, estávamos noivos. Mas nem é preciso dizer que eu não tinha tanta certeza disso. Fui visitar meus pais e inventei uma história sobre uma garota que tinha apanhado do namorado. Não disse a minha mãe que era eu, queria ver o que ela diria. Ela me disse: "Lita, se ele fez isso uma vez, ele vai fazer de novo". Essas palavras ficavam ressoando várias vezes em minha mente.

LOGO APÓS o nosso noivado, eu estava no hotel Bellagio, em Los Angeles, onde Tony e eu estávamos hospedados. Ele teve o pior acesso de raiva que eu já tinha visto. Depois de cheirar muito pó, ele ficou com raiva e me asfixiou até eu ficar inconsciente. Quando acordei, eu o vi segurando uma cadeira sobre a minha cabeça. Era uma grande e pesada cadeira de couro com tachas em volta dos braços, e ele estava prestes a atirá-la no meu rosto. Rolei e, felizmente, me movi rápido o suficiente para que ele errasse o alvo e a cadeira se espatifasse no chão.

Corri para a porta porque sabia que ele não sairia no corredor de cueca. Entrei no meu carro e dirigi para o lugar mais próximo onde me sentia segura, que era a casa de Nikki. Eu não podia deixar meus pais me verem assim. Meu pai teria matado Tony Iommi. Literalmente.

"DANCIN' ON THE EDGE"

Apareci na casa de Nikki com um pouco de cabelo arrancado e marcas de mãos em volta da garganta. Nikki perguntou: "O que aconteceu com você?". Expliquei o que Tony havia feito.

"Ele poderia ter me matado", falei para Nikki. "Ele bateu na minha cabeça e provocou uma concussão."

"Eu já volto; tenho algo que vai ajudar você a se sentir melhor", Nikki respondeu. Ele entrou em seu Porsche e dirigiu até a casa de seu amigo Robbin Crosby e voltou com heroína.

"Você é louco?", falei para ele. "Não uso heroína, Nikki."

"Isso vai tirar a dor."

E eu *estava* com muita dor. Meu coração doía mais que tudo. Eu estava disposta a tentar qualquer coisa. Cheirei um pouco, porque me recusei a injetar depois da experiência horrível quando fiz isso com a namorada de Joey Ramone.

Eu me encolhi na cama d'água de Nikki e adormeci. Minha cabeça latejava com a concussão. Eu mal conseguia me mover. Nikki me deixou ficar na cama dele naquela noite e dormiu no sofá.

NO DIA SEGUINTE, Tony estava ensaiando com sua nova banda, que incluía membros da minha própria banda que ele havia recrutado para si. Roubar minha banda foi a cereja do bolo. Ele tinha me batido, me asfixiado e agora tinha tomado minha seção rítmica também: Eric Singer, meu baterista, e Gordon Copley, meu baixista. Que cavalheiro. Foi quando eu finalmente terminei com ele. De todos os bateristas com quem já toquei e ajudei em termos de carreira, Eric Singer era o baterista de quem eu menos gostava. Se Tony tivesse me pedido, eu o teria cedido com prazer. Mas falar com Eric pelas minhas costas era uma coisa muito suja e mesquinha para um músico do nível dele fazer. Ele é Tony Iommi, porra. Ele poderia ter qualquer banda que quisesse. Por que roubar a minha, a banda da noiva dele? Porque era conveniente para ele e ele só pensava em si mesmo. Decidi ir embora para sempre. Esperei até que ele estivesse no estúdio, então me mexi para ir embora. Arrumei todas as minhas coisas e fui embora.

Escrevi um bilhete para ele: "Você não é um homem. Você é um rato. Ih ih ih ih".

Acabei vendendo o anel de noivado que ele me deu em uma loja de penhores por uma quantia irrisória. Deve ter custado milhares de dólares para Tony, mas recebi apenas algumas centenas. Não me importei. Era isso o que ele valia para mim. Acho que aguentei a situação por tanto tempo porque fazia uma ideia de como ele seria como pessoa e fiquei esperando que esse homem viesse à tona, mas ele nunca veio.

Depois que deixei Tony, apesar de tudo, fiquei com o coração partido. Meu ídolo de todos os tempos, na verdade, era um viciado em drogas abusivo e traidor. Ele não merecia ser idolatrado. Até onde eu sabia, ele era desprezível. Eu estava muito magoada e desapontada por alguém que eu admirava ser tão horrível. Fiquei com raiva e me tornei autodestrutiva fazendo todas as coisas que Tony não queria que eu fizesse. Tony odiava tatuagens. Para ele, tatuagens não eram adequadas. Eu me rebelei tatuando um dragão enrolado num violão no ombro direito. Representava força na guitarra. Depois de nosso término, comecei a beber loucamente porque Tony nunca me deixava tocar em uma gota, nem em voos longos, que era algo que eu sempre fazia – uma taça de vinho me relaxava e me ajudava a dormir. Além disso, naquela época, as bebidas eram gratuitas.

Até hoje, ainda idolatro o guitarrista principal do Black Sabbath que vi no palco na Long Beach Arena quando tinha treze anos. Aquele que nunca conheci. O Tony Iommi que conheci e com quem noivei agora não existe mais em meu coração. Não valia a pena me torturar por ele. Apenas os riffs de guitarra ficarão na minha memória.

DEPOIS DO TERRÍVEL término com Tony, rever Glenn Tipton foi a lufada de ar fresco de que eu precisava. Judas Priest voltou a Long Beach em 1984 com a turnê Defenders of the Faith e, como de costume, fui ao show.

"DANCIN' ON THE EDGE"

Desta vez, Glenn me convidou para ir com eles ao show seguinte, em San Diego. Ele teria folga no dia seguinte e um show na noite depois desse dia. Eu disse: "Bem, como vou voltar para casa?".

"Não se preocupe, meu amor. Podemos deixar você no seu carro quando voltarmos pela costa."

Maravilha!

Depois do show em Long Beach naquela noite, Glenn se arrumou, me pegou pela mão e me acompanhou até o ônibus da turnê. Glenn era um cavalheiro adorável e uma pessoa gentil. Fomos para o seu beliche e esperamos o motorista do ônibus e os outros membros da banda, depois começamos a descer a costa até San Diego. Ficamos em seu beliche a noite inteira. É um dos meus lugares favoritos para transar.

No dia seguinte, em San Diego, nos pegamos o dia todo, fomos ao shopping, comemos num bom restaurante e, mais tarde naquela noite, Glenn, Rob, seu amigo John e eu fomos ver o filme *Isto é Spinal Tap*. Nossa, rimos pra caramba, principalmente com o cenário de Stonehenge em miniatura que Rob Reiner roubou dos shows do Black Sabbath. Glenn e Rob esperavam, nervosos, para ver que "inspiração" Reiner havia tirado do Judas Priest. Ainda hoje faço coisas do tipo *Spinal Tap* nos bastidores. Não conseguir me orientar nos bastidores ou não saber onde ficam os camarins é o mais comum, mas há outros momentos clássicos, como a vez em que eu ia tocar num show em Los Angeles e fui para lá dirigindo meu Corvette 1969. Era um carro bonito, mas nem sempre funcionava direito. Eu estava com a minha mãe e, ao nos aproximarmos do Reseda Country Club, percebi que a fila de fãs dava a volta no quarteirão. Eu estava tentando parecer o mais calma possível, quando alguns fãs me viram: "Ei, olhe, é a Lita Ford!". De repente, meu carro parou. Não dava partida. "Lita, o que vamos fazer?", minha mãe perguntou. Estávamos paradas no meio da rua.

"Saia e empurre, mãe."

"Lita, não vou empurrar. Eu vou entrar e trazer um roadie."

Minha mãe voltou com dois roadies e, quando os fãs viram o que estava acontecendo, alguns deles foram ajudar enquanto os roadies empurravam meu carro para uma vaga no estacionamento. Acho que não existe nenhuma banda de rock que não tenha um momento *Spinal Tap* em alguma ocasião.

Depois do show em San Diego, os rapazes do Judas Priest voltaram para a costa e me levaram até meu carro em Long Beach. Eu me despedi deles e mal podia esperar até a próxima vez que eles fossem à cidade.

ALLEN KOVAC me gerenciou por um tempo durante a minha turnê de *Dancin' on the Edge*. Na época em que o contratei, Allen era um aspirante a empresário de estrelas do rock e estava tentando me "reinventar". Acho que ele não acreditava em mim e preferiria que eu fosse uma cantora pop fofa. Tudo o que eu tentava fazer ele tentava mudar, assim como Lance Quinn fizera durante a gravação do álbum. Ele me deixava louca e ficava de olho em mim de um jeito sufocante. Eu ainda estava na minha fase rebelde, e ele colocava bilhetes embaixo da porta do meu quarto de hotel dizendo: "Seja uma boa menina", "Não beba tanto", "Não use tanta maquiagem", "Durma um pouco". Cai fora!

Em uma ocasião, estávamos em Lowell, em Massachusetts, para um show perto de onde eu morava quando criança e onde minha tia Livia ainda morava. Ela era a irmã mais nova da minha mãe e uma das minhas parentes favoritas. Tínhamos um dia de folga e eu queria visitar a minha tia, que tinha acabado de passar por um divórcio difícil. Ela ia preparar um banquete para toda a minha banda e equipe; meus primos passariam por lá. Mas Kovac se irritou porque pensou que eu estava saindo para comprar drogas. Ele estava errado. Muito errado. Kovac havia dito isso ao meu gerente de turnê, que pediu ao motorista do ônibus para não nos levar a lugar nenhum naquele dia. Acabei pegando um táxi sozinha. Demiti Kovac logo depois disso. Ele me irritou muitas vezes, mas dessa vez ele ferrou com a minha família. Minha tia saiu para comprar bife, frango e todos os acompanhamentos, e todo o trabalho que ela teve foi desperdiçado, porque fui a única que apareceu para a refeição maravilhosa que

"DANCIN' ON THE EDGE"

ela havia preparado. Pouco tempo depois, ela foi diagnosticada com um câncer de pulmão e forçada a lutar contra ele. Ela era muito especial para mim. Nunca vou perdoar Kovac por sabotar aquela visita.

GLENN E JUDAS PRIEST voltaram à cidade cerca de um ano depois de eu ter visto Glenn pela última vez, e continuamos de onde paramos. Eu o convidei para ir à casa dos meus pais depois do show. Ele pediu a um dos motoristas de caminhão do Priest que o levasse em um caminhão extra-pesado preto. Glenn é esse tipo de cara comum, foi me visitar na casa da minha mãe e do meu pai depois de um show.

Ficamos acordados a noite toda na casa dos fundos trocando licks de guitarra, conversando sobre instrumentos e cheirando o pouco de cocaína que tínhamos. Minha mãe precisava estar no trabalho às 4h da manhã, então ela foi para a casa dos fundos por volta das 3h30min para falar um "oi" para Glenn. Glenn tinha ouvido muito sobre ela e estava ansioso para conhecê-la. Minha mãe também adorava Glenn.

Ficamos conversando sobre palhetas de guitarra e ele me perguntou que tipo de palheta eu usava. Entreguei a ele minha estranha palheta em forma de pentágono, e ele me mostrou sua palheta média e regular. Falei que ele não deveria usar aquelas palhetas porque não eram grossas o suficiente, e que ele deveria usar algo mais grosso para atacar mais as cordas. Ele olhou para mim como se dissesse: *Sério? Você está me dizendo que tipo de palheta usar?* Nós dois rimos.

O motorista de Glenn dormiu no caminhão enquanto ficamos acordados a noite toda. Até o próximo ano, Glenn. Tchau.

Adoro essa foto de casamento dos meus pais, Harry Lenard "Len" Ford (vestindo seu uniforme do exército britânico) e Isabella Benvenuto. Eles se casaram em 19 de janeiro de 1945, em Trieste, Itália.

Meu pai com sua amada motocicleta Norton. Ele tinha alma de roqueiro.

Minha mãe e eu num ponto alto em nosso apartamento no sul de Londres.

Eu com meu primeiro violão, meu bem mais precioso, em nossa casa de Long Beach, na Califórnia. Mal sabia eu aonde isso me levaria. . .

Len Ford

Uma Runaway no meio dos pais.

Uma foto publicitária de nossa turnê de 1976. *Da esquerda para a direita, atrás:* eu (guitarra principal), Sandy West (bateria) e Jackie Fox (baixo); *na frente:* Cherie Currie (vocal) e Joan Jett (guitarra base).

Da esquerda para a direita: Laurie McAllister, Sandy West, Joan Jett e eu durante a filmagem do clipe para "Mama Weer All Crazee Now".

"Punk lives": Arrasando no El Mocambo em Toronto, 1978.

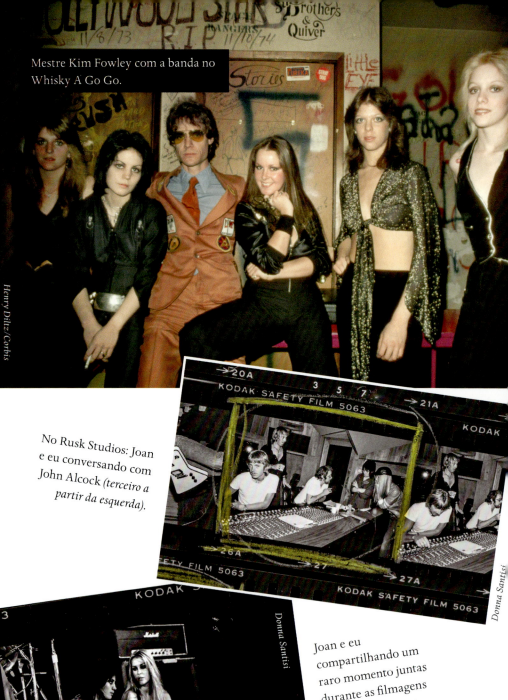

Mestre Kim Fowley com a banda no Whisky A Go Go.

No Rusk Studios: Joan e eu conversando com John Alcock *(terceiro a partir da esquerda)*.

Joan e eu compartilhando um raro momento juntas durante as filmagens do clipe de "Mama Weer All Crazee Now". Nunca nos conectamos pessoalmente, mas o que realizamos juntas resistiu ao tempo.

Da esquerda para a direita: Laurie McAllister *(enrolando um baseado)*, eu, Sandy e Joan em um quarto de hotel, em turnê, 1978.

Tome brandy de amora e viaje.

Com o bolo no formato de Hamer Explorer que as Runaways me deram no meu aniversário de 21 anos.

Saindo com Johnny Ramone.

Trilhando meu próprio caminho: Uma tira de filme da era Out for Blood – por volta de 1983.

Donna Santisi

Amor jovem: eu e Nikki Sixx. Dei a Nikki sua primeira tatuagem – que pode ser vista no reflexo no espelho.

Eu e Ozzy Osbourne em 1989, quando éramos gerenciados por Sharon. Nosso dueto "Close My Eyes Forever" foi um sucesso no Top 10.

Pôster com as datas da turnê New Jersey Syndicate, do Jon Bon Jovi, na Itália. Olha o nome de quem aparece primeiro.

Garota da capa: Rip, outubro de 1988.

A vingança do Metal: Tony Iommi, eu e Geezer Butler enfrentando os caras do Spinal Tap. Adorei o filme!

Com a minha banda, minhas verdadeiras almas gêmeas, em 1984.

Saindo com meu primeiro marido, Chris Holmes. A felicidade conjugal escapava de nós quando a festa terminava.

Mama Ford, pouco antes de seu falecimento. Sua perda me deixou à deriva.

Grávida de James, meu primeiro filho, 1997. A maternidade foi um presente precioso em meu trágico segundo casamento.

Eu e meu "Sweet Baby James", 1998.

Rocco *(à esquerda)* e James *(à direita)* nas ilhas Turks e Caicos. Os meninos foram minha salvação durante o período mais difícil da minha vida.

Bem-vindos ao negócio da família: Rocco *(à esquerda)* e James *(à direita)* posam comigo e "Vovô Alice" – quero dizer, Alice Cooper.

Uma das primeiras coisas que fiz depois de pedir o divórcio em 2010 foi cobrir a tatuagem com o nome do meu marido no meu braço.

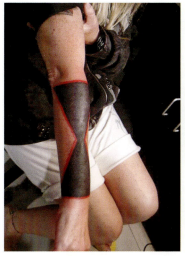

Saudades dos meus filhos, Malmo, Suécia, 2013.

No estúdio com Gary Hoey (e meu cachorro Churro) durante a gravação de *Living Like a Runaway*, 2012. Gary e sua esposa, Nicole, me deram abrigo enquanto eu finalizava o meu divórcio.

Escrever "Mother" me deu muita tristeza, mas foi essencial para o processo de luto. E tem sido inspirador ver a resposta dos fãs também. Aqui está uma foto que tirei de uma fã que tatuou a letra nas costas.

A Viúva Negra retorna. *Erin Williams*

Considerei um sinal quando uma viúva-negra de verdade visitou meu apartamento. *À esquerda:* Aqui ela está presa num Tupperware. *Abaixo:* Meu colega de banda Marty O'Brien mostra o peso de papel que ele fez com a vadia.

Tenho os maiores fãs do mundo. Eles me dão muito amor, e minha missão é retribuir. Aqui estou tocando em Three Forks, Montana.

Minha banda incrível: Patrick Kennison, eu, Marty O'Brien e Bobby Rock.

Aeroporto Internacional de Los Angeles, de madrugada: A vida na estrada não é para todo mundo, mas adoro isso.

Uma das minhas homenagens preferidas: o prêmio Certified Legend Award, da *Guitar Player*. Marty O'Brien

Você nunca sabe quem vai encontrar; dessa vez foi o Nikki. Tem sido incrível me reconectar com meus amigos dos velhos tempos.

Em direção à luz: ainda choro por meus meninos todas as noites, mas, depois de anos na escuridão, me sinto abençoada por meus fãs me deixarem usar a coroa de "Rainha do Metal". Não contem com a minha renúncia ao título tão cedo!

Peter Fagerbacka

CAPÍTULO 10

LITA

If I close my eyes forever,

Will it all remain the same?

[Se eu fechar os olhos para sempre

Tudo permanecerá igual?]

— "Close My Eyes Forever"
(Letra escrita por Lita Ford e Ozzy Osbourne)

EU ESTAVA FAZENDO MUITAS TURNÊS DO *DANCIN' ON THE EDGE* EM 1986.
Meu empresário na época era Don Arden, pai de Sharon Osbourne. Don Arden era considerado o Al Capone dos empresários. Suas táticas agressivas eram bem conhecidas em toda a indústria e ele era respeitado e temido. Fiquei feliz por Arden gostar de mim e nunca vi o lado assustador dele que alguns promotores de eventos experimentaram – como pendurá-los na janela de um hotel e perguntar onde estava o dinheiro dele. Don me respeitava e o sentimento era mútuo, embora ele não tenha feito muito pela minha carreira em termos de me colocar em grandes turnês ou capas de revistas de rock. Infelizmente, ele era outro que não sabia o que fazer comigo. Será que era tão difícil assim? Você pode pensar que com uma indicação ao Grammy de Melhor Performance Feminina Vocal de Rock por *Dancin' on the Edge* alguém teria alguma noção. Eu adorava Don, e os membros de sua equipe foram todos cavalheiros maravilhosos para mim. Eles apenas não se encaixavam direito.

Eu já tinha composto um novo álbum e tinha uma música chamada "Under the Gun", de que Mike Chapman gostou, o que logo nos levou a trabalhar juntos, resultando no álbum *Lita*. Ele me mostrou "Kiss Me Deadly", uma música que ele tinha em seu catálogo de edição. "Broken Dreams" foi uma ideia inspirada em um pôster que vi do filme de James Dean, *Boulevard of Broken Dreams*. Ele parecia triste no pôster, e a letra da música sou eu cantando para ele. Para "Back to the Cave", Mike já tinha o refrão, então escrevi a letra e as linhas de guitarra. Era uma música sobre as pressões e as merdas do dia a dia e como às vezes você só quer "voltar para a caverna" para fugir de tudo isso. Também poderia ser interpretada de forma sexual, e é por isso que funciona tão bem liricamente.

Mike tinha visto o filme *Veludo azul*, de David Lynch, e queria escrever uma música sobre ele. Em vez de ter a personagem feminina como o "brinquedo sexual" que faz tudo que o personagem masculino deseja, Mike inverteu os papéis e fez com que a mulher – eu – cantasse a música como se fosse a agressora sexual.

Lemmy, do Motörhead, e eu nos conhecemos no Rainbow numa noite, quando eu estava trabalhando no álbum. Ele tinha um apartamento descendo a colina, a uma curta distância do Rainbow. Como o Rainbow fechava às 2h da manhã, e ainda estávamos de bobeira, ele me perguntou se eu queria ir até a casa dele tomar mais algumas. Acabei ficando na casa do Lemmy por três dias! Tomamos doses de Wild Turkey, consumimos umas carreiras de metanfetamina e acabamos escrevendo "Can't Catch Me". Por fim, liguei para minha amiga Patty e pedi a ela que me ajudasse a sair da casa do Lemmy. Eu estava tão alucinada que não tinha como dirigir para casa. Eu me lembro de entrar pela porta da frente do meu novo apartamento: não havia móveis, apenas uma cama, e desabei no chão da sala por provavelmente mais três dias porque estava muito chapada mesmo. Assim que acordei, tropecei em minha cama, onde dormi pelo que pareceram mais alguns dias. Foi uma semana antes de eu perceber que tínhamos escrito uma música.

Eu já tinha Mike Chapman como produtor musical. E tinha um contrato de gravação com a Dreamland Records, a gravadora de Mike. Agora eu só precisava de um empresário que pudesse me levar ao próximo nível.

EU ESTAVA NO BAR do *Queen Mary*, em Long Beach, com um cara lindo de Anchorage, Alasca. Estávamos virando coquetéis chamados "oyster shooter" e bebendo Bloody Marys. Falei para ele: "Quero um empresário com quem eu consiga me identificar como ser humano e que não me veja apenas como um pedaço de carne ou um cifrão". A velha gravadora e Kovac tinham dificultado as coisas para mim por eu usar muita maquiagem, pelas minhas roupas e pela minha aparência. "Preciso de alguém que entenda o que é ser uma mulher na indústria da música", falei. Achei que uma empresária, uma mulher, seria adequada para fazer isso. Quem seria capaz de me levar ao próximo nível que eu buscava? Pensei nisso por um minuto e percebi que era Sharon Osbourne. Na mesma hora peguei o telefone e liguei para ela do *Queen Mary*. Falei para ela que eu era representada por Don Arden e que precisava de alguém que entendesse de onde eu estava vindo e pudesse me ajudar a chegar aonde eu queria. Na época, eu não sabia que Don Arden era seu pai e também seu rival por conta de um desentendimento que a família teve. Talvez ela tenha visto uma oportunidade de superar seu pai e acreditou que poderia fazer de mim um sucesso. Ela aceitou sem pensar duas vezes.

Eu estava emocionada, meu amigo do Alasca e eu deixamos o navio e seguimos em direção à rodovia. Eu estava dirigindo um jipe e havia tirado a capota e as portas dele. Eu estava falando mais que a boca, imaginando as possibilidades de a minha carreira progredir com Sharon. Fiquei muito feliz por tê-la na minha equipe. Bem, quando entrei na rodovia, me virei para olhar para o meu amigo. Ele não estava mais lá! Olhei pelo retrovisor e o vi rodando na rodovia. Merda! Ainda bem que não há muito trânsito nessa parte da cidade. Parei e voltei correndo para buscá-lo. "Você está bem?"

"Sim, meu joelho acabou de abrir", respondeu ele.

Não sei bem como nem por que, mas ele estava usando uma calça nova verde de couro tipo camurça que comprei na Alemanha. Estou convencida de que aquela calça de couro salvou a perna dele naquele dia. As calças estavam rasgadas e o cascalho da estrada estava preso em seu joelho. Eu o ajudei a entrar no jipe e fomos até o primeiro bar que consegui encontrar. Pedi um conhaque e entreguei a ele. Ele começou a beber.

"Não! Não é para você beber! É para o seu joelho! Para desinfetá-lo."

Peguei o conhaque e derramei sobre a ferida. Ele gritou de dor – a reação normal quando alguém derrama álcool em uma ferida aberta. Esses eram definitivamente os primeiros socorros do rock'n'roll.

EU ADORAVA SHARON e a respeitava. Ela era abstêmia e me ajudou a ficar sóbria. Sharon e eu íamos fazer compras juntas. Conseguíamos ser bem mulherzinhas quando estávamos juntas, o que era uma característica boa para uma empresária. Ela me mostrou todas as melhores lojas e cabeleireiros de Hollywood e me ajudou a criar meu novo visual para o álbum *Lita*. Mais importante, ela me colocou em turnês e shows melhores.

No entanto, antes de fazer uma turnê, eu precisava de músicos. Eu me lembro de contratar Charlie Dalba depois de sua audição e tocamos "Into the Arena", de Michael Schenker. Nossa química bateu na hora, e isso permaneceu assim durante todo o tempo em que ele esteve na minha banda. Pouco tempo depois, contratei Tommy Caradonna para tocar baixo. Ele entrou, tocou uma música conosco e arrasou. Ele era alto, obscuro e sexy e tocava baixo pra caralho.

"Ele arrebentou!", falei.

Tommy saiu da sala, então me virei para Charlie e perguntei: "O que você acha?".

"Eu gosto dele."

Enviei Dave-O para buscar Tommy e, quando ele voltou, falei: "Se você queria o show, conseguiu".

Conseguimos nosso baixista.

Tivemos muitos guitarristas antes de chegar em Steve Fister. Todo mundo ia para a audição tentando tocar do próprio jeito, mas Steve veio e tocou o que precisávamos que ele tocasse e conseguiu o show. Nós quatro – Tommy Caradonna (baixo), Charlie Dalba (bateria), Steve Fister (guitarra) e eu – fizemos alguns shows de aquecimento em lugares pequenos antes de "Kiss Me Deadly" chegar às paradas da Billboard.

Estávamos nos preparando para sair em turnê e eu queria tentar tingir meu cabelo. Eu nunca tinha feito isso porque sempre fui péssima com cabelo, mas pensei: quão difícil pode ser? Fui a uma farmácia local e comprei um pouco de tinta para cabelo. Descolorante, para ser exata. Infelizmente, eu não sabia que havia diferentes volumes de descolorante para o cabelo, então comprei o mais forte que encontrei e fui para casa "colorir" meu cabelo.

Li as instruções. "Deixe o produto no cabelo por vinte minutos, não mais que isso." *Certo, consigo fazer isso. É fácil. Qual é a pior coisa que pode acontecer?* Misturei os ingredientes e espalhei no cabelo. Nessa hora, o telefone tocou. Era um velho amigo de Londres. Passamos um bom tempo conversando. Eu estava de roupão com descolorante no cabelo e percebi que os vinte minutos tinham se transformado em quarenta e cinco minutos. "Que merda! Preciso ir!" e desliguei o telefone. Tirei rápido o descolorante com água, me vesti e entrei no carro para ir a uma reunião em Hollywood. Não tive tempo de secar o cabelo, então, quando entrei no carro, baixei as janelas para deixar o vento secá-lo enquanto estava em movimento na rodovia. Meu cabelo estava tão molhado que decidi passar os dedos por ele, pensando que isso ajudaria a secar. A sensação era boa: cabelos macios, dia quente na Califórnia, ir para uma reunião de carro pela rodovia e não havia trânsito. Enquanto corria meus dedos pelo cabelo, percebi uns fios em minha mão. Repeti o gesto só para ver de onde vinha o cabelo. O cabelo era *meu*? Mais fios de cabelo saíram da minha mão. Que merda era aquela? Estava saindo aos poucos! Meu Deus! Eu estava pirando. Fios e mais fios de cabelo estavam saindo nos meus dedos.

Eram tantos que eu os jogava pela janela do meu carro enquanto os puxava da cabeça. Então me dei conta de que havia queimado meu cabelo com descolorante por tê-lo deixado por muito tempo. Todo o cabelo atrás da minha nuca estava queimado. Eu não sabia o que fazer. Cortava tudo? Raspava minha cabeça? Merda!

Sharon me levou a um cabeleireiro profissional, que sugeriu extensões de cabelo. Extensões de cabelo? Que diabo era isso? Nunca tinha ouvido falar disso antes, mas precisava fazer alguma coisa: não tinha escolha. Então Sharon e eu decidimos dar um novo visual para mim. Gostando ou não, comprei as melhores extensões de cabelo e fiz com que o salão colocasse um cabelo preto-azulado sob a minha nuca e extensões loiras na parte de cima. Minha cabeça estava cheia de cabelo de novo e meu cabelo de verdade pôde crescer. As extensões davam uma aparência legal e eram definitivamente diferentes. O engraçado é que muitos fãs começaram a pintar o cabelo de preto-azulado e loiro também. Isso virou um "visual", mas ninguém sabia a verdade por trás disso.

Sharon foi ótima na criação das minhas novas imagens, mas também tinha uma lista de mudanças que queria que eu fizesse. "Uma das coisas é: você precisa se livrar de Toni, sua técnica."

"Por quê?", perguntei. Além de minha amiga íntima, Toni era uma grande técnica e não via razão para me livrar dela.

Sharon disse: "Porque todo mundo vai pensar que você é gay". Mas não acreditei que esse fosse o verdadeiro motivo. Acho que era uma questão de controle. Sharon precisava fazer as coisas do jeito dela, e Toni estava sempre cuidando de mim e me protegendo de todos. Acho que Sharon não gostava disso. Eu não queria fazer isso, mas Sharon fez com que Toni saísse, o que me deixou ressentida. Apesar disso, Sharon também me agendou para a turnê New Jersey Syndicate, do Jon Bon Jovi, que foi muito importante para mim. Precisei colocar a vida profissional antes da vida pessoal.

Por volta dessa época, eu estava com minha amiga Patty, dirigindo por uma ruazinha em Hollywood, quando vi um eletricista trabalhando num poste telefônico. Ele estava usando uma calça jeans rasgada na frente e achei que poderia ficar bem como parte do meu novo visual. Falei para Patty: "Quero essa calça jeans". Eu só não sabia como consegui-la. Perguntei a Patty se ela poderia comprá-la para mim. Entreguei a ela US$ 100, então ela saiu do carro e pediu a calça jeans para o eletricista. Ele falou para Patty que tinha outra calça igual àquela em casa, e Patty combinou de encontrá-lo no mesmo poste telefônico no dia seguinte, com mais US$ 100 pela calça jeans rasgada. Entreguei as calças para o meu estilista na época, e elas se tornaram as calças que usei nos vídeos de "Kiss Me Deadly" e "Close My Eyes Forever".

Um dia, eu estava passeando com meu cachorro no jardim da frente da casa dos meus pais, e minha mãe estava gesticulando com a mão, apontando para o chão, como se dissesse: "Venha aqui!". Olhei para ela e disse: "O quê?".

"Entre em casa!", disse ela com os dentes cerrados. Ela estava brava. "Não quero que os vizinhos vejam você com essa calça jeans."

Mal sabia ela que a calça seria exibida o tempo todo na MTV. Ela se tornou um hino da moda no fim dos anos 1980 e permaneceu uma parte do código de vestimenta do rock'n'roll por muitos anos. Gosto de pensar que ajudei que isso acontecesse. Desculpa, mãe!

QUANDO CHEGOU a hora de fazer um clipe para "Kiss Me Deadly", contei com a ajuda de uma grande coreógrafa chamada Anne Marie Hunter. Ela reservou um tempo para nós – apenas ela e eu – trabalharmos nas várias partes do clipe no estúdio de Jane Fonda. Quando cheguei, Anne Marie me entregou uma garrafa de Jack Daniel's e um copinho plástico: "Isso é para ajudá-la a se soltar". Gostei dessa mulher!

Tomei algumas doses de Jack Daniel's e começamos a trabalhar. Anne Marie fez com que algumas garotas de uma liga de roller derby fossem até lá e me mostrassem como cair e escorregar sem colocar pressão nas partes erradas do corpo. Por mais louco que pareça, ela teve de me ensinar a cair para escorregar sobre joelheiras do jeito certo para o clipe.

O clipe de "Kiss Me Deadly" se tornou um hino atraente e sexy na MTV, mas com certeza não começou assim. Acho que devo ter ficado um pouco solta depois do Jack Daniel's, porque, enquanto trabalhava nos movimentos coreografados que Anne Marie tinha me mostrado, tropecei e bati na parede atrás de mim. O problema era que a parede era feita de espelhos e, quando percebi, havia vidro por toda parte. Depois de bater nas paredes espelhadas e deslizar pelo chão sobre as joelheiras, eu devia US$ 750 pelos espelhos para o estúdio de Jane Fonda. Foi um dinheiro bem gasto. Anne Marie me ajudou a preparar o que se tornaria meu clipe autoral.

Durante as filmagens, colocaram a bateria de Charlie em uma empilhadeira, e ele estava convencido de que toda aquela merda desabaria. O clipe foi dirigido por Marty Callner, que depois usou o mesmo armazém em que estávamos filmando para clipes do Aerosmith, Poison e Cher. Lembro que a sessão de gravação durou vinte e quatro horas e que, anos depois, no programa *Pop Up Video*, da MTV, eles mencionaram que a banda e eu não tínhamos nada para comer naquele dia porque não tínhamos dinheiro. Descobri recentemente que Charlie tinha visto o programa na TV e seu advogado ligou para a MTV para que eles removessem aquela "falácia" do vídeo porque "era uma mentira do caralho". Era mentira mesmo. Comemos e fomos bem tratados durante aquela filmagem e, quando o clipe chegou à MTV, ele mudou tudo. Antes tocávamos em clubes menores, depois, passamos a tocar na frente de vinte mil pessoas em arenas ao redor do mundo. Meu baixista Tommy Caradonna me disse que nunca se esqueceria dos berros e pessoas dando "gritos de garotinha" que encheram o estádio quando anunciaram meu nome no primeiro show que fizemos. Foi uma sensação incrível.

OZZY E SHARON costumavam ir à casa dos meus pais para jantar ou tomar alguma coisa. Não havia nada que Ozzy fazia que assustasse meus pais. Eles já tinham visto de tudo nos dias das Runaways. Na verdade, eles se divertiam com Ozzy e gostavam muito dele e de Sharon. Como não gostar deles? Os Osbournes são pessoas maravilhosas. Quando eles iam para a casa dos meus pais numa grande limusine preta, a vizinhança inteira colocava a cabeça para fora para ver o que estava acontecendo e então se davam conta: "Ah, é só a Lita com suas estrelas do rock".

Estar com Sharon e Ozzy era sempre uma aventura. Ele desmaiou uma vez no corredor de um jumbo a caminho de Londres. Sharon o cutucou com um garfo, fazendo furos em seu terno favorito. Ela queria que ele se levantasse, mas ele estava inconsciente. Ele acordou quando estávamos pousando e viu um monte de furos em seu casaco. Ele gritava: "Por que eu tenho essas merdas desses furos no meu maldito casaco? Sharon?!".

Ela calmamente disse a ele: "Você estava bloqueando o corredor. Ninguém conseguia passar com você ali".

Nikki e eu ainda éramos amigos nessa época, e um dia o Mötley Crüe reservou o estúdio para fazer alguns overdubs de bateria. Eu estava no estúdio ao lado. Há várias salas pequenas no Record One, e Nikki teve alguns minutos para ficar comigo numa dessas salas laterais que tinha um piano. Enquanto estávamos lá, escrevemos "Falling In and Out of Love". Eu estava escrevendo e gravando o álbum *Lita* no estúdio, e David Ezrin – filho de Bob Ezrin – estava lá comigo trabalhando nos overdubs de teclado com Mike Chapman. Eu me sentia à vontade.

Um dia, Sharon e Ozzy foram ao estúdio para me levar um presente, uma réplica em tamanho real da gorila Koko. Começamos a jogar sinuca e a beber vinho. As horas avançaram, Sharon ficou entediada e foi embora. Naquela noite, em outra salinha com um teclado e um pequeno amplificador de guitarra, Ozzy e eu escrevemos "Close My Eyes Forever" até altas horas da madrugada. Não foi nada planejado.

Quando o sol apareceu, falei: "Ozzy, o maldito sol está nascendo".

"Que merda", respodeu ele. "Preciso ir pra casa. Você tem de me levar."

"Eu não posso dirigir", falei para ele. "Bebemos a noite toda. Pegue a porra de um táxi." Eu não podia dirigir por Laurel Canyon bêbada! Ozzy pegou um táxi e, mais tarde naquele dia, dirigi para casa com a gorila amarrada no banco do passageiro. Claro que coloquei o cinto nela, afinal, temos de dirigir com segurança.

Pouco antes de eu cair no sono, o telefone tocou. Era Sharon. "Bom, eu tinha um cheirador, agora tenho dois", disse ela. Ela estava chateada. Me pergunto se ela pensou que Ozzy e eu estávamos transando, mas tudo que fazíamos era tocar guitarra e cantar.

Ela me perguntou um dia: "Lita, fiquei três dias fora da cidade a negócios e, quando voltei, encontrei um absorvente interno embaixo da cama do Ozzy no quarto de hotel. Você não sabe nada sobre isso, sabe?". Eu não tinha saído com Ozzy durante esses três dias e não sabia nada sobre isso.

Sharon também ficou chateada comigo porque eu não queria ir para a cama com um cara para o clipe de "Back to the Cave". Eu queria fazer um clipe baseado numa performance ao vivo, algo que nunca tinha feito. Durante a filmagem real, eu estava tentando decidir quem faria a parte da música em que Mike Chapman fala na versão de estúdio: "I don't want to waste your time" [Eu não quero gastar o seu tempo]. Mike não estava lá, então falei: "Vamos deixar o Tommy falar essa parte". Quando assisto ao clipe, posso ver Tommy Caradonna rindo porque não conseguia manter a fisionomia séria.

Fui eleita a Melhor Vocalista Feminina de Rock pela revista *Metal Edge*, e Ozzy também foi eleito o Melhor Vocalista Masculino de Rock ao mesmo tempo. Juntos, ambos gerenciados por Sharon, éramos um sucesso. Eu não sabia na época, mas Sharon tentou impedir que "Close My Eyes Forever" fosse lançado. Ela não queria que Ozzy e eu fizéssemos o clipe juntos, mas só entendi isso muito mais tarde. Fui à gravadora e perguntei a eles: "Isso é verdade? Ela não quer lançar isso como um single?". Eles disseram: "Sim, mas vamos lançá-lo de qualquer forma". Pela primeira vez, Sharon não conseguiu fazer as coisas do jeito dela. A música foi lançada pelo meu próprio selo, com a marca Lita Ford, e se tornou um single de sucesso no Top 10, algo que nenhum de nós previu. Na minha opinião, ainda é uma das maiores baladas do rock de todos os tempos. Ficou na 8ª posição na lista Billboard Hot 100. O primeiro – e único – single Top 10 do Ozzy!

LITA

DURANTE A GRAVAÇÃO do álbum *Lita*, tive uma rara noite de folga e precisava relaxar. The Scorpions, o grupo alemão de heavy metal, estava fazendo um show em Irvine, na Califórnia. The Scorpions é uma das minhas bandas favoritas, com dois grandes guitarristas e um vocalista incrível, Klaus Meine. Fui para Irvine sozinha.

Irvine Meadows é um anfiteatro ao ar livre com capacidade para cerca de vinte mil pessoas. O único problema do lugar é o tráfego terrível. Ele não anda, principalmente quando vinte mil pessoas estão tentando entrar ou sair do mesmo local. Enquanto eu estava presa na rodovia com o tráfego parado, comecei a ficar ansiosa. Eu falava para mim mesma: *Que inferno, não tenho de tocar essa noite.* Eu estava quase lá e não precisava me preocupar em dirigir muito mais, então peguei um baseado que tinha comigo. Era enorme, mas era uma maconha cultivada de forma orgânica e havia fios roxos nela. Acendi o baseado e fumei enquanto estava parada naquele trânsito. Nossa, fiquei chapada. Meus olhos pareciam fendas de tão chapada que eu estava.

Quando finalmente cheguei ao show, fui aos bastidores falar um "oi" para a banda e planejei ficar na plateia. Eles estavam quase subindo ao palco quando Doc McGhee, empresário dos Scorpions na época, me viu e me chamou para conversar. Doc é um grande homem. Ele disse: "Você gostaria de tocar com Klaus esta noite?".

"Ah, Doc, muito obrigada", respondi, "mas é meu dia de folga, e vou só ficar na plateia para assistir ao show". Normalmente eu teria adorado tocar com os Scorpions, mas não quando estava completamente chapada. Fui para o meu lugar e no caminho vi um cheesecake de chocolate branco dentro do camarim dos Scorpions. Ele tinha duas camadas, com raspas de chocolate branco por cima. A larica começou a bater, e considerei comer uma fatia, mas ouvi o show começando, então tratei de ir logo para a plateia. No entanto, pensei naquele cheesecake até o finalzinho do show. Durante uma das últimas músicas, falei para mim mesma: *Foda-se. Preciso daquele cheesecake.*

Voltei para a área vazia do palco, e as únicas duas pessoas nos bastidores eram Sebastian Bach e Christina Applegate, que estavam se beijando.

Não parecia que criariam caso comigo por causa daquele cheesecake. Peguei um grande pedaço e aproveitei. Enquanto estava comendo, ainda podia ouvir os Scorpions tocando a distância, e então ouvi Klaus dizer: "Temos Lita Ford na plateia esta noite! Lita, venha aqui e cante comigo!".

Ah, não! Comecei a engasgar com o meu cheesecake. Sem chances de eu ir lá! Eu estava muito chapada e o cheesecake era mais importante para mim naquele momento. Eu não sabia como ficaria fora de vista e estava procurando algum lugar que achasse seguro para me esconder só por alguns minutos, caso alguém viesse me procurar. Olhei para a mesa, que tinha uma toalha comprida até o chão, e decidi me esconder ali até que fosse "seguro" sair. Então lá estava eu, no camarim dos Scorpions, chapada, escondida debaixo de uma mesa com uma fatia de cheesecake de chocolate branco na mão. Ainda bem que ninguém me encontrou.

Depois do show, Klaus me disse: "Lita, chamei você para cantar comigo, mas você não apareceu". Eu me senti uma idiota por deixá-lo no vácuo, mas não tive coragem de dizer a ele que estava ocupada demais roubando seu cheesecake – que, aliás, era bom pra caralho. Agora, toda vez que vejo um pedaço de cheesecake, penso nos Scorpions.

AEROSMITH É OUTRA BANDA que está entre as minhas favoritas, mas, toda vez que tento vê-los, parece que sempre acontece alguma coisa. A primeira vez que fui vê-los foi no California Jam II, realizado em Ontário, na Califórnia, o local do Cal Jam original. Cheguei lá e do estacionamento ouvi Steven Tyler dizer: "Obrigado, boa noite!". Eu nem estava no local ainda. Lá estava o Aerosmith.

"Com licença, você está no meu lugar", falei para a garota que estava sentada lá.

Ela se virou e cuspiu na minha cara.

"Sua vadia de merda!" Juntei a maior quantidade de saliva que pude e cuspi na cara dela. Aprendi a cuspir na era punk, então podia dar uma ótima cuspida.

O namorado dela levou o punho para trás e ia me bater. O cara com quem eu estava bateu nele e os dois rolaram escada abaixo. Meu amigo deixou a marca de seu anel do colégio carimbado na testa do cara.

O segurança veio correndo.

"Você é Lita Ford. Por que você está assistindo ao show daqui?"

A garota que cuspiu em mim e o namorado dela foram colocados para fora e eu fui levada para os bastidores. Pude sentar ao lado do amplificador que o técnico de Joe Perry usava para ouvir o que estava acontecendo, o que era legal, mas eu queria ver o show da plateia.

Quando chegamos aos bastidores, Steven Tyler se aproximou de mim, me empurrou contra a parede e me beijou. Ele me olhou de cima a baixo, me examinando, e disse: "É você mesmo? Você está aqui mesmo?". Acontece que ele sempre quis me conhecer, assim como eu sempre quis conhecê-lo. Expliquei a ele que estava na plateia, mas que uma garota cuspiu na minha cara e brigamos nas arquibancadas.

"Puta merda, era você lá em cima?" Ele tinha visto a coisa toda do palco e manteve um guarda-costas enorme conosco pelo resto da noite.

Quando estávamos saindo pela doca de carregamento, a garota que cuspiu em mim e o namorado dela estavam nos esperando. O guarda-costas acompanhou a mim e meu amigo até o carro e saímos de lá sem mais incidentes. Até hoje ainda não vi um show do Aerosmith do início ao fim. Qual é a dessa banda?

EM OUTRA NOITE DE FOLGA, em 1987, fui ver o W.A.S.P. se apresentar na Long Beach Arena. Eu me lembro de assistir ao guitarrista, Chris Holmes, que tinha um metro e noventa e oito de altura, cabelo comprido e ondulante e um rosto bonito. Ele tinha uma aparência atraente e ameaçadora quando estava no palco; parecia um viking, mas coberto de tatuagens. Naquela época ninguém tinha tantas tatuagens, então era diferente e interessante. Eu o conheci nos bastidores depois do show, e ele acabou se revelando um cara muito doce. Trocamos números de telefone para que pudéssemos nos encontrar outra noite e tomar uns drinques. Decidimos nos encontrar num clube noturno chamado Cat House. Depois disso, acabamos no meu apartamento e começamos a nos ver a partir daquela noite. Eu saía em turnê com Chris, e ele saía em turnê comigo.

Logo me mudei da casa dos meus pais para uma casa com Chris na região de Tujunga/Angeles Crest Mountains, que ficava a trinta e dois quilômetros de Los Angeles e tinha propriedades enormes aninhadas na cordilheira. Enquanto morávamos juntos, descobri que Chris é um cozinheiro incrível. Ele sabia fazer o melhor chili de frango que já comi e costumava produzir deliciosos banquetes de churrasco. Quem imaginaria que o guitarrista do W.A.S.P. era tão bom na cozinha quanto com a guitarra?

Por mais que eu amasse a casa de Chris, eu queria poder comprar uma casa para mim. Sharon e meu produtor Mike Chapman estavam sendo excelentes para mim. Sharon me levou a outro nível de sucesso, exatamente como eu esperava que ela fizesse quando pedi a ela para me gerenciar. Eu estava ganhando mais dinheiro, em parcelas maiores, e acabei comprando a minha casa dos sonhos em Angeles Crest. Era uma casa de estilo campestre: um nível, tetos altos com vigas, uma lareira enorme e um quintal com vista para uma enorme cordilheira. Meu vizinho tinha cinco cavalos e costumava abrir os estábulos e o portão, então eles comiam a grama alta do meu quintal. Ele nos deixava usar os cavalos sempre que quiséssemos, e ficávamos cavalgando por horas nas montanhas nos setenta e dois quilômetros de área para cavalgada naquela cordilheira. Fazíamos farra a noite toda, as pessoas dormiam e, na manhã seguinte, todos andávamos a cavalo. Mesmo que não soubessem montar, eu as colocava nos cavalos. Isso com certeza mantinha a mente delas longe da ressaca. As trilhas eram estreitas e íngremes, e não havia muito espaço para erros. Kim, meu vizinho, moía seu próprio trigo e fazia panquecas incríveis para todos nós quando voltávamos do passeio. Víamos coiotes, cobras e hera venenosa. Meus cachorros tinham passe livre no quintal. Eu tinha dois rottweilers na época; Chris os batizou de Chopper e Crusher. Eles eram cães amigáveis, mas quando Ozzy foi nos visitar um dia, eles deram uma olhada nele, andando em sua postura curvada de costume, com as mãos ligeiramente esticadas para a frente, e começaram a rosnar. Ozzy recuou na hora. Me estabelecer naquela casa foi um momento maravilhoso na minha vida. Tive muito tempo para festejar, escrever e curtir minha própria casa. Eu tinha um quarto de hóspedes para os meus pais. Mas o melhor de tudo: era tudo meu.

ANTES DE SAIRMOS em turnê com Bon Jovi em 1988, meu pai e eu nos encontramos para nossa viagem anual de pesca no Oregon, no rio Deschutes. Pescamos salmão e truta, minha segunda atividade favorita depois de tocar guitarra. Meu pai dirigiu até lá e eu fui de avião alguns dias depois porque precisava trabalhar.

Quando cheguei, notei que ele mancava, o que não era incomum para ele, porque havia tropeçado nas rochas um ano antes e torcido o tornozelo. "Pai, você torceu o tornozelo de novo?", perguntei. Ele confirmou.

Não havia machucado. Tive a sensação de que ele estava mentindo, mas deixei esse assunto quieto e decidi lidar com isso depois da viagem.

Quando voltávamos para casa, vi um enorme tronco de árvore na lateral da estrada. Gritei para o meu pai: "Pare!".

"Por que você quer que eu pare?", perguntou ele.

"Você viu aquela árvore?" Paramos e, juntos, pegamos o tronco e o prendemos no teto do carro. Quando voltamos para Los Angeles, eu o levei para B.C. Rich e pedi para Bernie Rico Sr. fazer uma guitarra com ele. Bernie tinha os melhores luthiers do país, e eu sabia que ele faria uma guitarra linda com aquele tronco. Neal Moser foi o luthier que construiu a guitarra. Todos na B.C. Rich queriam saber onde eu tinha conseguido a madeira. O bordo tinha três padrões diferentes: encaracolado, ondulado e de chamas. Não queríamos esconder a beleza daquela madeira, então a guitarra foi revestida com um acabamento de resina e não pintada. Chamei a guitarra de "Fishing Wood" [Madeira de Pesca]. Sempre que toco aquela guitarra, ela me leva de volta à bela memória da pescaria de salmão e truta com meu pai.

Eu me sinto muito feliz por ter pedido para o meu pai parar para pegar aquele tronco de árvore, porque isso me deu uma lembrança da última viagem que fiz com ele. Logo depois que voltamos do Oregon, um lado inteiro do corpo do meu pai ficou paralisado. Nós o levamos para o hospital e ele foi internado imediatamente. Disseram que ele teve um derrame e encontraram um tumor cerebral gigante, então fizeram uma biópsia para ver se era maligno. O resultado foi câncer em estágio IV inoperável. Não havia nada que pudessem fazer. Eu me lembro da minha mãe gritando no outro cômodo quando recebeu o telefonema. Era um som que eu nunca tinha ouvido antes.

Infelizmente, Chris não foi muito empático durante a doença do meu pai. Eu tinha acabado de ir morar com ele e realmente queria que passássemos um tempo juntos, mas meu pai estava doente e eu precisava estar perto dele para ajudá-lo. Chris se chateava comigo por visitar meu pai com tanta frequência em vez de passar as noites com ele, e isso me frustrava. Ele não entendia. Voltar dirigindo de Long Beach para Angeles Crest era exaustivo, mas eu ia ver meu pai sempre que podia, independentemente do que Chris dizia. Às vezes, ele ficava na casa dos meus pais para que eu não tivesse que fazer o trajeto de volta para Angeles Crest. Eu estava lidando com Chris e também com a doença do meu pai. Estava cheia de emoções confusas na época.

UM DIA, ao sair do hospital depois de visitar meu pai, Toni, minha mãe e eu estávamos no elevador quando notei um caroço na lateral do pescoço de minha mãe. Toni e eu nos olhamos e sabíamos exatamente o que significava: o câncer da minha mãe tinha voltado.

Minha mãe foi diagnosticada com câncer em 1980, mas não me contou. Eu a convidei para ir ao Havaí comigo, mas ela disse: "Não, obrigada, vou jogar em Las Vegas". Eu devia ter desconfiado, porque ela amava praia e sol. Ela acabou se internando no St. Mary Medical Center e fez uma mastectomia na mama esquerda. Quando cheguei em casa, ela abriu a camisa e me mostrou as cicatrizes da cirurgia. Eu sabia que a tinha decepcionado por não ter estado com ela. "Por que você não me contou?", perguntei. Eu estava chorando, arrasada.

"Eu não queria estragar suas férias", respondeu ela.

Deus a abençoe.

NAS SEMANAS QUE SE SEGUIRAM ao derrame do meu pai, ele perdeu a fala, depois a audição e, por fim, entrou em coma. Ele faleceu em janeiro de 1988, logo depois daquela pescaria. Minha mãe e eu o enterramos com suas coisas favoritas: fotografias e algumas de nossas joias. Minha mãe e eu ficamos arrasadas. Meu pai sempre foi meu herói e meu melhor amigo. Eu era ao mesmo tempo filha *e* filho dele. Ele me ensinou coisas que a maioria dos pais não ensinava às filhas, como pescar, caçar, atirar, colocar minhoca no anzol e tirar a pele de um peixe. Não havia rendas e lacinho cor-de-rosa na minha infância, mas havia muito amor e risos. Meu pai era o homem mais engraçado que conheci e amava a mim e a minha mãe com toda a alma. Ele era um homem muito bom – o tipo de homem que, como mulher, você pensa se algum dia encontrará alguém como ele para si. Nunca ouvi meu pai levantar a voz nem discutir com a minha mãe. Eu sempre podia ligar para ele me tirar de qualquer situação e não haveria perguntas. Para quem eu ligaria agora?

Olhando para trás, fico triste porque meu pai nunca conheceu os dois netos, James e Rocco. Ele cresceu com nove irmãs, sempre esteve rodeado de garotas. Imagine se ele soubesse que tinha dois netos! Não há palavras para expressar como ele teria ficado feliz.

Meus pais estavam casados e felizes havia quarenta e quatro anos, e a morte de meu pai destruiu mamãe. Tive de ir direto do funeral para o aeroporto para pegar um voo para Nova York. O que mais doeu foi ter de deixá-la para trás, sabendo que ela estava doente e precisava lidar com o vazio em seu coração pela morte do meu pai.

"FOMOS PARA OS NOSSOS LUGARES NO PALCO, EM WEMBLEY: SIR ELTON JOHN ESTAVA NOS TECLADOS, RICK ALLEN, DO DEF LEPPARD, NA BATERIA, BRIAN MAY E EU, NAS GUITARRAS, E JON [BON JOVI], NO MICROFONE.

QUE MOMENTO SURREAL QUANDO TODOS NÓS COMEÇAMOS A TOCAR *COME TOGETHER*, DOS BEATLES. FOI UMA EXPLOSÃO E UMA DAS MELHORES NOITES DA MINHA VIDA E CARREIRA."

Meu pai não chegou a ver o sucesso do álbum *Lita*. Eu só queria que ele estivesse por perto para curtir esses momentos comigo, pois sempre teve orgulho de mim, mas estava muito doente naquele momento. Parece que algo terrível tinha acontecido em troca de algo ótimo. O álbum ganhou o disco de platina e fui indicada em 1988 para um prêmio da MTV na categoria Melhor Videoclipe Feminino de Rock por "Kiss Me Deadly". Levei Tommy Caradonna comigo para a premiação, e ele se sentou entre mim e Robert Downey Jr. Ele estava muito nervoso no tapete vermelho, mas conseguiu superar isso e ficou bastante desapontado quando "Kiss Me Deadly" não ganhou. David Coverdale, do Whitesnake, e sua esposa, Tawny Kitaen – a garota atraente que dançava e fazia acrobacias no capô de um carro nos clipes do Whitesnake – me enviaram uma cesta enorme com as flores mais lindas e um bilhete que dizia: "Você deveria ter ganhado, Lita".

Outras bandas, como Warrant e Poison, fizeram vídeos semelhantes depois da indicação do meu clipe ao prêmio da MTV. "Kiss Me Deadly" ajudou a abrir portas para outras bandas de rock terem uma estrela "rocker gostosa" em seus clipes, e não posso deixar de pensar se o presente de David e Tawny foi uma forma de mostrar o apreço deles pelo visual que ajudei a popularizar na época.

LOGO DEPOIS que meu pai faleceu, Chris e eu estávamos conversando e decidimos nos casar. Não que não pudéssemos viver o resto de nossas vidas sem o outro. Era apenas algo a ser feito. Não éramos um casal que andava por aí chamando um ao outro de "amor" ou "querido", "querida". O casamento simplesmente surgiu na conversa; não houve uma proposta. Acho que concordei esperando que Chris preenchesse o vazio deixado pelo falecimento do meu pai. Se meu pai estivesse vivo, nunca teria concordado com o casamento.

O casamento foi em Lake Tahoe, em Nevada, em 1988. Só convidei minha mãe, Sharon Osbourne e alguns de meus amigos mais próximos.

Pouco antes do casamento, o namorado da minha melhor amiga me perguntou: "Lita, você está apaixonada por Chris?".

"Não", respondi.

"Então por que você vai se casar com ele?"

Eu estava tentando preencher um buraco no meu coração.

Claro que casar com Chris não preencheu meu coração. Na noite em que nos casamos, Chris conheceu um estranho no bar e passou a noite inteira conversando com esse bêbado. Eu o deixei no bar bebendo. Era como se nosso casamento fosse uma espécie de jogo. No hotel, fui ao quarto da minha amiga e fiquei com ela. Na manhã seguinte, encontrei minha mãe no corredor. Ela disse: "Lita, onde você estava?".

"Eu só estava pegando um café", falei para ela.

Mas ela sabia que eu não tinha dormido com Chris naquela noite. E nós duas sabíamos que eu havia cometido um erro.

ANTES DA MORTE do meu pai e do meu casamento com Chris em 1988, levei minha mãe e minha tia Livia para ver os shows da turnê New Jersey Syndicate, do Jon Bon Jovi, na Itália, e foi emocionante. Jon e eu éramos amigos desde a minha época de *Out for Blood*, e pensei que estaria em boas mãos na estrada com ele. No fim de 1988, a turnê durou oito semanas pela Europa. Meu objetivo era reunir as três irmãs e, como minha tia Rosetta morava em Roma, poderia fazer isso. Elas estavam envelhecendo, e eu sabia que era uma questão de tempo até não poderem se reunir de novo. Minha tia Livia era a mais nova das três irmãs e seria a primeira a falecer, dois anos mais tarde. Todas as noites antes do show, ela dizia para mim e para a banda: "Arrasem!".

A turnê New Jersey Syndicate foi uma das maiores na época. Nossas bandas se encaixavam perfeitamente. Jon foi muito legal e atencioso e estava sempre perguntando se eu precisava de ajuda com os monitores ou com qualquer outra coisa. Claro que eu estava cheia de seguir os conselhos dele depois do incidente com Lance Quinn.

A banda de Jon tinha aprendido algumas músicas dos Beatles para a turnê, então, se celebridades aparecessem, elas seriam convidadas a se levantar e improvisar com a banda de Jon. Num show na Wembley Arena, ele convidou Elton John, Brian May, do Queen, e Rick Allen, do Def Leppard, para tocar "Come Together". Fui correndo para os bastidores e pedi para o meu colega de banda Steve Fister me mostrar as partes de guitarra daquela música. Então voltei correndo para o palco. Jon me pegou e me balançou em seus braços na frente de uma Wembley Arena lotada. Eu estava de minissaia. Sussurrei no ouvido de Jon: "Estou sem calcinha". Jon rapidamente me colocou no chão como um cavalheiro faria, e eu ri e me afastei para pegar minha guitarra.

Fomos para os nossos lugares no palco: Sir Elton John estava nos teclados, Rick Allen, na bateria, Brian May e eu, nas guitarras, e Jon, no microfone. Que momento surreal quando todos nós começamos a tocar. Foi uma explosão e uma das melhores noites da minha vida e carreira.

Em outra parada da turnê, meu baterista Charlie Dalba improvisou tocando comigo, com Bon Jovi e os Scorpions. Nessa mesma noite, fomos para um after-party onde encontrei o lendário guitarrista cego Jeff Healey pela primeira vez. Ele estava sentado num canto tomando canja de galinha. Ele se levantou e foi até onde estava a comida e comia de bandejas descartadas de todos os outros. Peguei sua canja de galinha e entreguei a ele uma garrafa de champanhe. "Aqui, em vez de canja, tome isso."

Jeff e eu nos embebedamos juntos com uma garrafa de champanhe e ele disse: "Vamos sair daqui".

"O que você quer fazer?"

"Vamos até o meu quarto e pedir serviço de quarto."

Tentamos pedir comida e nos disseram que teríamos de descer até a recepção e pegar um cardápio. Jeff me levou até os elevadores e sabia a localização de tudo, o que me impressionou na época. Chegamos à recepção e o cara que trabalhava lá perguntou: "Gostaria de ver um menu?".

Jeff estava completamente bêbado e gritou: "Porra, sou cego! Você está de brincadeira comigo?". Rimos histericamente. Voltamos para o quarto dele e pedi comida para nós. Nunca me esquecerei de como Jeff me serviu vinho – ele não derramou uma gota. Foi incrível vê-lo. Comemos e depois voltamos para a festa. Meu braço estava em volta do braço dele e eu estava conduzindo Jeff em direção à festa, mas percebi que a festa era no andar de baixo, e não no de cima. "Ei, Jeff, a festa é aqui embaixo." Sem perceber, tropeçamos nos pés um do outro, rolamos escada abaixo e caímos direto na festa dos Scorpions. Na mesma festa, Charlie Dalba ficou com uma loira linda. Mais tarde, ela lhe disse que tinha ido à festa com Richie Sambora. Acontece que Charlie acabou ficando com a garota dele sem saber disso! No dia seguinte, Richie estava chateado com Charlie. Ops!

Eu sempre viajava com a minha banda no ônibus da turnê e ficávamos nos mesmos hotéis. Os integrantes eram uma família para mim. Também havia contratado um tecladista para a turnê, Martin Gershwitz, um ser humano maravilhoso. Ele era muito europeu, com cabelos longos e sotaque alemão. Era uma alegria tê-lo por perto, mas sempre zombávamos dele porque ele não gostava muito de higiene pessoal. Deus o abençoe e eu o adoro muito, mas ele era um cara fedorento. De vez em quando, um de nós comprava para ele uma lata de Lysol, enxaguatório bucal ou desodorante de presente. Uma vez havia uma abelha no ônibus da turnê e eu usei o spray de cabelo Aqua Net que compramos para Martin como um maçarico para matá-la. O motorista do ônibus não ficou muito impressionado comigo.

Nosso baterista Charlie tinha uma câmera de vídeo e filmava tudo o que fazíamos – no ônibus, na passagem de som, em qualquer lugar – e gravava muitas memórias lindas em fitas. Num show, um dos seguranças do Bon Jovi entrou no nosso camarim enquanto tocávamos nosso set e pegou a câmera de Charlie. Durante a passagem de som naquele dia, Charlie estava filmando enquanto eles testavam o equipamento que Jon usava para se amarrar no palco e girar sobre o público. Os seguranças pensaram que ele fosse vender a filmagem, então pegaram a câmera dele e apagaram a filmagem. Eles também iam ficar com a câmera. Jon se aproximou e disse: "Você não ia vender isso, ia?".

"Não, cara. Só quero ficar com isso para mostrar para os meus filhos algum dia!", respondeu Charlie.

Jon Bon Jovi se virou para o segurança e disse: "Cara, devolve a câmera para ele. Ele não vai vender nada". Charlie achou que, para um megastar como Jon, foi uma atitude bem prática.

Tommy, nosso baixista, gostava de correr pelo palco inteiro. Bon Jovi e sua equipe nunca orientaram Tommy sobre o que não tocar ou onde não subir quando estivesse no palco, ao contrário de quando abrimos o show para Ted Nugent. A equipe do Motor City Madman queria saber onde você ficaria no palco e não queria que colocássemos nossos pés nos monitores. Nunca disse à minha banda o que fazer no palco ou onde ficar. Às vezes, isso significava esbarrarmos uns nos outros, como na vez em que Tommy estava enlouquecendo no palco e não percebeu que eu estava ao lado dele até que ele se virou e acertou minha perna com mão de seu baixo Fender P. Aparentemente berrei quando ele me acertou, mas Tommy só lembrava que, no dia seguinte, eu tinha quatro hematomas na perna – das quatro tarraxas de seu baixo P.

Quando chegamos a Paris, Jon e eu conseguimos sair juntos. Jon disse: "Lita, essa noite eu vou levar você aonde você quiser". Um dos meus lugares favoritos em Paris era o clube de strip Crazy Horse. É um clube burlesco de alta classe cuja entrada precisava ser reservada com meses de antecedência, mas como se tratava de Jon Bon Jovi e Lita Ford, entramos direto.

Coloquei meu vestido preto de renda favorito e sapatos pretos de salto alto e enrolei meu cabelo, e Jon estava vestido com um terno cinza prateado, que complementava seus olhos claros. Ele estava lindo e tinha um cheiro muito bom. Jon alugou uma limusine para podermos beber sem nos preocupar em dirigir. Primeira parada: o Crazy Horse. Bebemos champanhe, mais champanhe e *mais* champanhe. Ficamos horas no Crazy Horse vendo as garotas dançarem. Elas eram gostosas! Foi excitante, confesso.

Então Jon disse: "Vamos comer alguma coisa". Já estávamos bêbados e o vestido que eu estava usando era justo. Não havia espaço para uma grande refeição. Comemos alguns petiscos e bebemos doses de tequila até o fim do jantar.

Depois de detonar em Paris, voltamos para o hotel do Jon. Tirei meu vestido e pedi um moletom para o Jon. Já eram 5h da manhã e eu precisava voltar para o hotel. Chris geralmente me ligava por volta das 6h da manhã, então eu queria estar lá para falar com ele quando o telefone tocasse no meu quarto. Agradeci Jon de várias formas, então saí para pegar um táxi vestindo seu moletom. Ele era muito atencioso e gentil. Assim que entrei pela porta do meu quarto, o telefone estava tocando. Corri para atender. Era o Chris. Ufa. Timing perfeito.

No dia seguinte, Sharon ficou me perguntando: "Qual o cheiro dele?". Não consegui descrever, então fomos a um shopping e procuramos na seção de colônias masculinas uma que tivesse o cheiro do Jon. Nunca achamos.

ESTÁVAMOS FAZENDO SHOWS, divulgação na imprensa, indo a rádios, sessões de fotos e viajando de um país para outro. Eu me sentia exausta na metade do tempo. Perguntei a Sharon se poderia descansar um dia. Ela me disse: "Se você não aguenta a pressão, dê o fora da indústria da música!". Era algo desagradável para minha empresária falar para mim. Eu não sou de reclamar, ela sabia disso. Eu só estava pedindo um dia de descanso, mas ela recusou.

Naquela noite, chegamos em Munique, na Alemanha, onde ficava a sede da minha gravadora, BMG (Bertelsmann Music Group). Eu me arrastei para o meu quarto de hotel depois de chegar exausta do aeroporto. Tínhamos acabado de encerrar a etapa alemã da turnê e precisávamos estar perto do aeroporto para ir embora bem cedo na manhã seguinte. Eu só pensava em dormir. Logo depois de chegar ao hotel, alguém bateu à porta. Um homem com um enorme arranjo de lindas flores brancas estava parado lá. Dei uma gorjeta ao cara e ele deixou as flores no quarto. Li o bilhete que acompanhava as flores: "Lita, bem-vinda a Munique. Esta noite vamos levá-la ao seu restaurante favorito". Estava assinado por todos os executivos da BMG.

Para dizer a verdade, eu precisava muito dormir e, se não descansasse, sabia que ficaria doente. Meu sistema imunológico estava zerado, mas como você recusa um convite da sua gravadora? Liguei para eles para tentar explicar que essa era minha única noite de folga e que adoraria ir, mas precisava muito dormir.

"Não, não, não, Lita. Você está na Alemanha. Precisamos sair com você essa noite. Vou mandar um carro para você às 20h." *Clique*. O cara desligou. Ah, céus. Eu mal conseguia andar de tão acabada e cansada. Como é que eu conseguiria fazer isso?

Eram 20h. Escolhi o mesmo restaurante a que tinha ido antes, então estava familiarizada com ele. Entrei e fui saudada por todo o departamento de relações com artistas. Eles foram muito gentis e amigáveis. Pedi um refrigerante, mas eles não gostaram de me ver bebendo refrigerante, então cedi e pedi uma dose de tequila, na esperança de matar a dor de estar exausta. Me deram tequila branca, que eu nunca tinha bebido. Tinha gosto de nitroglicerina! Nossa. Isso ia ficar interessante.

Depois de tomar algumas doses dessa bebida, eu estava arruinada. Falei para o representante de artistas da BMG: "Por favor, me tire daqui. Agora!". Ele podia ver nos meus olhos que eu não estava nada bem. Ele me segurou por baixo de um braço enquanto outro representante me segurou por baixo do outro braço, e nos dirigimos para a porta da frente.

Lembro que meus pés se arrastavam atrás de mim.

Os representantes da BMG me levaram de volta ao hotel. Estar no carro em movimento fazia minha cabeça girar. Nem consegui fazer meu pedido no restaurante. Eu estava muito envergonhada.

Quando voltei para o hotel, corri direto para o vaso sanitário e vomitei várias vezes. Claro, tive intoxicação por álcool combinada com exaustão, mas tinha um voo para a Itália na manhã seguinte às 6h e não dava tempo para fazer muita coisa sobre a minha situação. O telefone tocou na manhã seguinte. Era minha mãe. Ela estava tão animada por mim, por eu estar indo para a Itália: o país dela. Falei para ela como eu estava cansada e enjoada por conta da noite anterior. Ela disse: "Mas, Lita, você está indo para a Itália. Vou pedir um suco de laranja e um café da manhã". Antes que eu pudesse dizer não, ela desligou. Liguei para ela e disse: "Mãe, não consigo comer. Vou vomitar". E então vomitei mais um pouco.

Logo eram 6h da manhã. Eu ainda estava com as calças de couro da noite anterior. O restante das minhas roupas estava espalhado por todo o meu quarto. Maquiagem em todo canto. As minhas malas não estavam nada prontas! Sharon mandou sua assistente Lynne para me ajudar. Sempre que me movia um centímetro, precisava vomitar. Lynne colocou minhas coisas no carrinho do mensageiro. Eu ainda estava abraçando o vaso sanitário. "Lynne", falei, "se eu me mexer, vou vomitar".

"Então, vomite", Lynne me respondeu.

Pedi a ela alguma coisa onde pudesse vomitar enquanto tentava passar pelo saguão. Eu sabia que não conseguiria percorrer todo o caminho até o carro. Ela me entregou um saco plástico. Fiz bom uso do saco no caminho entre o quarto e o carro enquanto cuidavam da conta. Entrei no táxi e fui para o aeroporto.

Quando chegamos ao aeroporto na Alemanha, tivemos de despachar nossas malas e depois pegar um ônibus que nos levou até o portão. Eu estava vomitando em todos os banheiros que via pela frente. A essa altura, eu estava ficando desidratada e sentia náuseas, mas consegui não vomitar no ônibus.

Claro que quando chegamos ao avião era um aviãozinho de hélice. Ah, merda! Que maravilha. Isso não ia ajudar. Eu me sentei bem no fundo, no último assento, para que ninguém pudesse me ver, e peguei um saco de enjoo do bolso do assento à frente. Eu ainda estava com náuseas e todos ficaram olhando para mim durante o voo inteiro.

Quando chegamos a Florença, na Itália, saí do avião e fui direto para o ônibus que nos levou até o terminal. Sharon e Lynne foram para a esteira de bagagem enquanto fui ao banheiro. De novo. Quando entramos no veículo, fechei os olhos, segurei minhas entranhas e consegui não vomitar durante todo o caminho até o hotel. Um feito.

Depois de chegar ao hotel, estava aliviada, mas exausta. Sharon bateu à porta do quarto e disse: "Como você está agora? Melhor?".

"Estou muito fodida."

"Bom. Você vai tirar fotos para a capa de uma revista italiana. Você tem uma hora e meia, então um carro vem nos pegar."

O quê? Meu Deus. Outro carro? Sério?

"Tudo bem, Sharon. Vou estar pronta", prometi. Não que eu tivesse muita escolha.

Quando chegamos ao estúdio fotográfico, todos estavam animados em nos ver. Eles me conduziram para o maquiador, então fiquei lá sentada, bebendo um refrigerante, tentando mastigar um Quarterão com Queijo. O maquiador me deixou linda. Uau, com certeza não me sentia tão bem quanto parecia. Eles colocaram Aerosmith para tocar e me senti muito melhor. Eu me entusiasmei com a música enquanto fotografávamos a capa dessa revista italiana. A sessão foi um sucesso. Foi um milagre.

Depois da sessão de fotos, fui fazer a passagem de som para um show naquela noite. Não há paz para os ímpios. Infelizmente, não consegui ver muito de Florença fora dos cartões-postais. Apesar disso, minha mãe me ensinou a dizer "Boa noite, Florença!" em italiano para o público: *"Buona sera, Firenze!"*. Eles enlouqueceram e nós fizemos com que eles se agitassem bastante. Eu estava acabada, mas ainda assim arrasei. Ah, os poderes mágicos de um Quarterão com Queijo. Algumas coisas nunca mudam.

NO FIM DA TURNÊ EUROPEIA, houve uma grande festa. Jon tinha sessenta e três pessoas em sua equipe. Não fui, porque não sou boa com despedidas. Enviei um bilhete para ele que dizia: "Sempre haverá um lugar para você no meu coração. Beijo e abraço, Lita". Logo depois dessa turnê, Jon acabou se casando com sua namorada. Fiquei muito feliz por eles e desejei o melhor para eles.

Voltei para casa com a companhia aérea Pan American, do aeroporto Heathrow de Londres. Por algum motivo, houve uma mudança de última hora e trocamos de portão. Não pensei nada sobre isso no momento . Uma limusine me pegou no Aeroporto Internacional de Los Angeles

LITA

e, assim que entrei em casa, liguei a televisão e vi que um jumbo que voava de Heathrow com destino a Nova York havia caído em Lockerbie, Escócia. Todo mundo morreu. O avião havia saído do portão onde eu pegaria o voo antes da mudança. *Meu Deus. Poderia ter sido o meu avião.* Eu me perguntei se Jon ou algum membro de sua equipe estava naquele voo (felizmente não estavam). Caí de joelhos e comecei a chorar, horrorizada.

AO VOLTAR PARA CASA da Europa depois da turnê do Bon Jovi, eu estava com jet lag e meu sistema estava tão desordenado que resolvi ir para a casa da minha mãe por alguns dias para ter uma refeição caseira e descansar um pouco.

Depois de um dia em casa, falei para minha mãe que estava com alguns problemas de estômago, provavelmente por causa do jet lag.

"Mãe, não consigo ir pro banheiro."

"Lita, qual o problema com você?"

"Não vou pro banheiro há três dias e meu estômago dói."

"Ah, Lita, vou pegar o óleo de rícino para você", disse ela com seu sotaque italiano. "Você vai pro banheiro amanhã de manhã."

Tomei o óleo de rícino. Nada. Depois de um dia inteiro.

"Mãe, o óleo de rícino não funcionou."

"Ah, Lita, vamos pegar o Ex-Lax para você."

A essa altura, eu estava no quinto dia.

Tomei o Ex-Lax e nada aconteceu.

"Mãe, não está acontecendo nada. Estou com toda a Inglaterra, Irlanda e Alemanha dentro de mim e me sinto péssima."

"Ai, Cristo, Lita, vamos ter que pegar uma dinamite pra você."

Então fui à loja de produtos naturais e comprei o chá Smooth Move e o preparei usando quatro saquinhos em vez de um. Era muito forte. No dia seguinte, nada ainda.

"Mãe, preciso ir pro banheiro. Sinto que vou morrer. O que faço?"

Eu estava em Long Beach e tinha uma reunião em Hollywood na hora do almoço. Eu estava presa no rush do meio-dia na rodovia 101, me movimentando a três quilômetros por hora na via rápida, quando senti toda a Inglaterra cair no meu intestino delgado.

"Puta merda! Preciso cagar e preciso cagar agora!"

Consegui sair da rodovia e o único lugar que pude encontrar foi um hotel minúsculo. Passei voando pela recepção gritando: "Onde fica o banheiro?".

Entrei no banheiro e estava cagando a Europa inteira enquanto segurava a cordinha do meu absorvente interno. De repente, percebi que havia alguém olhando pela fresta do box do banheiro.

"Pode me dar licença?"

"Por favor, você é a garota que canta 'Kiss Me Deadly'?"

"Sim, sou eu. E se você me esperar no saguão, vou dar o que você quiser", respondi em pânico, minha voz falhando.

"Minha filha adoraria um autógrafo seu. Ela ama você."

"Ah, que bom. Já dou um autógrafo para você."

Fiquei sentada lá por cerca de dez a quinze minutos e depois saí e dei um autógrafo a ela, mas senti que carregava o cheiro comigo. Deus, os luxos da turnê.

Sharon nos deu uma bela festa depois que voltamos da turnê do Bon Jovi. Ela tinha uma linda casa antiga, construída nos anos 1800, com uns vinte e quatro quartos. Ela tinha uma tenda e recebeu Bon Jovi, a mim e nossas equipes. Havia bateria e amplificadores configurados e todos nós improvisamos; o baterista do Jon, Tico Torres, ficou tão bêbado que caiu de costas nos monitores e na bateria. Todo mundo se divertiu muito.

ANTES DA TURNÊ DO BON JOVI, estávamos abrindo os shows para o Poison em sua turnê pelos Estados Unidos para divulgação do álbum *Open Up and Say... Ahh!* Fiquei na minha nessa turnê e não fui muito amigável com os caras do Poison pela forma como eles tratavam as mulheres na época. Isso me afastou, embora a turnê tenha sido incrível.

Durante o show, eles faziam com que um dos assistentes da equipe escolhesse mulheres da plateia e, depois do show, eles as levavam para uma sala nos bastidores. A banda ia para a sala e escolhia com qual mulher gostariam de passar a noite. As outras mulheres eram oferecidas aos assistentes da equipe, para uma "segunda colheita", ou mandadas embora. Eu odiava isso e não queria ter nada a ver com esses caras por causa disso. Era nojento. As mulheres provavelmente pensavam que estavam indo para uma festa, mas eram apenas pedaços de carne para a banda e a equipe naquela noite. Era um jogo para eles. Era degradante para as mulheres em geral, e me perturbava ver outras mulheres sendo tratadas como umas cabeças de gado de merda.

Nunca festejei com eles nem entrei no ônibus deles. Chris foi comigo a alguns shows, então eu ficava principalmente com ele e minha banda. A parada final da turnê foi em Dallas. No último dia da turnê, a banda principal costuma pregar uma peça na outra banda. Naquela noite, bem no meio da minha apresentação, vi algo descendo das vigas. Olhei com mais atenção e vi que era meu roadie e um dos meus melhores amigos, Roger. Ele havia sido preso com fita adesiva do tipo silver tape a uma cadeira e estava pendurado nas vigas. A multidão começou a aplaudir. Comecei a rir, embora estivesse muito chateada. Continuei tocando. Em seguida, outro roadie desceu das vigas. A equipe do Poison começou a jogar tortas na banda. Steve e Martin foram atingidos, mas Tommy conseguiu se esquivar de todas as tortas que jogaram nele. Durante "Kiss Me Deadly", eles derramaram um enorme saco de farinha sobre Charlie e sua bateria. Ele moveu o equipamento de bateria e colocou todo o praticável para a frente. A multidão aplaudiu mais alto. O Poison estava estragando nosso show. Então, um dançarino surgiu do nada e começou a me encoxar; de repente, um balde de chantili foi virado sobre mim. Foi isso. Eu estava puta da vida. Esses caras não me conheciam. Eles não eram meus amigos. Não saíamos juntos. Quem diabos eles pensavam que eram?

Eu estava usando o microfone sem fio de Bret Michaels naquela noite porque o meu não estava funcionando. Eu o segurei, pronta para jogá-

-lo em alguma coisa. Eu não queria jogá-lo no público para não acertar ninguém, então o joguei o mais forte que pude por cima da bateria. Ele atingiu o topo da cortina de fundo e caiu no chão. O cara do som não conseguiu encontrá-lo, porque não sabia onde eu o tinha jogado, e tudo o que ele conseguia ouvir eram pessoas andando de um lado para o outro, porque o microfone ainda estava ligado. Então pulei para fora do palco e entrei no fosso da orquestra. Corri para a lateral do palco porque o público estava bloqueado. Na lateral do palco, vi todos os teclados do Poison alinhados, polidos e limpos e prontos para entrar no palco. Os equipamentos valiam milhares de dólares e tinham todos os backing tracks. Eu os chutei, um a um, para os ares, destruindo pedaços de suas teclas e apagando os backing tracks. Em seguida, vi as guitarras de C.C. DeVille todas alinhadas, limpas e polidas. "Amarrar minha equipe de estrada", murmurei baixinho. "Quem você pensa que é?" A italiana em mim estava vindo à tona. Eu estava furiosa, meu sangue estava fervendo, e eu já estava agitada por conta do show.

Fui até as guitarras de C.C. Achei que, se chutasse a primeira, talvez isso desencadeasse um efeito dominó e todas cairiam. Levantei minha bota, pronta para chutar a primeira guitarra, quando senti dois grandes braços me envolvendo por trás. Eles estavam segurando meus braços e me levantaram para que meus pés não tocassem o chão. Era o gerente de turnê do Poison, um cara de mais de um metro e noventa. Ele me carregou da esquerda para a direita do palco, onde estavam os ônibus. No caminho, consegui soltar um dos meus braços. Assim que passamos por Bret, dei um soco em sua mandíbula. "Foda comigo e com a minha equipe, Bret", gritei. "Eu fodo você!"

O gerente da turnê me levou de volta para o ônibus onde Chris estava acordando e não tinha a menor ideia do que estava acontecendo. Ele viu que eu estava de mau humor e disse: "Qual o seu problema? Você está com um pouco de chantili por cima?". Dormi no ônibus naquela noite, sem ter onde tomar banho nem hotel onde pudesse me limpar. Me senti um pouco feliz com o fato de o show do Poison ter atrasado uma hora e meia por causa dos backing tracks com problema. Na manhã seguinte, Chris disse: "Credo, você está cheirando a leite azedo". *Não me diga!* Obrigada.

DOIS ANOS DEPOIS, eu estava saindo de um estúdio de gravação em West Hollywood. No escuro, vindo do estacionamento, pude ver uma sombra familiar caminhando em minha direção. Quando a pessoa se aproximou um pouco mais, percebi que era Bret. Eu não o via desde aquela noite no Texas. Como eu lidaria com isso? Eu não precisava virar para lado nenhum. Merda. Tínhamos de passar um pelo outro. Conforme nos aproximávamos, dei um passo para o lado e fiquei na frente dele. Ele olhou para o chão. Estendi a mão e disse: "Sem ressentimentos?". Ele olhou para mim, sorriu, apertou minha mão e disse: "Sem ressentimentos". Nós dois rimos e fomos cuidar dos nossos negócios. Anos depois, em 2012, faríamos turnê juntos de novo, desta vez com Def Leppard.

CAPÍTULO 11

"LISA"

> Lisa, Lisa, say you're gonna live forever,
>
> Only you know who I am,
>
> Only you really understand.
>
> [Lisa, Lisa, diga que você vai viver para sempre,
>
> Só você sabe quem eu sou,
>
> Só você entende de verdade.]
>
> — "Lisa"
> (Letra escrita por Lita Ford e Michael Dan Ehmig)

NO FIM DA DÉCADA DE 1980, COLOCAR UMA MULHER SOZINHA NA CAPA DE UMA revista de rock ainda era algo inédito. Para seu crédito, Jerry Miller, que dirigia a revista *Metal Edge*, me colocava na capa o tempo todo, mas sempre ao lado de muitos caras, às vezes vinte ou trinta. Então surgiu meu querido amigo Lonn. Nós nos conhecemos quando ele era editor sênior da revista *Hustler*; Lonn me entrevistou para um artigo para a seção de música dessa revista. (É, a revista não tinha só fotos de nudez.) Depois de sete anos na *Hustler*, ele saiu para ser editor da revista *RIP*, uma das principais publicações de hard rock/heavy metal dos Estados Unidos. Lonn tinha um background em pornografia e sexualidade. Larry Flynt, o dono do império pornô da *Hustler*, disse a ele: "O rock'n'roll vai e vem, mas o sexo sempre vende". Por ter passado pela *Hustler*, Lonn sabia o impacto que uma foto de capa de primeira teria no mundo do rock. Assim, em outubro de 1988, na primeira edição de Lonn como editor da revista, a *RIP* me colocou na capa com uma calça de couro bem justa e salto alto, segurando uma linda guitarra preta, sob o título: MATÉRIA DE CAPA EXCLUSIVA: LITA FORD CRESCEU (UAU!). Isso definitivamente quebrou o gelo. Mandou bem, Lonn!

Naquela época, os homens se pareciam mais com mulheres do que as mulheres propriamente ditas. Tudo estava se tornando andrógino, então Lonn disse que "fazia sentido colocar mulheres com talento e credibilidade na capa. Elas merecem tanto barulho quanto os homens". Foi algo inovador e alguns meses depois ele voltou a misturar as coisas quando me colocou com Doro Pesch na mesma capa. Doro é uma cantora de hard rock alemã com um grande coração, uma pessoa maravilhosa. Ela me deu um perfume de presente quando veio para a sessão. Fiquei muito lisonjeada. Foi uma sessão de fotos mágica e essa edição foi a campeã de vendas em 1989. Ela foi uma declaração sobre a importância de permitir que as mulheres competissem em pé de igualdade no rock'n'roll. A testosterona era tão pesada na época que você precisava ter coragem ou um histórico para entrar na conta. Lonn Friend parecia ser um dos poucos que entendiam isso. Lonn disse: "O que é melhor do que uma loira gostosa com uma guitarra? Duas loiras gostosas na capa da *RIP*!".

Lonn fez da *RIP* uma revista especial. Os fãs de rock ansiavam por ela todos os meses. Então, no início de 1989, Lonn me disse: "Você acha que sua mãe gostaria de escrever uma coluna de conselhos?".

Respondi: "Você quer dizer tipo 'Querida leitora', 'Querido leitor'?".

Lonn respondeu: "Sim, é isso!".

Claro, por eu ter crescido com as Runaways, minha mãe era a pessoa certa para o trabalho. Ela conhecia todo mundo da indústria da música quando as Runaways se desfizeram. Então fizemos a coluna acontecer – ela se chamava "Querida Mama Ford". Fãs escreviam e Lonn encaminhava as cartas para minha mãe pelo correio. As pessoas enviavam perguntas sobre relacionamentos, drogas, música, homossexualidade, tatuagens, música e vários outros tipos de tópicos. Às vezes minha mãe ficava em-

"LISA"

perrada em algo e me ligava. Ela dizia: "Lita, o que eu digo a essa pessoa? Fazem isso mesmo, Lita?".

Haha! "Sim, mãe, fazem isso!"

"Ah, tudo bem, então." Ela era paga semanalmente e isso a ajudava a esquecer que meu pai havia partido. Meu pai havia falecido em janeiro do ano anterior, então, "Querida Mama Ford" era uma coisa muito legal para ela e para a revista.

MEU ÁLBUM *Stiletto* foi produzido novamente por Mike Chapman e lançado em maio de 1990. A capa foi fotografada por Herb Ritts, que fotografou ícones como Madonna, Michael Jackson, David Bowie, Nicole Kidman, Tom Cruise, Michael Jordan, Cindy Crawford, Elizabeth Taylor, Richard Gere e muitos outros. No entanto, se você olhar, não encontrará o nome dele nos créditos. Na época, ele não queria ser associado ao rock pesado. Não gostei mais dele depois disso. Pagamos a ele MUITO dinheiro pelo que ele fez. E, na minha opinião, ele achava que seus talentos eram mais especiais do que eram na realidade.

Holly Knight, conhecida por escrever alguns dos maiores sucessos de Tina Turner, Aerosmith, Pat Benatar, Heart's e John Waite, coescreveu a faixa-título comigo. Trabalhar com Holly Knight foi uma honra absoluta. Ela é uma ótima escritora e ainda melhor como pessoa. Continuei amiga dela e fui a dama de honra em seu casamento. Perguntei a ela se eu poderia levar meu marido, Chris, comigo, e Holly disse: "Ele precisa se comportar da melhor forma ou não pode vir".

Eu disse a Chris: "Holly disse: 'Vista um terno e não fique bêbado!'".

Chris ouviu cada palavra que Holly disse. Ele foi um cavalheiro completo naquela noite, e eu estava orgulhosa dele. Minhas expectativas eram muito baixas!

"Dedication" é uma música escrita por Mike Chapman. Foi basicamente escrita com dois acordes. Isso nos forçou a dar dinâmica à música sem mudar a estrutura dos acordes, o que deu muita atitude a ela.

"The Ripper" era a música que eu queria escrever com veneno. É rápida e agressiva – uma música para guitarra de verdade. Eu tinha em mente todas as vezes que me disseram "não saber o que fazer comigo". Pensei: *Quem disse que garotas* não sabem tocar guitarra? Isso me deu o ânimo de que eu precisava para tocar o solo. Bebi meio litro de Jack Daniel's e toquei esse solo com muita agressividade. O uísque definitivamente ajudou com a atitude. Acho que é um dos meus solos favoritos de todos os tempos: ele leva você a um lugar diferente.

A CINEASTA PENELOPE SPHEERIS contatou Chris para que ele fosse uma das estrelas do rock a ser entrevistada para o seu documentário de 1988, *Os Anos do Heavy Metal – O Declínio da Civilização Ocidental*. Ela usou Chris para uma cena infame, filmada perto de uma piscina, onde ele derrama uma garrafa de quase dois litros de vodca no rosto, enquanto a mãe dele olha e declara com orgulho: "Eu sou uma verdadeira alcoólatra". Eu estava lá, vendo-a gravar, pensando: *O que ela está filmando?* Ele estava se apresentando para a câmera, dando a Spheeris o que ele achava que ela queria. Foi algo horrível para se fazer com Chris; isso o fez parecer patético. Tenho certeza de que ela não pensou por um segundo que isso ajudaria a destruir a carreira dele, mas, na minha opinião, ajudou.

Chris e eu costumávamos ter algumas discussões intensas, mas tolas. Um dia, ele chegou em casa bêbado e arrogante e nossa discussão ficou acalorada. Eu estava muito brava. Levei uma de suas guitarras favoritas para o meio da rua e a quebrei em pedaços. Chris não teve dificuldade em aceitar o incidente.

"Onde está minha guitarra?", perguntou ele.

Ah, sim! Estava na rua, estava no lixo, estava na garagem... estava em toda parte.

"Os captadores ainda funcionam?", perguntou ele com uma voz monótona.

"Não sei. Provavelmente sim."

"LISA"

Eu tinha uma Stratocaster que Yngwie Malmsteen me deu durante a turnê. Era uma guitarra vintage branca/amarela desbotada com uma escala de ébano escalopada. Pouco depois do incidente com a guitarra quebrada, minha linda Strat desapareceu num passe de mágica. Eu me pergunto onde ela foi parar. Chris disse que não foi ele.

MINHA MÃE era uma das melhores mulheres do mundo, até onde sei. Uma dama. Ela falava italiano fluentemente; nunca falava palavrões, fumava ou tomava muita bebida alcóolica, e nunca se vestia com roupas provocantes. Ela era sempre gentil com as pessoas, não importando se ela gostava delas ou não. Se as pessoas eram pretas ou brancas, drogadas ou caretas, meus pais não se importavam. Minha mãe era um diamante. Ela era muito linda por dentro e por fora. Aonde quer que ela fosse, as pessoas se apaixonavam por ela. Depois da morte do meu pai, ela ia a todos os lugares comigo. Durante os meses seguintes, eu ligava para minha mãe e dizia: "Mãe, me encontre no Aeroporto de Los Angeles. Leve uma amiga. Amanhã vamos para Roma". Ou Nova York. Ou Texas. Sempre íamos para algum lugar. Ela não queria ir para casa. Eu a levei ao New York City Music Awards, em Nova York, onde fui convidada para ser apresentadora. Todas as maiores estrelas estariam lá, incluindo Tina Turner, Keith Richards, Little Richard etc. Eu sabia que minha mãe ia gostar de vê-los.

Estavam arrumando meu cabelo e me maquiando; eu estava me preparando para subir ao palco para entregar o prêmio. Minha mãe estava cansada de me esperar. Ela disse: "Lita, vou dar uma volta e falar com alguns dos convidados enquanto você termina de se arrumar".

"Tudo bem, mãe. Vou ficar pronta logo e encontro você", respondi.

Bem, eu não fiquei pronta logo. Meu cabelo era uma produção, minha maquiagem precisava estar perfeita e minhas roupas eram o mais justas possível, então foi um processo entrar nelas. A coisa toda levou algumas horas.

Quando finalmente terminei de me arrumar, fui procurar minha mãe. O show estava começando e eu precisava saber se ela estava bem, onde ela se sentaria etc.

Andei pelos bastidores e não conseguia encontrá-la. Procurei em todos os lugares. Por fim, eu a encontrei sentada num sofá nos bastidores com um cara. Fui até eles e minha voz falhou de nervosismo quando gritei: "Mãe!".

Ela olhou para cima, me viu parada ali e disse: "Ah, Lita! Eu estava conversando com Dave. Ele queria um suco de laranja". Ela estava com David Bowie! Meu Deus do céu. *Boa escolha, mãe*, pensei.

Eu sabia que David Bowie fazia com que ela se lembrasse do meu pai. Ele era bonito e charmoso e tinha aquele sotaque britânico. Seus olhos azuis eram parecidos com os do meu pai também. Apertei a mão dele e ele olhou para mim da cabeça aos pés. Ele virou para minha mãe e disse: "Essa é a sua filha?".

"Sim, Dave. Essa é a Lita", minha mãe respondeu com seu sotaque italiano. Ela era uma mãe orgulhosa.

"Você sempre deixa ela se vestir assim?"

"Sim, Dave", respondeu ela. "Isso é rock'n'roll."

Eu disse: "Oi, David, prazer em conhecê-lo". E depois: "Vamos, mãe. Tenho de apresentar o prêmio em breve". Minha mãe apertou a mão de David Bowie e disse: "Foi maravilhoso conhecê-lo, Dave".

Enquanto nos afastávamos, falei para minha mãe: "Você tem um gosto incrível para homens!".

"Por quê, Lita?", perguntou ela, sem saber nada sobre David Bowie.

O show estava começando e não tive tempo para explicar. "Apenas acredite em mim, mãe."

Ela sorriu.

UM DIA EM 1988, recebi um telefonema da melhor amiga da minha mãe, Jaylee. Ela me disse: "Você precisa vir ver sua mãe agora". Quando entrei, perguntei para minha mãe o que havia acontecido. Ela me disse que esta-

"LISA"

va voltando do trabalho para casa e, de repente, não conseguia enxergar bem e parou na beira da estrada. Ela bateu à porta de um estranho e pediu para usar o telefone para ligar para Jaylee vir buscá-la. Minha mãe teve uma crise de ansiedade causada pela morte do meu pai. Depois disso, ela nunca mais dirigiu e não voltou a trabalhar. Esse foi o começo do fim para ela, infelizmente.

Seu câncer havia se espalhado. Achei que eu fosse enlouquecer. Saí e fiz algo que nunca tinha feito: fiz uma oração e pedi a Deus para ajudá-la, para deixá-la viver por mais três meses. *Não a tire de mim ainda.* Achei que não era pedir muito. Três meses! *Obrigada, Deus, por ouvir minhas orações.* Eu me mudei com a minha mãe para a casa em Long Beach, onde cuidei dela. Chris descia de vez em quando. Minha mãe odiava a bebedeira do Chris. Contratei uma enfermeira profissional para cuidar dela quando eu não podia estar lá.

Quando soube que minha mãe foi diagnosticada com câncer de mama, quis dar um presente para ela. Muitas pessoas escrevem uma música para seus entes queridos depois que eles morrem, mas eu queria terminá-la enquanto ela ainda estava viva. Eu queria dar a ela algo que ela pudesse assistir sendo feito e gravado, que ela pudesse levar para mostrar para os seus melhores amigos: algo para tirar os pensamentos das coisas horríveis que estavam acontecendo com ela, sem mencionar a recente perda do meu pai.

Decidi escrever uma música chamada "Lisa" para ela. Quando minha mãe se mudou para os Estados Unidos, ninguém sabia dizer seu nome verdadeiro, Isabella. Então as pessoas a chamavam de Isa para abreviar. Jaylee, que era do Texas, apelidou minha mãe de Lisa Jean, o que era louco porque ela tinha um forte sotaque italiano.

Era uma música muito difícil de escrever. Como você usa caneta e papel para criar uma música para sua mãe que está morrendo? Escrevi a parte da guitarra primeiro. É uma progressão acústica intrincada que parecia um presente de Deus. Algumas das partes foram compostas nos bastidores, em uma das guitarras de Chris, enquanto o W.A.S.P. tocava no Hammersmith Odeon no fim de 1989.

Eu estava numa sessão de composição com um compositor chamado Mark Spiro, que escreveu "Bad Boy", do álbum *Stiletto*. Mark Spiro está representado em mais de cem milhões de discos no mundo inteiro, mas a música que escrevi com ele não foi a faixa que se destacou desse álbum. Na verdade, foi outra música que escrevi com Michael Dan Ehmig, que conheci na garagem de Mark Spiro. Quando topei com Michael Dan, senti como se o conhecesse durante toda a vida, como se ele fosse um irmão, embora tivéssemos acabado de nos conhecer. Acontece que ele assistiu a uma fita VHS minha depois desse primeiro encontro e contou ao seu pessoal de edição sobre essa "pessoa fenomenal que tem essa música ótima. Vocês acham que eu poderia escrever com ela?". Eles consentiram, e ele me ligou logo depois.

Atendi o telefone: "Michael Daaaaaaan! Não consigo parar de pensar em você!".

Eu me conectei com Michael na hora e falei para ele: "Quero escrever uma música sobre minha mãe". Eu já havia escrito um belo trecho de guitarra para a música.

"Bem, Lita, minha mãe e eu sempre fomos próximos, então eu sou o cara para isso."

Isso me tranquilizou, porque minha mãe e eu éramos as mais unidas que uma mãe e uma filha poderiam ser. Não éramos um clichê. Minha mãe e meu pai sempre foram meus maiores fãs durante toda a minha vida. A maioria das mães teria medo de ter uma filha em uma banda de rock, mas a minha, não. Eu não conseguia encontrar palavras para uma música sobre o quanto ela significava para mim, mas eu sabia no fundo do meu coração que Michael era o cara que poderia encontrar a linguagem certa. Eu podia sentir isso. Ele me perguntou sobre a minha mãe, e eu disse a ele todas as coisas maravilhosas em que pude pensar. Comecei a tocar a parte da guitarra para ele, e as palavras simplesmente surgiram. Não foi tedioso nem uma luta. Foi como mágica. Depois de escrever uma música como essa com alguém, você não diz adeus e vai embora. Você se torna parte da família. Pelo menos fizemos isso. "Lisa" se tornou minha balada

"LISA"

mais poderosa ao lado de "Close My Eyes Forever". Juntos, Michael e eu continuaríamos escrevendo alguns dos maiores sucessos da época. "Lisa" foi o começo de uma amizade para a vida e a música que minha mãe levaria para o túmulo.

"HUNGRY" FOI OUTRA colaboração com Michael Dan, e uma das minhas músicas favoritas desse álbum. Depois da mágica de criar "Lisa" juntos, eu disse a Michael Dan que queria escrever algo direto e sexual, como "I Want Your Sex", de George Michael, mas do ponto de vista de uma garota. Eu mal podia esperar para ver o que Michael Dan inventaria. Ele me enviou o primeiro verso da música e me disse depois que pensou que eu acharia horrível, mas eu adorei! Achei brilhante. Ele disse que estava assistindo ao *Dating Game* na TV e uma mulher descreveu seu par como alguém que "derreteu o nylon e o fez escorrer pela minha perna". Michael me disse: "Que tal você chamar de 'I'm Hungry for Your Sex'?". O título "Hungry" pegou, embora a música apresentasse alguns desafios para Michael, um mórmon devoto. Ele me disse que um cara de sua igreja foi até ele, colocou o braço em volta dele e disse: "Você sabe que alguns jovens da igreja realmente o admiram. Sobre o que é essa música 'Hungry'?".

"Há outra também, 'Cherry Red', que um dançarino do Chippendales de Las Vegas está dançando, então você pode muito bem comprar o álbum e ouvir tudo e decidir se ainda me quer na sua igreja", respondeu Michael. Eles não o expulsaram, mas tenho certeza de que as músicas chamaram a atenção dos membros de sua igreja, para dizer o mínimo!

Na época, uma música como "Hungry" – cantada por uma mulher – não era algo que tocava no rádio. Por isso, foi banida das rádios e o clipe acabou sendo um desastre. Jesse Dylan, o diretor, achou uma boa ideia ter uma criança no clipe de uma música com a letra carregada de sexo. Era para ter sido um conceito do tipo *Alice no País das Maravilhas*, mas teria sido mais natural um clipe do tipo "White Rabbit", da banda Jefferson Airplane. Acho que Jesse Dylan fez um trabalho horrível pra caralho e isso me custou uma fortuna. Com um monte de dinheiro pago à vista, ele produziu um clipe que para mim parecia barato. Escolhi Jesse Dylan porque ele era um nome familiar e Sharon não estava por perto para dar conselhos. Mas foi um desastre. O clipe foi proibido no Reino Unido e a MTV optou por não transmiti-lo por causa da letra forte e sexual, embora não tenham tido problema para passar "Me So Horny", do 2 Live Crew. Outra batalha de merda para mim, como mulher, na indústria. Com um orçamento de US$ 300 mil para um clipe, imagina-se que sua empresária estaria envolvida, mas Sharon tinha voltado para a Inglaterra e estava lutando suas próprias batalhas.

ENQUANTO GRAVÁVAMOS *Stiletto*, meus companheiros de banda – Myron Grombacher na bateria, Donnie Nossov no baixo e David Ezrin no teclado – e eu hibernávamos no estúdio de gravação, depois saíamos para tomar um ar e comer. Era como no filme *Os bons companheiros*: trabalho e muita comida. Numa das primeiras vezes que Michael Dan foi ao estúdio enquanto gravávamos algumas demos das músicas que havíamos escrito, eu estava com vontade de comer chocolate inglês, então dei a ele cerca de US$ 100 e perguntei se ele poderia ir a uma loja especializada.

"Tem uma lojinha na Sunset e lá tem todos os tipos de chocolate inglês."

Essa loja mais parecia um armazém de chocolate. Ele sumiu por cerca de uma hora. Quando voltou, saiu do elevador dos fundos para o estúdio de gravação com uma enorme sacola de papel pardo cheia de chocolates. Michael me disse anos depois que eu estava encostada no console de mixagem, com a cabeça para trás e os olhos fechados, tocando minha guitarra. Quando abri os olhos, percebi Michael parado na porta, chocado e hipnotizado. Sorri e fechei os olhos de novo e continuei tocando. Quando entro nessa vibe, ela me leva a um lugar especial – não consigo parar de tocar. Toquei por mais dois minutos ou por aí, então me virei para Michael e disse: "Você trouxe chocolate?".

"LISA"

"Lita, eu não fazia ideia! Eu sabia que você cantava, você é linda e é artista, mas não sabia que você tocava assim! Parecia que Eric Clapton ou Leslie West estava tocando aqui!". Ele me entregou a grande sacola de papel pardo cheia de chocolates ingleses, ainda surpreso.

"Ah, uau, tem troco?", perguntei.

Ele pensou que eu pretendia gastar todo o dinheiro em chocolate. Bem, de qualquer forma, ele não foi desperdiçado! E certamente não me importei.

DEPOIS DE LITA, *Stiletto* deveria ter chegado à platina quádrupla. Todos esperávamos que ele fosse um sucesso, mas isso não aconteceu. Bob Buziak havia saído e a gravadora BMG/RCA estava em crise. Não havia liderança. Muitos dos principais executivos da empresa saíram quando Bob foi dispensado. Estavam tentando achar pessoas certas para contratar e o que fazer e, por isso, o álbum não teve a promoção que deveria.

Esse foi o começo de uma espiral descendente para mim.

Enquanto isso, Sharon Osbourne estava me deixando de lado. Eu tinha feito um cover de "Only Women Bleed", do Alice Cooper, e pensei que, com os problemas que "Hungry" teve, seria um ótimo single de retorno. Numa madrugada, às 4h, eu estava sentada calmamente com um amigo ouvindo rádio, e "Only Women Bleed", do Cooper, tocou no rádio. Ouvi e pensei: *É isso! Preciso fazer um cover dessa música. Seria perfeito.* Perguntei a Mike Chapman o que ele achava e ele estava pronto para o desafio. "Sim! Vamos fazer isso". Liguei para Dick Wagner, que já foi guitarrista do Alice; ele me ensinou as partes da guitarra por telefone. Ficou ótimo.

Mas Sharon disse: "Você não pode lançá-lo como um single".

"Sério, Sharon? Por que não?", perguntei.

"Porque há outro artista lá fora que acabou de lançar 'Only Women Bleed'". De que porra ela estava falando? "Outra banda gravou e lançou. Está à venda e indo bem", disse ela.

"Não ouvi nada disso, Sharon."

"Eu ouvi. É ótimo. As rádios estão tocando a versão deles", disse ela. Até hoje, não sei de que banda Sharon estava falando. Fiquei muito chateada porque o esforço para regravar aquela música foi enorme. Mike chamou dois caras para fazer os backing vocals. Eles cantavam como anjos, mas pareciam encanadores com parte da bunda à mostra. Eles eram personagens. As guitarras foram um desafio, porque precisei reproduzir dois de meus músicos favoritos, Steve Hunter e Dick Wagner. Aprendi a tocar pedal steel e lap steel e melhorei a forma de tocar com slide. A música tinha até uma orquestra. Eu não podia estragar tudo. Eu não queria dar a ninguém mais motivos para me criticar ou dizer que a versão de Alice Cooper era melhor. A música tinha de arrasar, e eu precisava tê-la. Quando gravamos, senti que era uma obra-prima. Ninguém poderia ter feito uma versão melhor. Sharon estava de papo furado.

Sharon também ajudou a arruinar meu relacionamento com Mike Chapman. Ela era contra colocar uma música que ele havia escrito no álbum, e isso criou uma fratura entre mim e Mike. Eu disse: "Sharon, Mike tem controle artístico sobre o álbum. Se ele quiser colocar a música no álbum, ele pode fazer isso".

"Não se você o demitir", respondeu ela. Foi um conselho terrível.

Demitir Mike? Meu Deus, não! Mas, ao mesmo tempo, tive minhas dúvidas sobre a música. Eu disse a Mike que Sharon e eu não a adoramos, mas ele foi agressivo e insistiu que era um sucesso. Nem eu nem Sharon concordamos, mas, na época, eu não sabia quem ouvir. Acabei demitindo Mike Chapman e não fizemos a música. Ninguém a gravou desde então.

Por mais que eu adorasse Sharon, eu sentia que ela estava prejudicando meu trabalho árduo. Continuei a me perguntar se ela achava que eu tinha transado com Ozzy. Talvez essa fosse a razão de ela estar fazendo isso. Bom, preciso dizer que ele estava transando com tudo que se movia, por assim dizer – *exceto* comigo.

Sharon foi minha empresária durante a pior época em que Ozzy usava drogas. Algumas semanas após o lançamento de "Close My Eyes Forever", fui a uma festa cheia de celebridades e encontrei Ozzy. Ele olhou para mim, apontou o dedo na minha cara e disse: "Eu te conheço? Eu te conheço, certo?".

"Puta merda, Ozzy. Temos um single no top 10 juntos." O único single top 10 que você já teve na vida, e você não sabe meu nome? Uau!

Ele me olhou sem expressão. Fui embora. As luzes estavam acesas, mas não havia ninguém em casa.

O casamento de Ozzy e Sharon estava passando por problemas e isso estava afetando minha relação de trabalho com Sharon. Ela disse que colocaria a banda Vixen em turnê com Ozzy, e não eu. *Como assim?!* Nada contra Vixen, mas que tipo de empresária coloca outra banda feminina de aspirantes a Lita Ford em turnê com seu marido, Ozzy Osbourne, quando *nós* estávamos entre as dez primeiras posições nas paradas americanas? Eu não estava só lutando contra a indústria da música, agora sentia que estava lutando contra minha empresária também. Sharon claramente não me queria em nenhum lugar perto de seu Ozzy.

A gota d'água foi quando fiz um show na Long Beach Arena e não consegui falar com ela por telefone. Era um grande show para mim porque eu estava em minha cidade natal, na arena onde tinha visto muitas das maiores bandas pela primeira vez. Tentei falar com Sharon dias antes daquele show. Não tive resposta. Nada! Eu estava começando a ficar irritada e precisava da minha empresária. Ela nunca retornou minhas ligações. Na noite do show em Long Beach, liguei para o hotel dela e disse que estava indo. Quando cheguei à porta de seu quarto de hotel, ela estava entreaberta e ela disse: "Entre". Sharon e Ozzy estavam deitados na cama com as cobertas até o pescoço, tentando me convencer de que estavam prontos para dormir. Parei de insistir e saí. Foi isso. Eu estava farta dessa merda.

Fiquei com o coração partido quando precisei despedi-la, mas senti que ela não estava mais me ajudando. Ela parecia estar fazendo o oposto: me afundando. Ozzy estava incrivelmente drogado o tempo todo; parecia que eu estava afundando com os dois. Era uma sensação horrível, mas eu sabia que precisava pular do navio ou afundar.

Eu a levei para almoçar para despedi-la. Tivemos uma discussão muito civilizada. No meio disso, pedi licença para usar o banheiro e, quando voltei, vi Sharon saindo do restaurante. Recuei em direção ao banheiro e não fui atrás dela. Fiquei aliviada por ela estar indo embora. Tudo tinha terminado.

O CLIPE DA MÚSICA "LISA", de 1990, dirigido por Wayne Isham, foi mágico. Ele usou o filme original de oito milímetros e fotos que meu pai tirou de mim e da minha mãe quando eu tinha quatro anos e morávamos na Inglaterra. Hoje posso ver que eu parecia exatamente com meu lindo filho, Rocco. Eu era a cara dele naquela idade.

Minha mãe estava lá quando filmamos o clipe. Ela estava muito orgulhosa. Embora tenha sido bastante difícil para nós, escrever e filmar "Lisa" foi uma ótima maneira de ajudá-la a se esquecer do câncer e do inferno pelo qual ela estava passando. Era o meu jeito de dizer a ela o quão incrível eu achava que ela era.

Ela até embarcou comigo na turnê seguinte do Mötley Crüe. Colocamos "Lisa" no meu set, e todas as noites eu a dedicava para minha mãe. Ela ficava nos bastidores com sua enfermeira, me observando de uma cadeira de rodas à qual havia um tanque de oxigênio acoplado, caso ela precisasse. Enquanto tocava a música ao vivo, eu olhava por cima do ombro para minha mãe, muito orgulhosa de sua música. Eu ficava com um nó na garganta e era difícil cantar. Eu tinha de lutar contra as lágrimas, observando essa linda mulher em seus últimos dias sentada em sua cadeira de rodas. Essa não era a mulher que me criou. Minha mãe sempre foi muito cheia de vida e uma força da natureza. Era muito difícil vê-la assim. Eu me sentia completamente desamparada.

Nessa época, minha mãe fazia quimioterapia a cada duas semanas. Ela levava o clipe de "Lisa" sempre que ia ao hospital. Ela o mostrava para os médicos várias vezes. Os médicos e enfermeiras devem ter se cansado dessa música.

"LISA"

A doença da minha mãe progrediu. Por fim, eu a levei ao médico, que nos informou que ela tinha três dias de vida. Quando contei para a enfermeira domiciliar, ela chorou muito. Ela não sabia que minha mãe estava tão perto de morrer. Eu disse que sentia muito por não ter contado a ela, mas esse era o desejo da minha mãe. Nos últimos três dias, me sentei ao lado da mulher que esteve ao meu lado e nos meus sonhos durante toda a minha vida.

Eu cuidava dela o melhor que podia em casa. Tentava fazer com que ela bebesse algo ou fosse ao banheiro. Limpava suas unhas e falava com ela constantemente. Eu repetia várias vezes o quanto a amava. "Está tudo bem se você for, mãe", falei para ela por três dias. "Se você precisar ir, eu vou ficar bem." Eu via o quanto ela estava sofrendo e queria que sua dor acabasse.

No segundo dia, eu estava no sofá, sentada ao lado da minha mãe. Ela estava sentada na cadeira reclinável, que parecia ser a mais confortável para ela. Seus pulmões estavam cheios de fluido e sua respiração estava difícil. Ela estava entrando e saindo do coma. Perguntei a ela: "Mãe, onde você está agora?".

Para minha surpresa, ela respondeu: "Estou lavando a roupa".

"Mãe, quem está aí? Quem está com você?"

"Livia." Quando ela me disse isso, eu sabia que ela ficaria bem e que logo estaria com meu pai e minha tia Livia, sua irmã que havia morrido apenas três meses antes. Ela me fez jurar que não a deixaria morrer no St. Mary Medical Center: ela havia trabalhado lá por vinte e cinco anos. Tentei fazer o que ela queria, mas, no fim, não tive escolha. No terceiro dia, fui forçada a ligar para o 911. Os paramédicos chegaram em minutos e entraram correndo pela porta da frente. Eles invadiram seu quarto antes que eu pudesse dizer uma palavra, então me olharam com desgosto e disseram: "Ela está morrendo!".

"Eu sei", respondi. "Preciso levá-la ao St. Mary Medical Center. É por isso que chamei vocês."

"Não, vamos levá-la para o Doctors Hospital. É muito mais perto." Por lei, eles precisavam ir para o hospital mais próximo.

"Não!", implorei a eles. "Ela não conhece ninguém no Doctors Hospital. Não a levem lá. Eu não me importo com os custos. Por favor, leve-a para o St. Mary. Os médicos dela estão esperando por ela lá."

Por fim, eles concordaram. Fui na ambulância com ela, mas não me deixaram ir na parte de trás; tive de ir na frente com o motorista. Eu olhava pela janela de vidro para a parte de trás da ambulância e observava minha mãe durante o trajeto. Parecia a jornada mais longa da minha vida.

Quando chegamos ao St. Mary, o padre Mike, um amigo da família que trabalhava no centro médico, se aproximou para vê-la. Meu tio Gordon e eu ficamos acordados a noite toda olhando para ela e orando para que Deus acabasse com seu sofrimento. Nós dois não dormimos nada. A enfermeira domiciliar estava ao meu lado enquanto Chris dormia no canto de um leito.

Às 10h da manhã seguinte, 16 de agosto de 1990, seu coração parou de bater.

Olhei para cima, porque sabia que o espírito da minha mãe estava acima de mim e que ela podia me ver inclinada sobre seu corpo. Acenei e disse: "Adeus, mãe. Eu te amo. Eu te amo".

O padre Mike entrou e concedeu a ela as orações finais, e todos nós nos despedimos dela pela última vez. Foi o maior vazio que senti em toda a minha vida.

Centenas de pessoas compareceram ao funeral da minha mãe. Havia editores da revista *RIP*, jornalistas, representantes de guitarras, estrelas do rock, executivos de gravadoras e muitos amigos próximos. A multidão era tão grande que precisamos de escolta policial para chegar ao local do funeral. Nikki Sixx enviou doze dúzias de rosas brancas em uma grande tina. Ozzy e Sharon enviaram flores, embora tivéssemos nos separado e seguido caminhos diferentes. Sharon sabia como minha mãe era especial para muitas pessoas.

Por fim, tocamos sua música, "Lisa". Nessa hora, desabei completamente.

"LISA"

DUAS SEMANAS DEPOIS, fui a uma reunião na casa de uma produtora de cinema. Um amigo tinha arranjado isso. A produtora queria fazer um filme sobre minha mãe e sua morte. Levei meu cachorro comigo, como sempre. Quando cheguei à casa dela, ela disse: "Você pode deixar seu cachorro sair do carro. Meus cachorros estão trancados dentro de casa". Olhei para dentro da casa e, pela janela, vi seus dois rottweilers lá, então deixei Porky, meu salsichinha, sair do carro. Porky era o último membro vivo da minha família imediata além dos meus primos, que infelizmente não vejo com frequência. No segundo seguinte, os rottweilers empurraram a porta com as patas e vieram voando para cima do Porky. Um rottweiler de sessenta quilos cravou os dentes em meu salsicha de seis quilos antes mesmo de entendermos o que estava acontecendo. Peguei um cachorro pelas costas e dei um chute entre as pernas dele, mas parece que ele não sentiu nada. A produtora tentou abrir a boca de seu cachorro, mas não havia nada que qualquer uma de nós pudesse fazer. O rottweiler acabou com meu cachorro em segundos. Peguei Porky e o coloquei no capô do Cadillac da minha mãe. Havia muito sangue. Entramos no meu carro e segurei Porky nos braços enquanto corremos pela rua até o veterinário mais próximo, mas foi inútil. Quando chegamos, ele estava morto.

A produtora me disse: "Se você quiser, posso comprar outro cachorro para você". Olhei para ela e nem respondi. Em vez disso, liguei para minha amiga Robyn ir me buscar. Eu estava chateada demais para dirigir. Robyn me pegou e me levou para tomar uma bebida forte. Todos no bar olhavam para mim; acho que parecia que eu tinha assassinado alguém. Eu estava coberta de sangue seco, mas, àquela altura, não me importei. Pedi bebida suficiente para não sentir mais dor, então fui para casa sozinha e perturbada. Deitei na minha cama e não queria mais sair.

Nos dias seguintes, quase não dormi nem comi nada. Recorri às drogas e ao álcool para ajudar a amortecer a dor. Numa manhã, depois de ficar acordada a noite toda, olhei no espelho e vi a imagem da minha mãe. Ela disse: "Lita, as drogas são para pessoas doentes. Você não é doente. Não a criamos para ser assim".

Pensei: *Lita, você pode usar drogas e morrer, ou pode parar e ser forte e saudável e viver.* Escolhi viver. Eu estava decidida: não queria mais usar drogas. Fui a uma reunião do A.A. e concluí que não era para mim. Em vez disso, troquei um hábito por outro e comecei a me exercitar de modo obsessivo. Comecei a correr e a levantar pesos. Contratei a coreógrafa Anne Marie Hunter novamente, dessa vez como minha treinadora. Ela era um anjo e aparecia todas as manhãs; corríamos pelas estradas nas colinas atrás da minha casa. Eram trinta e sete quilômetros de estradas íngremes na cordilheira de San Bernardino. Era um lugar muito terapêutico para mim. Esse foi um momento de recuperação em minha vida, e Anne Marie foi uma grande inspiração. Ela me deixou saudável, livre das drogas, e estava por perto quando eu precisava de alguém para conversar.

Meu plano seguinte era me divorciar de Chris. Ele foi menos empático do que eu esperava durante as doenças e mortes tanto do meu pai quanto da minha mãe. Foi uma separação amigável. Chris era um cara ótimo, com um coração enorme, mas não fomos feitos um para o outro. Nós dois sabíamos disso.

Minha carreira estava por um fio. Sharon não trabalhava mais comigo, Mike Chapman foi embora, meu pai e minha mãe haviam falecido, meu cachorro estava morto e agora Chris e eu havíamos nos separado. O que poderia ser pior do que perder tudo isso?

CAPÍTULO 12

"BLACK"

Black, is it your medicine?

Your soul, your hole, or the shape you're in?

Black, is it your wedding gown?

Your eyes, your lies, or the truth you've found?

[Escuridão, é o seu remédio?

Sua alma, seu buraco ou a forma em que você está?

Escuridão, é o seu vestido de noiva?

Seus olhos, suas mentiras ou a verdade que você encontrou?]

— "Black"
(Letra escrita por Lita Ford e Michael Dan Ehmig)

SEIS MESES DEPOIS QUE MEU CACHORRO FOI MORTO, EU ESTAVA CAMINHANDO pelo Beverly Center Mall e vi uma cachorrinha dachshund na vitrine de uma pet shop. Ela parecia me chamar quando passei. Ela era igualzinha ao Porky, mas numa versão filhote. Peguei essa cachorrinha e, na hora, ela começou a mastigar de leve meus brincos de diamante. Porky costumava fazer a mesma coisa. Algo tão pequeno me deixou muito feliz. Segurei a filhote nos braços e perguntei ao cara que trabalhava lá quanto custava.

Negociei com o cara da loja e comecei a chorar ao entregar meu cartão American Express. Essa cachorrinha foi o começo de uma vida nova para mim. Eu a levei para casa e a chamei de Chili Dog, porque Chris costumava chamar Porky assim.

Tive dachshunds desde criança. Meu primeiro salsicha, Maxy, foi comprado pelos meus pais como presente de aniversário de quatro anos. A partir daí, sempre adorei esses salsichinhas. Chili Dog era minha companheira fiel. Ela corria comigo, andava a cavalo comigo, ia para o estúdio comigo. Ela era minha parceirinha. Eu tinha palhetas com o desenho dela e uma linda guitarra Alvarez com uma foto dela aerografada – era exatamente como ela. Mais tarde, Chili teve quatro filhotes e fiquei com um deles para fazer companhia para ela. Eu o chamei de Pork Chop. Todos os meus cachorros dali em diante tiveram nomes de comida. Os dois cachorrinhos iam para todo canto comigo.

Naquela época, eu estava escrevendo músicas para um álbum novo e corria todos os dias para me ajudar a lidar com a dor de perder meus pais. Depois de um ano, fiquei com um corpo definido e tinha um álbum completo escrito. Eu estava pronta para entrar no estúdio. Quando começamos a gravar, meu produtor do álbum, Tom Werman, me perguntava todas as manhãs: "Quanto você correu hoje?". Eu era uma pessoa totalmente diferente da garota que havia entrado na cena musical dezessete anos antes.

MEU ÁLBUM DANGEROUS CURVES foi lançado em novembro de 1991. O título veio de Sammy Hagar, uma das minhas pessoas favoritas nesse planeta. Sammy começou a escrever uma música chamada "Dangerous Curves", que terminaríamos de escrever juntos. Sammy e eu não conseguimos combinar um bom momento para finalizar a música, mas ele me deixou usar o título para o meu álbum. Escrevi "Shot of Poison" e "Playing with Fire" com Michael Dan Ehmig e Jim Vallance durante uma sessão de composição que durou alguns dias em Vancouver, na Colúmbia Britânica. Jim Vallance me pegou no aeroporto vestido como motorista de limusine, segurando uma placa que dizia Rita Ward. Vi a placa, mas estava esperando

"BLACK"

Jim, não uma limusine. Como eu não sabia como ele era, isso me surpreendeu. De cara, amei Jim. Com um senso de humor assim, pensei: *YEAH!* Eu sabia que faríamos ótimas músicas.

"Holy Man" nasceu quando Michael Dan foi de carro até minha casa um dia e tocou a campainha. Quando atendi, ele ficou lá e cantou: "Lead me / Into temptation / Save me with your healing hands…" ["Conduza-me / para a tentação / Salve-me com suas mãos curadoras…"]. As palavras lhe ocorreram quando ele estava dirigindo, então ele cantou o verso várias vezes até chegar à minha casa. Quando escrevo com Michael, sempre seguimos a "sensação" de uma música. Se estiver funcionando, ótimo. Se não estiver me levando aonde quero, nós a descartamos. Não gosto de ter nada apenas para "encher" um álbum. Cada música precisa falar por si mesma e, se eu não estiver sentindo isso, não me preocupo em terminá-la. "Holy Man" certamente funcionava. Assim como todas as outras músicas que escrevi com Michael, era fácil assim que um de nós tinha a ideia inicial para uma letra. Enquanto trabalhávamos no álbum, escrevíamos todas as nossas ideias em fita adesiva e as colávamos na porta do estúdio de gravação. Quando o álbum foi concluído, a porta estava coberta com fita adesiva.

Nessa época, eu pesava cinquenta quilos de puro músculo. Eu estava bem sarada, o que orgulhosamente exibi no meu clipe "Shot of Poison". Em uma viagem a Las Vegas, soube que um dos dançarinos dos Chippendales usava minha música "Cherry Red" em sua apresentação de rotina. Naturalmente, eu quis ver isso por mim mesma e descobri que, já que ele estava usando minha música, eu poderia ir aos bastidores. E lá fui eu. Conheci Bernie Tavis, o cara que estava usando minha música, e me apresentei. Ele era um gato! Todos os caras dos bastidores eram gatos! Logo descobri que Bernie era casado, mas ele me apresentou seu irmão, Jimmy, que também era gato! "Puxa, vocês são parecidos!", falei. Acabei namorando Jimmy, mas coloquei Bernie no clipe "Shot of Poison".

Acho que "Playing with Fire" foi um dos meus melhores clipes e uma das minhas melhores músicas. Tivemos de subir a represa de Burbank para filmar. Se você olhasse para trás, era uma queda de nove metros até o fundo. A equipe jogou um tapete de borracha fino no chão e nos falou: "É só para o caso de você cair". Certo. Como se um tapete fino ajudasse numa queda de nove metros! Alguns aviões estavam tentando pousar no aeroporto ali perto e os pilotos entraram em contato com a torre de controle de tráfego aéreo, em pânico, porque a "represa estava pegando fogo!". Conseguiram mandar alguém para a barragem para ver o que estava acontecendo. "É só a Lita Ford fazendo um videoclipe. É por isso que a barragem está pegando fogo." Com isso, liberaram o pouso para os aviões.

Fiquei muito feliz com *Dangerous Curves:* tanto o álbum quanto os clipes ficaram ótimos. Mas essa felicidade durou pouco. Bob Buziak, o ex-presidente da minha gravadora, BMG/RCA Records, foi substituído por Joe Galante, um grande fã de música country, mas minha impressão era que ele não sabia o que fazer com uma mulher com um disco de platina, artista de rock'n'roll. Bob Buziak me encorajou e me proporcionou tudo de que eu precisava para ter sucesso. Ele era uma pedra preciosa. Um verdadeiro cara do rock. Nunca vou entender por que o tiraram da empresa.

Eu sabia que estava encrencada, mas não sabia o quanto até sair para pegar minha correspondência numa manhã e encontrar uma carta da BMG/RCA records. Eu a abri, esperando encontrar algo bom, mas, em vez disso, era uma carta escrita à mão do novo presidente da gravadora. Estava escrito: "Lita, você é uma dama incrível. Sinto muito pela sua saída". O quê? Fui descartada da porra da gravadora? Meu tapete tinha sido puxado de novo. Eu estava limpa e em ótima forma. Eu estava cantando melhor que nunca e estava imbatível na guitarra. Não entendi. Qual era o problema com esse cara da música country? Na verdade, era um sinal dos tempos – em 1991, o rock estava em uma situação difícil, e o country era a sensação do momento, com artistas como Garth Brooks vendendo milhões de discos e cruzando limites para dominar as paradas de sucesso pop. Não era uma boa notícia para mim.

Meu estômago revirava. O clipe "Playing with Fire" deveria ter sido enviado para a MTV, mas nunca saiu da mesa da gravadora. Aliás, a grava-

"BLACK"

dora parou de seguir em frente com tudo e qualquer coisa. Basicamente, fui arquivada. Depois que aquele idiota do country assumiu a BMG/RCA, eu não tinha mais o apoio de que precisava para ficar no topo. Quando apareci na BMG para descobrir o que estava acontecendo, soube que a equipe que havia trabalhado em meus discos e me dado suporte havia saído. Os que sobraram não queriam ter nenhuma relação comigo. Literalmente batiam a porta na minha cara. Para minha surpresa, recebi um telefonema anônimo de alguém da gravadora que me avisou que "Shot of Poison" havia sido indicado ao Grammy de Melhor Performance Vocal Feminina de Rock. Fui ao Grammy sozinha naquele ano, uma sensação horrível. Inacreditável. Obrigada, Joe Galante!

LOGO DEPOIS DE "Shot of Poison" fazer algum barulho, tive oportunidade de trabalhar como estrela convidada no programa de TV *Herman's Head*. Me deram um roteiro para um episódio, que durou cerca de uma semana de trabalho. As filmagens começavam de manhã cedo e, para uma roqueira, isso era inédito. Com o cabelo e a maquiagem feitos, eu tinha de estar pronta para as falas. Depois que a gravação do show acabou, saí com as garotas do elenco e da equipe para tomar um pouco de vinho. A essa altura da vida, eu não bebia mais, então as duas taças de vinho que bebi foram direto para a cabeça. Parei na Jack in the Box e pedi um café. Engoli o café e comecei a dirigir para casa em meu Corvette 1990 todo preto. Eu estava acelerando e ziguezagueando na pista, ouvindo Van Halen no CD player, quando olhei no espelho retrovisor e vi um policial atrás de mim. Encostei o carro pensando: *Meu Deus, vou pegar uma multa por dirigir embriagada!* O policial caminhou até meu carro e eu baixei o vidro da janela, abrindo e fechando os olhos de um jeito sedutor. Ele acendeu a lanterna no meu copo de café e perguntou:

"Você andou bebendo?"
"Não, eu não bebo."
"O que tem no copo?"

"Café." Mostrei o copo para ele.

"Você percebeu que estava acelerando e dançando na pista?"

Ah. "Eu estava tocando 'Poundcake', do Van Halen, no CD player. Sinto muito."

"Tudo bem. Entendo completamente."

E ele me deixou ir. Bem assim.

EM ABRIL DE 1992, eu estava fazendo divulgação para a imprensa em Detroit, quando os policiais que espancaram Rodney King após uma perseguição em alta velocidade em 1991 foram absolvidos em seu julgamento; nessa época, todo mundo havia visto o vídeo infame da surra que King levou. As absolvições desencadearam uma onda de revoltas em Los Angeles. Todo o condado de Los Angeles estava sendo saqueado, lojas estavam sendo roubadas e as pessoas batiam umas nas outras até a morte. Era uma verdadeira zona de guerra. Eu estava assistindo à TV e quase em negação sobre o que estava vendo. A violência e o caos pareciam piorar a cada minuto. E eu estava prestes a voar para o coração daquele inferno na manhã seguinte.

O avião se aproximou de Los Angeles e, pelo alto-falante, o piloto nos avisou para entrarmos em nossos carros e irmos direto para casa assim que pousássemos. Enquanto descíamos no Aeroporto Internacional de Los Angeles, olhei pela janela e vi que muitos edifícios em diferentes áreas da cidade estavam em chamas. O avião quase pousou no aeroporto de Ontário, a mais de oitenta quilômetros de Los Angeles, mas o Aeroporto Internacional de Los Angeles deu permissão para o nosso voo pousar. Fomos os últimos a pousar lá naquela noite. Depois disso, fecharam o aeroporto. Fecharam a cidade!

Pedi para um motorista me buscar no aeroporto e, conforme íamos em direção a Hollywood, percebi que todas as ruas estavam completamente vazias. O motorista me explicou que as ruas estavam fechadas e, se alguém saísse depois das 18h, iria para a cadeia por violar o toque de recolher. Era como se estivéssemos passando de carro por uma cidade-fan-

"BLACK"

tasma. Era uma sensação assustadora. Eu nunca tinha visto Los Angeles assim. Ela está sempre lotada de gente, mas naquele dia estava completamente deserta. Subimos o sopé das montanhas até onde eu morava. Eu estava pirando porque morava sozinha, mas estava morrendo de fome e não tinha comida em casa. Havia uma mercearia dois quarteirões descendo a colina. Para minha surpresa, ela estava aberta, mas também vazia. Peguei um pouco de comida e voltei rápido para casa no alto da colina. De lá eu podia ver a cidade inteira, e ela ainda estava queimando em alguns lugares e completamente deserta em outros. Poucos dias depois, as autoridades municipais suspenderam o toque de recolher e, devagar, as pessoas foram saindo de casa. Era uma época estranha e tensa para se viver em Los Angeles. Tudo parecia estar desmoronando.

DURANTE UM SHOW para Dick Clark, conheci Clarence Clemons, o lendário saxofonista de Bruce Springsteen. Ele estava montando uma banda para o novo talk show de Howie Mandel e me perguntou se eu queria participar. Fui contratada para tocar na banda em todas as gravações do talk show, o que foi feito ao longo de seis semanas, começando em julho de 1992. Eu usava salto alto e roupas de couro justas todos os dias e corria para cima e para baixo no meio da plateia. O contraste e a química entre mim e Clarence eram quentes! Era sexy e eletrizante. Amei filmar o programa de Howie Mandel com o finado grande Clarence Clemons.

Ficávamos em Anaheim durante as filmagens do programa. Numa manhã, fomos acordados por um grande terremoto. Ele sacudiu o Anaheim Hilton como se ele fosse uma árvore. Isso me jogou para fora da cama e cortou a eletricidade. *Cara*, pensei, *com certeza estou morta!* A minha vida passou diante dos meus olhos. Eu me arrastei até a porta da frente enquanto ela balançava para frente e para trás. Eu me levantei, segurando nas bordas da porta. Vi famílias descendo pelas escadas de incêndio. Um sistema de iluminação automático foi ligado e fornecia um pouco de luz, o suficiente para eu conseguir andar pelo corredor até o quarto de Clarence.

Clarence era muito mais alto que eu, então, perto de mim, ele era tipo o Darth Vader. Eu estava correndo pelo corredor, gritando: "Clarence, nós vamos morrer! Nós vamos morrer!". Eu estava histérica. Clarence estava segurando um conhaque, com a aparência calma. Ele me perguntou se eu queria um. "Merda, sim, me dê um desses", falei, em pânico. Eu estava falando como uma matraca porque estava apavorada. Estávamos no infeliz décimo terceiro andar, e o maldito hotel não parava de balançar. Aparentemente, o Disney Hotel, que ficava próximo ao nosso hotel, rachou ao meio.

Clarence voltou e disse: "Entre e pare de se preocupar. Isso não é nada. Já passei por terremotos muito maiores que esse; morei na Bay Area por muito tempo. Aqui está a sua bebida". Tomei. Veja bem: ainda eram 5h da manhã. Precisávamos nos apresentar para um grande público no estúdio mais tarde. "Clarence", falei, "todos esses tremores, temos de cancelar o programa! E se o prédio desabar e matar todas as pessoas?". Fiquei preocupada porque o Celebrity Theatre tinha o formato de uma cúpula.

Clarence colocou a mão no meu ombro e disse, com um forte sotaque sulista: "Lita, quando for sua hora, será a sua hora. Se não é a sua hora, não é sua hora!". Hã? Ah! Sim, isso faz todo o sentido, Clarence. Não é a nossa hora?

Mais tarde naquele dia, precisamos nos preparar e ir para o local de gravação do programa de TV. Descendo pelo elevador, eu estava com Clarence e Howie Mandel. Ainda havia tremores secundários. Eu ainda estava gritando: "Nós vamos morrer!", tentando convencer Howie a não fazer o programa. Expliquei sobre o prédio desabando sobre todas as pessoas na plateia. Howie disse: "Lita, você quer que eu te dê um tapa?". Parei e pensei comigo mesma: *Merda, devo estar exagerando!* Fizemos o programa naquela noite. Os tremores secundários pararam assim que começamos a tocar.

QUANDO JENNIFER BATTEN saiu da banda de Michael Jackson durante a turnê *Dangerous*, em 1993, recebi um telefonema do pessoal de Michael imediatamente. Para quem mais eles ligariam? Rá! Fui buscar as músi-

"BLACK"

cas que eles queriam que eu aprendesse. Eu precisava aprender o solo de "Beat It", então liguei para Edward Van Halen, que originalmente tocou para a versão gravada, e pedi para ele me mostrar exatamente como ele a tocava. Quando fui ao estúdio de Edward, ele me deu uma guitarra vermelha de assinatura Music Man que tocava como um sonho. Decidi afinar a guitarra dois tons abaixo – até C – e isso fez a música ter um som muito feroz. Era divertido tocar assim. Quando toquei para a banda de Michael, as pessoas ficaram perplexas. Adoraram a vibração sólida e pesada que dei ao riff. Mesmo sabendo que Michael não teria concordado, a banda adorou e curtimos muito.

Eu precisava aprender o restante do show também, e tive de pegar as fitas do diretor musical de Michael para fazer isso. O diretor musical morava em Lookout Mountain, um lugar repleto de estradas estreitas e sinuosas. No caminho para a casa dele, um carro vindo na direção oposta bateu no meu Corvette. Foi uma colisão frontal, semelhante àquela que tive anos atrás, depois de sair da casa de Blackmore. Meu carro estava detonado e eu mal podia dirigi-lo. Depois de chamar a polícia, meu técnico e eu fomos pegar as fitas do diretor musical. Quando chegamos e batemos à porta, ninguém atendeu. Bati e toquei a campainha várias vezes, mas ninguém apareceu. Por fim, meu técnico foi até a parte de trás da propriedade, abriu a porta e encontrou o diretor musical dormindo em seu quarto. Não sei o que meu técnico disse a ele, mas, depois disso, conseguimos as fitas bem rápido. Não tive muito tempo para aprender o show, e eu queria deixá-lo perfeito antes de sairmos em turnê. Nas semanas seguintes, mandei fazer roupas para usar no palco e recebi o itinerário da turnê do pessoal de Michael.

Depois de seis semanas de ensaio, fui a um clube noturno e mencionei a alguém que estava tocando para o Michael Jackson, e responderam: "Não, uma garota chamada Becky está tocando para o Michael Jackson". Eu ri e disse: "Sim, certo".

No dia seguinte, apareci no estúdio de ensaio SIR e me disseram que eu não tinha permissão para entrar. Bloquearam a porta como se fossem seguranças e não permitiram que eu ou meu técnico entrássemos. Eu estava irritada. Coloquei meu ouvido contra a porta e consegui ouvir outra guitarrista. Perguntei a um dos rapazes: "Que tipo de guitarra ela está tocando?". "Uma Strat." Uma Strat? Não teria sido mais fácil me ligar e me falar, em vez de me fazer descobrir que fui substituída no meio da rua? Meu empresário ligou para o diretor musical e o repreendeu. "Por que você fez isso com ela? Você não poderia simplesmente pegar o telefone e avisá-la?"

Cerca de quatro dias depois, recebi uma ligação do guitarrista de longa data de Michael, Dave Williams. Ele me disse que Michael não me queria na banda porque eu tinha muita credibilidade e meu próprio nome na indústria. Falei para Dave que o respeitava por sua honestidade e agradeci. "Por favor, Lita, não diga nada", disse ele. "Vou perder meu emprego." Dei a ele minha palavra de que não diria nada. A revista *Bam*, um periódico da indústria de Los Angeles, depois escreveu um artigo afirmando que eu havia feito um teste para Michael Jackson e que "falhei miseravelmente". A baboseira nunca acaba.

NESSA ÉPOCA, eu estava ficando muito cansada dos jogos da indústria da música e quase quis desistir. Pensei em contratar um vocalista, relaxar e só tocar guitarra como tentei fazer quando comecei a trabalhar solo. Tocar na banda de outra pessoa me atraía porque isso significava que eu poderia me concentrar em tocar guitarra sem ter de lidar com as pressões que acompanham o fato de ser vocalista. Refleti por um tempo sobre minhas opções, experimentando ideias diferentes, conversando com gravadoras e diferentes empresas de representação artística. Até liguei para John Kalodner, que teve sucesso com o Aerosmith. Ele me deu US$ 13 mil para montar um evento para ele. Eu tinha encontrado um vocalista e montei uma banda. Escrevíamos músicas e éramos ótimos, pensei, mas John me disse que o vocalista não era a estrela que eu era. "Então me contrate", falei para ele. Mas ele disse: "Não. Eu não sei o que fazer com você". Achei que ele não sabia o que fazer com uma *mulher*. O grande John Kalodner

"BLACK"

também não sabia que raios fazer comigo. Pelo menos ele foi honesto e não me enrolou.

Recebi uma oferta de contrato com a Atlantic Records, mas recusei porque o único que acreditava em mim era o cara do A&R. Ele estava no nível inferior da cadeia alimentar da empresa, então o presidente poderia invalidá-lo num segundo. Parecia algo do tipo: "Vamos jogá-la contra a parede e ver se ela gruda". Foda-se isso. Fui embora. Eu não seria arquivada de novo.

Em vez disso, decidi entrar numa pequena gravadora chamada ZYX, que acreditava em mim de verdade. Havia desvantagens definitivas em escolher uma gravadora menor. Mas, de qualquer forma, eu sabia que estava em apuros comercialmente. O rock mudou completamente para dar lugar à era do grunge, na qual eu não me encaixava em nada. Todos pareciam uns bichos saindo de baixo de uma maldita pedra. Ou isso ou não se pareciam com nada – material barato do tipo "adulto contemporâneo" sem graça e habilmente produzido, sem nenhuma inovação, dominava as paradas. As estrelas do rock estavam desaparecendo da face do planeta como dinossauros. Em 1993, por exemplo, nenhum grupo de rock estava representado no top vinte do "Hot 100 Singles" de fim de ano da Billboard. Tomei a decisão de dar à cena musical uma última chance. Decidi que, se eu fosse afundar, afundaria abalando.

Depois que deixei de trabalhar com Sharon, assinei contrato com a agência Gold Mountain. Ela também administrava o Nirvana e muito de sua atenção ia para Kurt Cobain e sua esposa, Courtney Love. De acordo com as notícias da época, Courtney, que estava grávida, supostamente estava injetando heroína, e o serviço de bem-estar infantil da Califórnia iniciou uma investigação. Kurt também estava usando muita heroína; os dois davam trabalho e eles dominavam quase toda a Gold Mountain. Não havia lugar para mim. Enquanto isso, eu estava ficando sem dinheiro. Eu estava num lugar escuro e depressivo, mas estava determinada a escrever mais um álbum antes de encerrar minha carreira. Ele se chamaria *Black*, porque esse era o meu estado de espírito.

LITA FORD

ALGUNS MESES ANTES de eu decidir sair do cenário musical, o terremoto de Northridge atingiu o vale de San Fernando em janeiro de 1994. Foi um dos desastres naturais mais devastadores e custosos da história dos Estados Unidos, causando mais de US$ 65 bilhões em danos. Eram por volta de 4h30min da manhã quando ele ocorreu, e fiz o que sempre fazia quando havia um terremoto: peguei meu revólver .357, minha garrafa de vodca Absolut do freezer e meus cachorros. O revólver era para o caso de haver saqueadores, a vodca, para os meus nervos. Eu me lembro de estar no canto onde tomava café da manhã na cozinha, a porta da frente estava aberta e, de repente, vi uma lanterna gigante descendo o passeio. Era o meu amigo Gavin. Ele havia dirigido de North Hollywood para a área onde eu morava. Eu não conseguia acreditar que ele havia dirigido tão longe porque algumas das rodovias haviam desmoronado. Ele trouxe um radinho sem pilhas, e fiquei muito feliz em vê-lo. Eu estava sentada lá com meus cachorros, o cachorro de Gavin, do qual eu estava cuidando, meu revólver e minha Absolut. Minha casa foi uma das poucas que não sofreu danos, pois não era no Vale, onde o terremoto foi mais forte. Muitos dos meus amigos acabaram ficando na minha casa e levaram seus cachorros, seus filhos, todo mundo. Distribuí sacos de dormir e travesseiros.

> **NOTA DA AUTORA SOBRE O TEXTO QUE SE SEGUE:** Por respeito aos meus filhos, optei por não escrever em detalhes sobre o pai deles, que foi meu marido por quase dezoito anos. Foi uma decisão muito difícil. Existem muitas coisas que o mundo precisa saber. Mas agora não é o momento. Agradeço por sua compreensão enquanto prossegue a leitura.

O período seguinte foi um dos piores momentos da minha vida, tanto emocional quanto profissionalmente. Para piorar ainda mais as coisas, conheci um homem cujo nome me recuso a mencionar por causa das

"BLACK"

lembranças terríveis que sempre associarei aos dezessete anos em que ele fez parte da minha vida. Às vezes me perguntam: "Como você conheceu alguém e se casou com ele depois de conhecê-lo por apenas duas semanas?". A resposta não é simples, mas as consequências mudaram vidas.

Fui ao Texas fazer alguns shows antes de entrar em estúdio para gravar o que seria meu último álbum antes de deixar um hiato de quinze anos na indústria musical. Eu estava com um amigo e fomos ver uma banda local. Eles não eram ruins. O lugar estava lotado. Eu estava parada na lateral do palco, toda arrumada, quando senti alguém cutucar meu ombro. Eu me virei, pensando que poderia ser um amigo ou alguém que precisava passar por mim. Vi um estranho bonito parado ali. Eu me virei para assistir ao show da banda. Ele me cutucou de novo. Eu me virei de novo. Dessa vez, ele se apresentou.

"Oi, sou Lita", respondi.

"Eu sei", disse ele.

Duas semanas depois, eu me casei com esse cara. Depois de alguns anos horríveis – com a morte dos meus pais, as mudanças na equipe da BMG destruindo o sucesso que levei décadas para construir e a quebra do mercado de hard rock –, fiquei sem música e sem família. Eu estava sozinha e extremamente vulnerável.

Meu sonho era casar em Roma, cercada pelos meus parentes italianos, as pessoas mais calorosas e maravilhosas que já conheci na vida. Em vez disso, a união com meu marido foi realizada por um juiz de paz do Texas. Eu estava com uma calça jeans velha e rasgada, sem maquiagem e nem tinha tomado banho. Ninguém mais estava lá, só meu novo marido, eu, um pequeno e velho oficial de justiça e sua esposa.

Nós nos casamos em maio, numa sexta-feira 13.

Fomos tomar café da manhã na lanchonete Denny's logo depois de nos casarmos e voltamos para o nosso quarto de hotel num caminhão cheio de garrafas de cerveja e latas de refrigerante que pedimos emprestado de um dos funcionários do Chicken Ranch, um barzinho local. Eu tinha acabado de me casar no meio do nada no Texas com um homem que mal conhecia.

Pensei: *Que diabos eu acabei de fazer? Por que me casei com esse cara? Eu nem o amo!*

Liguei para algumas pessoas para dar a notícia. Nenhum dos meus amigos sabia que eu estava saindo com alguém. Liguei para o meu empresário e contei a ele. "O quê? Com quem você se casou?", perguntou ele, confuso. Era uma ótima pergunta. Percebi rapidamente que não tinha ideia de quem era esse cara.

O que eu fiz?

DE VOLTA À CALIFÓRNIA, pesquisei sobre como anular o casamento; liguei para o juiz de paz. No entanto, eu precisaria pegar um voo de volta para o Texas para cuidar da papelada, e eu já estava no estúdio gravando *Black*. Os músicos que contratei estavam lá, trabalhando e recebendo por isso. Michael Dan Ehmig estava hospedado na minha casa, e eu tinha reservado e pago pelo tempo de estúdio. Isso sem falar que eu sabia que esse poderia ser o último álbum que eu gravaria e queria que ele ficasse ótimo. Eu não podia sair. A ideia de anulação do casamento se dissipou.

Ainda assim, algo dentro de mim não estava feliz.

Procurei Michael Dan para que ele me desse seu feedback e sua opinião. Eu precisava de alguma garantia de alguém em quem eu confiasse. Michael tem um jeito de encontrar beleza em tudo e em qualquer coisa. Ele sempre me dizia que me amava como uma irmã. Falei para Michael: "Sei lá, algo não parece muito certo, mas não consigo definir o que é". Ele respondeu "Yeah...", com um sotaque lento e arrastado do sul. Mais tarde, Michael me disse que sentia a mesma coisa que eu, mas não queria dizer.

DEPOIS DE LIDAR com tanta baboseira enquanto tentava fazer o álbum, a cena grunge empurrando o heavy metal porta afora, e enfrentando as pressões de estar casada, a ZYX lançou *Black* no início de 1995. Seu slogan era: "Lita Ford está de volta e ela é *Black*". SÉRIO?! Que porra era essa?

"BLACK"

Então eu soube que era hora de parar. Não fiquei feliz com o álbum que foi lançado. As demos que gravei eram incríveis, mas a gravadora insistiu em usar os Robb Brothers como produtores, porque eles eram donos do Cherokee Studios. Eles mutilaram minhas músicas regravando todas as demos. Até Michael Dan ficou arrasado quando soube o que eles fizeram com as minhas músicas. "Você deveria fazer suas próprias produções, Lita. Você sabe exatamente como o som deve ser e é muito boa nisso", disse Michael. Foi isso. Desisti. *Black* foi o fim da linha para mim. Eu nem reconhecia mais a indústria da música e pensei que, na época, não importava o que eu fizesse, teria sido uma batalha perdida. Eu estava muito abatida e exausta. Eu não tinha forças para lutar pela minha carreira nem para tentar me divorciar, então decidi ser uma esposa leal e fiel – a decisão mais desastrosa da minha vida.

Olhando para trás, é sombrio reler a letra da música que dá nome ao álbum que eu estava gravando: *Black / Is it what you hate / the hangman's hood or the offering plate / Black / is it nightmare or dream / is it midnight sky or silent scream / Black / is it all you see when you close your eyes and you think of me / Black / Black / Black* [Escuridão / É o que você odeia / O capuz do carrasco ou o prato de oferenda / Escuridão / é pesadelo ou sonho / é o céu da meia-noite ou um grito silencioso? / Escuridão / é tudo que você vê quando fecha os olhos e pensa em mim? / Escuridão / Escuridão / Escuridão].

A próxima década e meia da minha vida seria um pesadelo, um grito silencioso. Saí da indústria da música e fui em direção à escuridão.

CAPÍTULO 13

"MOTHER"

When you look in the sky at a shining star,

Listen to your heart and know who you are,

And I'll always be your mother.

[Quando você olhar para uma estrela brilhante no céu,

Ouça o seu coração e saiba quem você é,

E eu sempre serei sua mãe.]

— "Mother"
(Letra escrita por Lita Ford)

DEPOIS DO TERREMOTO DE NORTHRIDGE, FIQUEI FARTA DE MORAR NA CALIFÓRNIA. Por isso, concordei quando meu marido decidiu procurar um novo lugar para chamar de lar, só não sabíamos onde. Ele queria sair dos Estados Unidos, então trocamos meu Corvette preto por uma picape. Colocamos uma capota na traseira da picape para que pudéssemos dormir ali se precisássemos. No dia seguinte, subimos na picape assim que o álbum *Black* foi finalizado e começamos a dirigir para o norte. Minha amada Los Angeles desapareceu no espelho retrovisor.

O plano era dirigir para o norte, virar à esquerda e voltar para o sul. Subimos por Nevada, Utah, Idaho, Wyoming e Montana. Comemos besteira e acampamos em acampamentos para trailers; esquilos se aninharam sob o capô por algumas centenas de quilômetros. Uma noite, saí correndo da barraca e fui para a floresta evacuar a última refeição, que tinha sido terrível; quando voltei para a barraca, percebi que tinha pisado na minha própria merda. Eu não estava no meu melhor momento.

Fizemos nosso caminho quase até a fronteira com o Canadá, depois demos a volta e seguimos em direção a Washington e Oregon. Os esquilos ficaram conosco até chegarmos a Redwood, na Califórnia. Inacreditável. Voltamos pela Costa Oeste e consideramos todos esses lugares que havíamos visto. Queríamos morar em algum deles? Olhamos todas as revistas gratuitas *Homes & Land* que pegamos, e meu marido decidiu comprar uma casa em Lincoln City, no Oregon, que estava inacabada, mas valia um bom dinheiro se a ajeitássemos. Ele achou que poderíamos ter lucro, então decidimos pegar um voo e voltar para Lincoln City. Era lindo: muito verde e tranquilo. Arranjamos um hotel para passar a noite e planejamos explorar a cidade no dia seguinte.

No dia seguinte, caminhamos por Lincoln City, e ele era o lugar mais lindo. O ar tinha um cheiro doce e muito limpo em comparação com Los Angeles. Parecia uma pintura, com todos os pinheiros nos conduzindo para o oceano. Decidimos nos mudar para lá. O que eu não sabia era que chovia no restante do ano, sem parar!

Alugamos minha amada casa em Angeles Crest. Eu não gostava da ideia de outra pessoa morando na minha casa, mas precisávamos do dinheiro, então alugamos para um grupo de músicos. Nunca os conheci. Aliás, nunca imaginei que deixaria essa casa para sempre. No fundo, sempre pensei que voltaríamos a ela. E também estava errada sobre isso. Logo colocamos todo o dinheiro que eu tinha na casa de Lincoln City. Eu estava sendo tragada cada vez mais fundo, e minha liberdade estava cada vez mais cerceada.

"MOTHER"

NO OREGON, eu passava a maior parte dos dias e das noites sozinha. Eu caminhava pelas praias frias sozinha e jantava sozinha num lugar alugado e fedorento com meus cães. Foi uma mudança brutal para mim.

Morávamos no Oregon havia alguns meses quando soube que Joan Jett tocaria num clube noturno a cento e sessenta quilômetros de Lincoln City.

"Vamos ver Joan Jett tocar", falei. "Só quero vê-la e falar um 'oi' para ela."

Dirigimos para lá e, quando chegamos, fui aos bastidores para ver Joan pela primeira vez em quinze anos. Ela me viu e eu a abracei, mas ela não me abraçou de volta. Enquanto eu tentava conversar sobre as novidades, Joan olhou por cima do meu ombro e começou a falar com alguém atrás de mim. Eu estava sendo ignorada e isso me irritou. Fiquei magoada porque esperava mais que um cumprimento da parte dela. Mas havia algo mais profundo também, como se sua frieza confirmasse um medo que eu não queria admitir para mim mesma: minha antiga vida, principalmente minha paixão musical, estava cada vez mais fora de alcance.

Olhei para o meu marido e disse: "Vamos sair daqui".

Caminhamos até a frente da casa para esperar o show começar. Esperamos por um bom tempo, e então ficamos sabendo que ela só faria o show às 23h30min. Tínhamos chegado um pouco mais cedo porque eu esperava sair com Joan, então tínhamos três horas para matar. Tomamos um pouco de vinho e ficamos tontos, o que piorou ainda mais meu humor. Falei para o meu marido: "Se comermos, ficaremos sóbrios o suficiente para dirigir os cento e sessenta quilômetros para casa". Pedi um burrito coberto com sour cream, guacamole e queijo. Era um burrito grande, suculento e caótico. Mas tinha um problema: não havia facas nem garfos. Eu estava bem vestida e meu cabelo e maquiagem estavam feitos.

Eu não queria estragar tudo, então pedi à garçonete uma faca e um garfo. Ela disse: "Há alguns talheres de plástico naquela mesa ali".

Olhei, mas não havia nenhuma faca. Mas percebi que a garçonete estava segurando uma faca para pão. *Perfeito.*

"Posso usar sua faca para pão?", perguntei.

"Não. Você não pode usar isso", respondeu ela.

"Por favor. Vou só cortar meu burrito e já te devolvo."

De alguma forma, as palavras devem ter sido alteradas ou mal interpretadas, porque ela respondeu me chamando de vadia. Fiquei ali sentada, confusa, por uns cinco minutos enquanto meu sangue fervia.

"Vadia?", continuei dizendo. "Ela acha que eu sou uma vadia? Se ela quer uma vadia, agora ela vai ter."

Bem nessa hora, ela passou pela nossa mesa. Peguei o prato de burrito, com sour cream, guacamole, queijo e molho e joguei na nuca dela. A coisa respingou na parede e no cabelo dela. Ela começou a chorar.

Meu marido havia pedido um prato de nachos com frango, sour cream, queijo, jalapeños, entre outros ingredientes. Perguntei para ele: "Você vai comer isso?".

"Bom, acho que não", respondeu ele. Então peguei o prato, me levantei e olhei ao redor.

Todos no restaurante gritaram "NÃO!" para mim.

Olhei para trás, respondi "Sim!", e joguei os nachos contra a parede. Quando os nachos explodiram, voltamos a nos sentar e nos olhamos.

"Acho melhor irmos embora agora", meu marido disse.

"Acho que sim", concordei.

"Segure na parte de trás da minha calça jeans e não solte."

"Tudo bem", falei.

Não vi o show de Joan, acho que não perdi muita coisa. E, ainda assim, é uma das minhas noites favoritas no Oregon. Isso demonstra o quanto o Oregon foi divertido para mim. Meu único "momento rock'n'roll" envolveu um burrito.

SIM, eu odiava morar em Lincoln City. Em primeiro lugar, parecia que o dia em que vimos a cidade pela primeira vez foi um dos únicos dias do ano em que não choveu. Quando nos mudamos para lá, as nuvens apareceram e nunca mais foram embora. Em segundo lugar, eu estava percebendo cada vez mais o quão infeliz eu estava me tornando. Parei de ouvir músi-

"MOTHER"

ca. Eu não me sentia no controle da minha vida. Estava ficando ressentida com meu casamento, porque ele me afastou das pessoas e coisas que conheci durante toda a vida e que eu mais amava.

Para me ocupar, compramos um cavalo e uma égua. Infelizmente eu não podia cavalgar com frequência porque chovia constantemente, mas eu descia para os estábulos e tratava os animais. Quando havia um raro dia decente, eu fazia longos passeios a cavalo. Meu cavalo favorito era um árabe chamado Ziggy. Ele era como um carro turbinado: rápido pra caralho. Eu amava Ziggy. Nossa égua era Bonnie, uma appaloosa; ela tinha um tumor gigante na lateral da perna. O tumor foi retirado e fizeram o teste de câncer. Acontece que ela não tinha câncer, mas ela me deu um coice e quase quebrou meu joelho uma vez, então não a montei depois disso. Ziggy e Bonnie eram a minha distração, porque eu sentia muita falta da minha casa na Califórnia.

A decisão foi ter filhos. Tomei anticoncepcional por mais de dezoito anos e, assim que parei de tomar, desenvolvi um cisto no útero. Sempre que eu transava, doía. Fui à médica e ela me disse que o cisto era do tamanho de uma toranja e que eu precisaria parar de tomar as pílulas aos poucos, o que funcionou, felizmente. No entanto, mesmo depois de parar de tomar as pílulas, ainda não conseguia engravidar. Minha depressão se aprofundou.

APÓS TRÊS MESES morando no Oregon, fiquei sabendo que nos mudaríamos para a Flórida. Isso me pareceu bom. Daria qualquer coisa para sair daquele lugar sombrio. A única coisa que me incomodou em ir embora foi ter de vender meu cavalo e minha égua. Não sou o tipo de pessoa que compra um animal e se afasta dele. Quando tenho um animal é para toda a vida, então deixar Ziggy e Bonnie para trás foi difícil. Quando os vendemos num leilão de animais, precisei montar neles quando eles foram a leilão. Assim que anunciaram que Bonnie era uma égua "amiga das crianças", ela prontamente me jogou contra a parede. Malditas éguas. Era como se ela estivesse dizendo: *Dê o fora da cidade.*

LITA FORD

Viajamos para o sudeste em dois caminhões de quase oito metros de comprimento, um deles rebocando um Porsche e outro, um Cadillac. Tínhamos saído de Lincoln City logo depois de encher o caminhão, à 1h da manhã, que não era exatamente o momento ideal para começar uma viagem pelo país. Nós nos perdemos em Portland, a cerca de cento e sessenta quilômetros de Lincoln City em direção ao interior. Por fim, encontramos a rodovia ao amanhecer. Eu estava ficando cansada, mas não paramos.

"Estou dirigindo um caminhão de quase oito metros abarrotado de coisas, com um Cadillac Coupe de Ville, e estou caindo de sono. Preciso parar para dormir", falei no walkie-talkie. *Não*. Aparentemente, precisávamos chegar à Flórida num determinado horário, senão outro comprador estaria na casa em que estávamos de olho antes de nós.

Eu estava furiosa, mas me calei e continuei seguindo meu marido.

Uma vez em Panama City Beach, na Flórida, conseguimos a casa que estava nos planos e a construção recomeçou. Duas semanas depois, em outubro de 1995, o furacão Opal atingiu e arrancou o telhado e tirou a areia que estava sob a fundação. O oceano entrava pelas janelas, já que era uma casa à beira-mar. A Guarda Nacional declarou a cidade uma área de desastre. Fossas sépticas, piscinas e fios elétricos caídos estavam em todo canto. Meu vizinho encontrou um dos brinquedinhos de um dos meus cachorros a cinco quarteirões da nossa casa. Até a estrada sumiu. A casa ficou bastante destruída, mas conseguimos o dinheiro da seguradora para reconstruí-la. O furacão Opal atingiu fortemente a Costa Leste e os danos totais somaram mais de US$ 5 bilhões.

Por mais terrível que tenha sido, aquele desastre natural foi as boas-vindas perfeitas à minha vida na Flórida. Infelizmente, diferente de Opal, minha tempestade pessoal não passou em um dia. Nos anos que se seguiram, fui afastada para mais longe das coisas que me fizeram quem eu sou: Lita Ford.

No entanto, dentro de cada furacão, dizem, há um "olho" no centro, um lugar de paz em meio ao caos que gira ao redor. Encontrá-lo seria minha salvação.

"MOTHER"

DOIS ANOS E MEIO de casamento se passaram e eu não conseguia engravidar. Pesquisei sobre fertilidade feminina em busca de uma solução. Cheguei ao ponto de fazer com que minhas obturações de amálgama – obturações antigas podem conter mercúrio – fossem retiradas dos meus dentes, achando que a razão fosse essa. Mesmo assim, não engravidei e, depois de anos tentando, percebi que nunca teria um filho e, de qualquer forma, estava com medo de não saber o que fazer. As crianças não vêm com um manual e não têm seis cordas. Você não pode apertar o "pause" ou o "mute" e não há botão de "stand-by". No entanto, por alguma razão, as crianças pareciam ter atração por mim durante toda minha vida. Eu costumava separar um tempo para conversar e sair com elas sempre que estavam por perto. Eu sentia que podíamos nos relacionar de alguma forma; talvez seja verdade que as pessoas do rock são crianças que nunca viram muito sentido em "crescer". Mas, quanto a ser mãe, no verão de 1996, finalmente percebi que não era possível.

Então, por algum motivo, precisei fazer xixi várias vezes enquanto estávamos na Disney World naquele setembro. Evitei um brinquedo específico, com uma queda acentuada e repentina – eu não sabia por quê; simplesmente não parecia uma boa ideia. Mais tarde naquela noite, saímos para comer com nossos antigos corretores de imóveis, Vicki e Denis, que tinham vindo do Oregon para nos visitar. A comida indiana me deu enjoo, o que nunca acontece. Às 3h da manhã, eu me sentei na cama. Eu não me sentia muito bem. A ficha caiu rápido: eu estava grávida. Eu sabia. Não precisava de teste. Eu simplesmente sabia.

Quando fui para casa e fiz o teste de gravidez, deu positivo. Meu Deus, meus pais se foram. Como vou criar um filho sem a ajuda dos meus pais? Eu não tinha nenhum membro da família por perto nem amigos que pudessem me ajudar. Ninguém com quem conversar.

Ainda bem, minhas vizinhas dos dois lados, Lynne e Kelly, por acaso também engravidaram, e nós três nos aproximamos. Era como se tivéssemos o mesmo amante. Fazíamos longas caminhadas na praia todos os dias e apoiávamos umas às outras durante o processo. Li muitos livros sobre gravidez e como ser uma ótima mãe. Defini um padrão alto para mim: queria ser igual à minha mãe. Essa era minha principal prioridade. Pela primeira vez desde que deixei a música, tive um foco. Fiz tudo o que o médico me recomendou durante a gravidez. Não tomei bebidas alcoólicas nem cafeína; tomei vitaminas pré-natais religiosamente.

Durante a minha gravidez, visualizei como meu bebê seria quando fosse uma criancinha – um lindo menino – em um sonho. Ele estava muito nítido para mim: loiro com olhos azuis, um rosto lindo e pele clara. Quando ele era pequeno, sua aparência era exatamente como eu vi no meu sonho.

NÃO TIVE COMPLICAÇÕES ATÉ o último trimestre, quando comecei a ter sangramentos. Os médicos não conseguiam descobrir de onde vinha o sangue, então fizeram com que eu repousasse na cama e disseram para eu parar quieta nos três meses seguintes. Naquela época, eu tinha trinta e oito anos, uma idade um pouco avançada para ter o primeiro filho. Mas eu tinha ouvido falar que pais mais velhos são pais melhores, e isso era verdade no meu caso. Eu deveria ser mãe aos trinta e oito anos, e não antes disso.

Naquela época, recebi um telefonema da minha tia Rosetta, irmã mais velha da minha mãe, da Itália, e ela queria que eu fosse visitá-la. Ela morava no coração de Roma. A cidade foi construída em torno de seu minúsculo apartamento. A barreira do idioma era tão grande entre nós que, sem um tradutor, eu não conseguia entender qual era o problema e por que a pressa de ir vê-la de repente. Ela estava triste por eu não poder pegar voos devido à minha gravidez. Logo depois desse telefonema, fiquei arrasada quando ela faleceu no último trimestre da minha gravidez. Então eu entendi. Se eu soubesse que ela estava doente, teria ido para Roma de qualquer jeito, apesar do sangramento.

Entrei em trabalho de parto do James em 13 de maio, meu aniversário de casamento. Quando chegou a hora, comecei a sangrar muito e fiquei com muito medo. Um dos funcionários do meu marido me levou de carro

"MOTHER"

ao hospital, que ficava do outro lado da cidade. Fiquei sentada sobre uma toalha preta durante todo o caminho, humilhada por estar compartilhando essa experiência com um estranho.

Fiquei em trabalho de parto por doze horas e ia dormir quando o médico entrou e disse: "Você não está dilatando. Teremos de cortar você".

"Uma cesariana?", perguntei.

"Sim."

"Não", respondi. "Eu quero fazer isso de forma natural."

"Você está sangrando. Você pode perder o bebê agora se não o tirarmos imediatamente."

Eu não tinha argumentos contra isso, então concordei com a cesariana. O médico me levou para outra sala para me preparar para a cirurgia. Colocaram um lençol sobre mim e prepararam uma epidural; eu estava entorpecida da cintura para baixo quando o médico começou a me abrir. Então senti o peso do bebê saindo do meu peito. De repente, eu conseguia respirar, o que não conseguia fazer há meses. James estava gritando, como qualquer bebê saudável grita.

O médico disse: "Cara, ele é barulhento!".

Ele era tão barulhento que pensei: *Meu Deus, outro vocalista!* Eu me apaixonei na hora.

JAMES LENARD GILLETTE nasceu em 13 de maio de 1997. Um taurino. Ele pesava três quilos. Seu nome do meio foi uma homenagem ao meu pai – o avô que ele nunca conheceria. Fiquei triste porque papai não estava lá para ver o neto entrar na família. Quando James entrou na minha vida, finalmente entendi o significado do amor verdadeiro e incondicional. Ele era meu único foco. Minha razão de ser. Depois de três longos e sombrios anos, um raio de amor e felicidade iluminou minha vida.

Eu cantava "Sweet Baby James", de James Taylor, enquanto o segurava nos braços todas as noites. "There is a young cowboy who lives on the range… Rock-a-bye, sweet baby James" [Há um jovem caubói que mora na área... vamos dormir, querido bebê James]. Ele sempre adormecia em meus braços enquanto eu cantava. Eu não sabia, mas estava esperando havia trinta e oito anos para conhecer meu querido bebê James.

James mudou minha vida. Eu o levava para todo lugar. Comprei um carrinho de bebê apropriado para corrida e comecei a me empenhar de imediato para descobrir o que significa ser mãe. Íamos ao zoológico. Assistíamos a todos os programas infantis de TV juntos. Eu nunca lhe dava comida de bebê que vinha em potinhos, só alimentos frescos cozidos que eu colocava no processador de alimentos, sem conservantes nem fórmulas infantis. Eu tentava cumprir o padrão que meus pais estabeleceram de forma consistente.

Imagina se eu não estava orgulhosa também! Então, quando a revista *People* pediu para incluir James em um artigo com Richie Sambora e o filho de Heather Locklear, me animei com a ideia de apresentar ao mundo esse lindo menino – afinal, ele era a realeza do rock, filho da "Rainha do Heavy Metal". No entanto, optaram por retirar o pedido. Meu universo rapidamente se encolheu de novo para apenas James e eu.

Quando James tinha uns nove meses, nos mudamos novamente. Eu estava exausta de construir e me mudar. Pensei: *Não podemos só comprar uma casa e nos mudar? Não* quero construir outra casa. Bem, logo estávamos nos mudando para nossa nova casa na baía de Panama City em 1998. Eu ficava na cozinha da nossa casa nova e segurava James enquanto cantava para ele. Eu não tinha amigos de verdade por perto e, claro, nenhum membro da família também.

EU AINDA ESTAVA ME agarrando a fragmentos da minha carreira musical, tentando manter as conexões que queria manter. Dina Weisman estava me representando como empresária para certas coisas que surgiam. Meu antigo técnico de guitarra, Tom Perme, era namorado dela. Dina era minha amiga e eu confiava nela: eu a conhecia desde o início da minha carreira solo. Nós nos encontramos no banheiro feminino da Long Bea-

"MOTHER"

ch Arena quando perguntei se alguém tinha um alicate porque eu estava tentando fechar minha calça jeans, que estava muito apertada. Eu a vestia deitada na cama, encolhendo a barriga, mas não havia uma cama no banheiro da arena, então não havia como fechar o zíper sem um alicate. Ela colocou um alicate na minha mão e disse: "Eu tenho. Quantas garotas que carregam um alicate na bolsa você conhece?".

"Sério? O que você faz?"

"Seu técnico de guitarra é meu namorado." Depois disso, continuamos amigas por muitos anos. Dina me deu meu primeiro frasco de esmalte preto. Eu nunca tinha visto isso.

Pedi a Dina para marcar uma reunião com Kenny Laguna e Joan Jett em 1998, porque queria escrever uma música com Joan. Kenny acabou vindo para Panama City, mas não trouxe Joan com ele como Dina e eu esperávamos. Saímos para jantar, mas isso acabou se tornando uma "não reunião", porque Joan não estava lá. Nada foi resolvido e as coisas ficaram nisso, exceto por Kenny dizer que achava que era uma boa ideia. Não houve esforços da parte dele nem da nossa. Acho que ele não queria trabalhar com a gente, e nós não queríamos trabalhar com ele. Não confiávamos nele.

Depois da reunião, ele foi embora e não tive mais notícias dele até cerca de seis meses depois, quando, no início de 1999, Kenny marcou uma teleconferência comigo, Joan, Cherie Currie e Sandy West para discutir a possibilidade de reunir as Runaways de novo. Joan não tinha um álbum de sucesso havia algum tempo, e Kenny era o empresário de Cherie na época.

Na semana anterior à teleconferência, falei com Sandy e Cherie, mas não com Joan. Eu estava com medo de falar com Joan depois de ela ter me evitado no show em Portland. O telefone tocou. Era Kenny, que também estava com Cherie na linha. Eles ligaram para Sandy. Cherie estava bem legal e amigável. Sandy estava feliz e, como sempre, contei a elas sobre eu ter tido o James.

Joan foi a última pessoa a ser incluída na chamada. Eu esperava que ela ficasse feliz em ter notícias nossas depois de tantos anos. Mas, quando ela atendeu a chamada, parecia que alguém tinha acabado de acordá-la de um sono profundo e colocado o telefone em sua cara. Parecia que ela não sabia com quem estava falando, e nem tinha sido preparada para essa ligação. Ela não falou "oi" para ninguém, nem perguntou como estávamos; para mim, ela parecia infeliz. Pensei comigo mesma: *Para tudo, isso não vai rolar*. Pedi desculpas a todos. "Sinto muito, mas preciso desligar agora."

Cherie disse: "Não, não, não, Lita! Por favor, não desligue!".

Sandy entrou na conversa: "Joan só está cansada".

"Se isso for cansativo, então não quero fazer parte disso. Sinto muito, mas não consigo fazer isso." Desliguei e a teleconferência terminou. Não sei o que aconteceu nos vinte anos desde a época das Runaways, mas essa não era a Joan que eu conhecia. Fiquei enojada com a atitude dela. Foi isso que a situação me provocou.

Nas Runaways, Joan e eu nunca discutíamos e, quando nos separamos, eu tinha muito respeito por ela, como uma irmã. Talvez Kenny olhasse para isso como uma competição, embora eu nunca tivesse tentado competir com Joan. Fico pensando se ele me via como uma ameaça, embora Joan e eu tenhamos dois públicos completamente diferentes.

Nos dias que se seguiram à teleconferência, recebi um telefonema de Sandy, que estava tentando me convencer a voltarmos a nos reunir. Falei para ela: "Por que você não segue em frente com a sua vida, Sandy? Você é tão talentosa. Você é Sandy West. Você pode entrar em qualquer banda. Não precisa ser nas Runaways".

Cherie também ligou e tentou me convencer. Usei a desculpa de ter acabado de ter James, e também sabia que a cena musical estava ferrada, então falei para ela que não faria isso.

Independentemente disso, 1999 não era o momento certo para lançar um álbum nem fazer uma turnê das Runaways. Se não podíamos ter respeito umas com as outras numa simples teleconferência, não sobreviveríamos a um dia de ensaio, muito menos a uma turnê inteira.

"MOTHER"

ENQUANTO ISSO, os anos foram passando.

Quando nos mudamos da Flórida em 2001, já tínhamos um complexo de apartamentos, várias casas menores e duas propriedades à beira-mar. Eu me lembro bem do ano por conta da preparação para o ano 2000. Meu lar estava uma loucura com os temores do ano 2000: guerra nuclear, colapso financeiro, aviões caindo do céu, colapso da civilização e assim por diante. Que insanidade. Os suprimentos começaram a aparecer: grandes quantidades de ovos em pó, leite condensado, trigo, feijão, arroz, farinha, açúcar, absorventes íntimos, enxaguatório bucal, pasta de dente, galões de água empilhados até o teto; um gerador de US$ 20 mil; centenas de baldes de quatro, cinco litros com alimentos. E não acabava aí. Tínhamos estocado barbeadores, antibióticos e remédios. Isso invadiu meu espaço e minha consciência de um jeito que comecei a acreditar também. Íamos morrer! Meu bebê ia morrer! Um relógio digital de contagem regressiva para o ano 2000 foi instalado no escritório da casa. Toda vez que eu caminhava pelo escritório, conseguia ver os segundos passando naquele maldito relógio.

Na noite que antecedeu o ano 2000, eu estava convencida de que não acordaríamos na manhã seguinte. Nossa casa ficou muito destruída o ano todo! Eu estava bem assustada. Saí de fininho, em silêncio, e fui lentamente para a parte de baixo do beliche no quarto de hóspedes com o bebê James. Por mais louco que pareça, prendi James contra a parede com meu corpo para o caso de eu poder protegê-lo da explosão nuclear.

Para minha surpresa, na manhã seguinte todos nós acordamos. Olhei para o bebê James. Ele estava dormindo. Olhei para os meus braços. Eles ainda estavam lá. Abri as cortinas. Nada estava queimado. Eu me levantei e fui ao escritório olhar o relógio com a contagem regressiva para o apocalipse. Já era 2000 havia algumas horas. Liguei a TV e nada havia explodido. O noticiário mostrava a Times Square e pessoas que foram para as festas, como em qualquer celebração de ano-novo.

Eu estava com muita raiva. Comemos comida desidratada por anos depois disso. Que péssimo.

COMECEI A ME preocupar com o fato de James ser filho único. Eu queria ter outro bebê para que, se alguma coisa acontecesse comigo, meus filhos tivessem um ao outro, mas eu já tinha quarenta e dois anos. Eu havia consultado uma médica que tinha a mesma idade e acabado de ter um filho. Ela me disse: "É muito raro e você provavelmente nunca ficará grávida nessa idade. Você quer algumas pílulas de fertilidade?".

"Não", respondi. "Merda, eu não quero quíntuplos. Se for para ser, será."

"Espere três meses e, se nada acontecer, volte e veremos quais outras opções estão disponíveis", disse a médica.

No fim dos três meses, fiz um teste de gravidez: deu positivo. Levei anos para engravidar de James. Eu não conseguia acreditar, devido à minha idade; eu tinha quarenta e dois anos e teria meu segundo filho.

Rocco nasceu em 27 de junho de 2001. Um canceriano. Ele pesava pouco mais de três quilos. Vi Rocco em meus sonhos, assim como tinha visto James anos antes. Ele era um pouco mais moreno que o irmão mais velho, com olhos castanhos, cabelo castanho e tinha a pele morena clara. Como era de se esperar, ele era igualzinho ao meu sonho quando saiu de mim. "Igual a minha mãe", falei quando o segurei pela primeira vez. Ele iluminou minha vida. Mais uma vez, desejei que meus pais pudessem estar lá para ver esses dois milagres, mas sabia que eles estavam observando de algum lugar. James era um ótimo irmão mais velho. Ele me ajudava com as fraldas, roupas de bebê e qualquer outra coisa que eu pedisse. Eles eram os amores da minha vida. Parecia que a minha vida estava completa com esses dois meninos lindos.

Então meu marido anunciou que nos mudaríamos novamente. Dessa vez, para uma ilha do Caribe. Ele foi na frente, me deixando com um recém-nascido, uma criança de quatro anos e um dachshund cego (meu amado Chili Dog). Vendemos as nossas dez propriedades, incluindo a casa em que morávamos. Um dia, os móveis foram esvaziados. Olhei para os meus dois filhos pequenos e não tive escolha a não ser segui-lo. Eu não

"MOTHER"

queria ir, mas de jeito nenhum afastaria meus filhos do pai deles. Antes de nos mudarmos, tudo que tínhamos estava guardado em armários, incluindo todas as minhas guitarras, exceto uma elétrica e uma acústica.

Tínhamos apenas três malas quando embarcamos no avião para as ilhas em 16 de agosto de 2001. O aniversário da morte de minha mãe. Um mau sinal.

"LEMMY, DO MOTÖRHEAD, TINHA UM APARTAMENTO A UMA CURTA DISTÂNCIA. ELE ME PERGUNTOU SE EU QUERIA IR ATÉ A CASA DELE TOMAR MAIS ALGUMAS. ACABEI FICANDO NA CASA DO LEMMY POR TRÊS DIAS!

TOMAMOS DOSES DE WILD TURKEY, CONSUMIMOS UMAS CARREIRAS DE METANFETAMINA E ACABAMOS ESCREVENDO "CAN'T CATCH ME."

CAPÍTULO 14

"THE ASYLUM"

No one seems to hear me now,

As though my words were all blacked out.

And written on the walls of the Asylum.

[Ninguém parece me ouvir agora,

Como se minhas palavras estivessem todas apagadas.

E escritas nas paredes do manicômio.]

— "The Asylum"
(Letra escrita por Lita Ford e Michael Dan Ehmig)

NÓS NOS MUDAMOS PARA O TRIÂNGULO DAS BERMUDAS – LITERAL E metaforicamente. Mais precisamente: Turks e Caicos, um conjunto de ilhas que fica a cerca de mil cento e vinte quilômetros da costa de Miami. Durante o primeiro ano e meio, vivemos na ilha principal, Providenciales, chamada de "Provo" pelos locais, onde a população é de aproximadamente dez mil pessoas. Nesse período, mudamos de casa seis vezes. Provo pelo menos tinha alguns resorts, uma escola, uma mercearia, um médico – ou seja, alguns sinais de vida.

Minha primeira tarefa era colocar James numa escola. Ele tinha conhecimentos escolares básicos e eu já o ensinara a escrever. Mas eu queria colocá-lo em uma escola para que ele pudesse fazer amigos. James entrou na Escola Ashcroft para cursar a primeira série e a primeira metade da segunda série; era uma imundície. Quando James voltava da escola, tínhamos um recipiente enorme onde jogávamos a sujeira de seus calçados, só para ver a quantidade de sujeira que saía. Suas unhas ficavam sujas e seu rosto vermelho como um tomate por causa do calor. Como uma criança consegue se concentrar para fazer as tarefas num calor como aquele? Um dia fui para a escola ver como James estava e não o reconheci porque seu rosto estava muito vermelho. Perguntei se a escola tinha ventiladores e responderam que não. As crianças faziam educação física às 13h, o horário mais quente do dia. Tentei fazer com que mudassem o horário da aula, mas também não faziam isso. Comecei a buscá-lo na escola à tarde, já que tudo o que ele perderia seria dar voltas ao redor da escola por uma hora no sol mais quente do dia.

Meu marido ficou interessado em comprar um trecho deserto de uma propriedade à beira-mar em North Caicos, uma ilha não desenvolvida a vinte quilômetros de Provo. Era lindo? Com certeza. Mas não havia quase nada lá, exceto mosquitos, flamingos, caranguejos, baratas, ratos e arbustos. Os mosquitos eram turbinados, como aviões jumbo. Não havia água, eletricidade, estradas, centros médicos, caixas de coleta dos correios, FedEx, restaurantes, mercearias. Esqueça Walmart ou Starbucks. Tudo ao redor eram praias de areia branca como açúcar e manguezais onde tubarões-martelo davam à luz seus filhotes. De fato, eram águas saudáveis do oceano, mas a praia era um lugar tão deserto quanto se pode imaginar – se você precisasse de ajuda, pense em *Robinson Crusoé* ou *Náufrago*. Teria sido maravilhoso por duas semanas a cada verão, mas não era um lugar onde eu queria criar os meninos. Naquela faixa de costa não havia *nada*. Não havia crianças com quem brincar nem sociedade ou cultura humana normal.

O único indício de civilização nas proximidades era uma pequena comunidade de choupanas no meio da ilha e uma escola de merda e em pedaços que ficava a trinta minutos de carro em uma estrada malconservada. Não havia computadores ou ar-condicionado; uma ilha caribenha é insuportavelmente quente para não haver ar-condicionado nem ventiladores de teto! Nossa casa era maior que a escola. Que tipo de credenciais

"THE ASYLUM"

os professores tinham? Eu preferiria morrer a permitir que James, e eventualmente Rocco, dependessem daquele lugar para se educarem.

Enquanto isso, a construção de nossa nova casa começou – na verdade, duas mansões bem próximas uma da outra. Meu marido e a família Piergiovanni, seus parceiros de negócios Testemunhas de Jeová que se tornariam nossos vizinhos em North Caicos, empregavam mais de cem haitianos e "membros", como eram chamados os moradores. Uma casa seria nossa e a outra seria dos Piergiovannis. Os Piergiovannis faziam a maior parte do trabalho manual. Eles eram grandes pessoas do tipo lenhadores que viveram a vida estudando a Bíblia e construindo. Não era o meu jeito de ser!

Não fui ver o que eles estavam fazendo até as fundações já estarem prontas para essas duas enormes mansões de três andares. Quando o barco parou na propriedade, quase desmaiei. Eu tinha a impressão de que pelo menos teríamos um pouco de privacidade nesse lugar esquecido por Deus. Não. As duas fundações foram feitas a uns doze metros uma da outra.

"Que ótimo", falei para o meu vizinho, "vamos poder passar a erva uns para os outros".

Eu não estava feliz. Acho que o sentimento era mútuo; os devotos Piergiovannis provavelmente pensavam que eu era o anticristo porque eu era roqueira. Bem, isso não me torna uma pessoa má, senhoras e senhores. E também não sou antissocial: eu simplesmente não entendia a lógica de morar a doze metros de alguém sendo que havia uma maldita de uma ilha inteira à nossa disposição. Isso anulou todo o propósito de se mudar para um lugar no meio do nada.

Nem preciso dizer que temia o dia em que teria de me mudar para aquela casa, mas a fundação já estava pronta.

ENQUANTO AS CASAS estavam sendo construídas, soube que Dee Snider, do Twisted Sister, estava na ilha principal de um dos resorts com sua família. Alugávamos um lugar lá, enquanto esperávamos para nos mudar para North Caicos. Eu conhecia Dee desde 1984, quando o Twisted Sister tocou com a banda Lita Ford. Eles apoiavam muito uma garota na guitarra e sempre torciam por mim. Dee como vocalista era incrível, cheio de energia com uma voz maravilhosa, além de ter uma atitude ótima. Ele também era um marido e pai muito leal, e eu adorava isso nele. Para mim, ele era como um irmão mais velho, cuidando de mim e oferecendo conselhos e encorajamento. Achei que Dee e sua esposa, Suzette, gostariam de conhecer meus meninos, que estavam crescendo de um jeito maravilhoso. Eu também mal podia esperar para ver um rosto familiar.

Foi uma emoção. Os Sniders e a minha família ficaram amigos na hora. Dee tem uma filha da mesma idade de James e eles se deram bem. Ambos eram crianças roqueiras. A filha de Dee queria ser vocalista principal como seu pai e James queria tocar guitarra como eu. Para qualquer pessoa que me visse ou falasse comigo, parecia que eu tinha uma grande família feliz. Eu escondia com firmeza o fato de que era infeliz, vivendo num lugar tão isolado, sujo e solitário, longe de todos e de tudo que eu conhecia.

Levamos Dee e Suzette para mostrar a eles nossa futura base em North Caicos, que a essa altura já tinha os três andares. Subimos até o último andar da casa, de onde não dava para ver nada além do oceano, até onde a vista alcançava. Não havia nem um barco passando. Era de tirar o fôlego, mas também dava para sentir o isolamento. Olhei para o rosto de Dee e pude ver o que ele estava pensando. *Como Lita vai durar aqui com os meninos? Sem escola. Sem médicos. Sem amigos. Sem música.* Dee parecia estar meio chocado. "Certo", ele ficou falando entre inspirações profundas. "Certo."

Eu me sentia triste. Mas, bom, com certeza era uma vista linda.

Na manhã seguinte, nos despedimos de Dee e sua família. Ele voltou ao mundo que eu havia deixado para trás, enquanto eu esperava a sentença em Alcatraz, também conhecida como North Caicos.

DEMOROU DOIS ANOS para as duas casas ficarem prontas. Elas foram construídas como um cofre de banco – ou como uma cela de prisão, dependendo da sua perspectiva. De acordo com os empreiteiros, nossa mansão

"THE ASYLUM"

poderia resistir a "ventos de setecentos e vinte e cinco quilômetros por hora". Era frio lá dentro, pois o piso e as bancadas eram de granito. Para mim, parecia um manicômio com varandas.

Eu estava morrendo de medo de me mudar para North Caicos por muitos motivos. O lugar era ainda mais remoto que Provo. O bem-estar dos meus filhos é o que mais me preocupava. Havia apenas um médico na ilha principal de Provo. Ele era o cara que você procurava se tivesse gripe ou um corte feio, mas se precisasse de atendimento de emergência, precisava ser transportado de avião para Miami. A mudança para North Caicos tornaria o atendimento médico urgente ainda mais problemático. Arriscar meu bem-estar pessoal era uma coisa, mas, quando se tem dois filhos pequenos, não é um risco que qualquer mãe quer correr. Cheguei a estocar EpiPens, para o caso de reações alérgicas, antibióticos e outros itens de primeiros socorros. Como moraríamos num lugar muito remoto, eu precisava de algum tipo de garantia, por menor que fosse, de que poderia ganhar de vinte a trinta minutos caso algo acontecesse conosco, como uma mordida de tubarão ou um acidente de barco.

Também arranjei uma professora particular para as crianças em North Caicos. Porém, quando chegou o dia de ela vir para a primeira visita, ela nunca apareceu. Mais tarde naquele dia, ela ligou e se desculpou, explicando que seu carro havia quebrado. Isso não era incomum, já que as estradas eram muito ruins. Ela disse que estaria lá na mesma hora no dia seguinte, mas, de novo, ela não apareceu. Ela era minha única possibilidade de ter uma professora particular em North Caicos que poderia dar aula para a segunda série, e ela se mostrou pouco confiável. No fim, eu me lembrei daquele bom e velho ditado: "Se você quer que algo seja bem feito, faça você mesmo". Então decidi educar os meninos em casa sozinha. Não tive escolha a não ser colocá-los na Escola Lita Ford. Ainda assim, eu estava furiosa, pois esse não era o meu ideal de vida, e não tinha ideia de onde começar. Eu estava em uma banda de rock desde os dezesseis anos, não era professora. Ninguém odiava a escola mais que eu. Não havia material escolar na ilha nem livros de qualquer tipo e, mais importante, queria que as crianças tivessem amigos da idade deles e fossem à escola por esse motivo.

Comecei a pequisar, tentando descobrir como eu faria isso funcionar. No fim, encontrei uma grade escolar respeitável no continente, a Calvert School, do Canadá, de que gostei muito. Ela tornava o aprendizado divertido e era a forma mais fácil de entender. Se essa fosse a nossa realidade, eu queria que fosse o mais divertido e educativo possível para os meninos.

Ensinar em casa mudou minha vida e acabou me aproximando ainda mais dos meus filhos. Todas as manhãs, meus filhos, eu e os cachorros nos levantávamos e caminhávamos na praia. Os meninos corriam, nadavam, faziam exercícios e procuravam conchas. Eu me lembro de ver suas pegadas na areia. As pegadas dos meus filhos e as minhas eram as únicas na praia – para se ter ideia do quão deserta ela era. Eles encontravam algumas conchas do tamanho de bolas de basquete. Voltávamos para casa e os meninos pulavam na piscina para tirar a areia e o sal da praia, e então tomávamos café da manhã. Eu preparava um café da manhã caseiro, com ovos, waffles de trigo recém-moído ou rabanadas, um café da manhã digno de um rei, e então começávamos os estudos. James, Rocco e eu sentávamos a uma enorme mesa redonda antiga e fazíamos as tarefas escolares todas as manhãs. Ensinei a tabuada, como ler e escrever palavras em letras cursivas e de fôrma para James. Eu colocava um CD educacional para Rocco para mantê-lo ocupado enquanto ensinava James, e então trocávamos. Eu dava aula para duas séries diferentes ao mesmo tempo e era um trabalho árduo. Depois do almoço, voltávamos a estudar até cerca de 15h ou 16h, antes de sair para pescar – eu havia ensinado os meninos a pescar, da mesma forma que meu pai me ensinou.

À noite, antes de dormir, líamos dicionários e enciclopédias. James também lia livros com histórias para Rocco e para mim. Tínhamos todos os títulos do Dr. Seuss e montes de outros livros. Meu livro favorito era *Are You My Mother?* [Você é minha mãe?]. Ensinei muito aos meninos. E também tínhamos aulas de música. James gravou sua primeira música aos sete anos. O nome dela era "Destruction" e foi inspirada em um dia

"THE ASYLUM"

particularmente complicado em nossa casa depois de três refeições e um dia inteiro de atividades.

    Ensinar os meninos em casa, cozinhar, fazer pão, colher vegetais da horta e limpar uma casa de cinco quartos, seis banheiros e novecentos e trinta metros quadrados cheia de areia me deixava exausta pra caralho. Eu me sentia como a Cinderela, presa na casa de sua madrasta malvada. Estávamos vivendo como os malditos amish. Eu adorava estar com meus filhos, mas me sentia presa morando naquela casa e naquela ilha. Eu mal assistia à TV porque na metade do tempo o satélite ficava bloqueado por uma nuvem enorme no céu e não funcionava. Eu não me atualizava sobre música. À noite, muitas vezes eu adormecia na parte de cima do beliche de James enquanto assistíamos a um filme. Antes de cair no sono, eu olhava pela janela em formato de escotilha em seu quarto. Eu fixava meu olhar na estrela mais brilhante, como tinha feito quando era adolescente na parte de trás daquela van quando as Runaways estavam em turnê. Lá estava ela. Essa mesma estrela ainda me seguia aonde quer que eu fosse. Mas eu nunca conseguia relaxar de verdade. A única alegria ou prazer que eu tinha durante aqueles anos na ilha era estar com meus filhos. Eles eram meu mundo. Eu ficava deitada na cama rezando para que meus filhos crescessem e tivessem uma vida feliz e saudável, e que eles sempre fossem meus melhores amigos. Considerando a vida isolada que tínhamos, de quem mais deveríamos ser amigos?

EU SENTIA MUITA falta da indústria da música, e isso me deixava triste porque meus filhos não tinham nenhuma conexão com o mundo que eu amava. Pela primeira vez desde que havia me mudado para a Flórida, comecei a ouvir música de novo. Por diversão, decidi ensinar James e Rocco sobre a "Escola de Rock". Comecei com a primeira letra do alfabeto: A de AC/DC ou Alice Cooper, B de Black Sabbath, e assim por diante. Fizemos isso para cada letra do alfabeto e os meninos me pediam para contar histórias sobre as bandas, já que eu havia conhecido todas elas em algum momento da minha carreira. Eu sempre tinha algo para contar a eles a respeito das bandas sobre as quais estávamos aprendendo. Contei a eles sobre a MTV e como esperava a semana toda para assistir ao programa *Rock Concert*, de Don Kirshner, pensando: *Quem será o convidado da semana?* Eu entrava na internet e procurávamos as músicas da banda, do artista ou da artista que estávamos estudando e repassávamos os solos de guitarra. Nós nos divertíamos muito fazendo isso. Eu conversava com James sobre a turnê, explicando como se aquecer para um show e como se acalmar. Eu falava sobre carisma e presença de palco para Rocco.

Um dia, meu filho James me disse: "Mãe, para tudo o que acontece, você tem uma música".

Ele estava certo: sempre que algo acontecia em casa, eu cantava um verso adequado ou uma parte de qualquer música que me viesse à mente. "Sim, James", respondi, "a vida é uma música. A música faz o mundo girar". Fazer a Escola de Rock era terapêutico para mim, e era especial para compartilhar várias coisas com os meninos. Mas era um Band-Aid sobre um buraco no meu coração. Se a música fazia o mundo girar, eu ansiava por contribuir com a minha nota.

JAMES E ROCCO foram apresentados ao UFC/MMA lutando no nível mais competitivo possível à medida que cresciam. E falo sério. Eles começaram a praticar jiu-jítsu brasileiro na modalidade Gracie, considerada por muitos a escola mais feroz dessa arte marcial – e a mais letal se usada da forma errada. O fundador da escola, Hélio Gracie, insistia que "as lutas só deveriam ser decididas por submissão ou perda de consciência". Isso parece adequado para crianças? Bem, minha família conheceu a família Gracie (entre seus membros, inclui-se Rorion Gracie, cofundador do Ultimate Fighting Championship) e seus protegidos que moravam em Miami, os irmãos Valente. Segundo o site deles (graciemiami.com), "os irmãos Valente é [sic] a representação oficial do grão-mestre Hélio Gracie na Flórida. Os professores Pedro, Gui e Joaquim Valente começaram a treinar

"THE ASYLUM"

diretamente com o grão-mestre aos dois anos de idade e foram seus discípulos leais". Se uma linguagem como "discípulos leais" soa fanática para você, eu diria que você provavelmente está no caminho certo.

Logo estávamos bastante envolvidos com isso. Na verdade, os irmãos Valente foram convidados para serem os padrinhos dos nossos meninos. Meu marido tem o logo deles – um triângulo de estrangulamento – tatuado na barriga. Sim, eu achava estranho. Comecei a temer que estivesse perdendo meus filhos para essa loucura.

O grão-mestre Hélio Gracie, fundador do jiu-jítsu brasileiro Gracie, é adorado entre os entusiastas do jiu-jítsu brasileiro. Era todo um modo de vida que ia muito além do tatame de luta, desde a forma de pensar até o que se comia. Hélio Gracie tinha problemas de estômago, por isso criou uma dieta restritiva para se curar, que mais tarde se tornou conhecida e utilizada por treinadores Gracie como os Valentes. Ele a chamou de "a dieta Gracie". Chocolate ou doce estavam fora de questão. Bolo – só de baunilha – era permitido uma vez por ano. Se os meninos comessem chocolate, ficariam marcados no jiu-jítsu, o que significava que eles não conseguiriam suas faixas na próxima cerimônia. Pensei: *Isso é loucura. Os meninos precisam ter infância. Deixe-os comer um maldito M&M.* Eles não tinham problemas de estômago, então por que precisariam seguir a dieta Gracie? Compramos um ringue de luta para eles e o montamos numa academia que tínhamos em casa e estava cheia de equipamentos de ginástica: simulador de remo, VersaClimber, pesos e uma parede inclinada para escalada. Uma criança com um colete de três quilos e meio fazendo esse tipo de escalada não era a minha ideia de exercício saudável. O campeão olímpico Howard Davis Jr. foi contratado para dar aulas de boxe para James e Rocco.

Isso está começando a parecer uma loucura, certo? Se você duvida, digite "Rocco Gillette" no YouTube e veja por si mesmo: há um vídeo do meu precioso filho de sete anos lutando com um boxeador que conquistou uma medalha de ouro; tem mais de quinze mil visualizações. Os meninos também foram colocados em aulas de judô russo para aprenderem a chutar e derrubar o oponente.

Acredite, eu só queria que eles fossem crianças, livres para fazer coisas de crianças e agir como crianças: comer chocolate, não ter preocupações, ter amigos e serem felizes e saudáveis. James e Rocco acabavam em lágrimas após cada treino intenso. Eles eram só menininhos, não deveriam ter de se estressar noite e dia com isso. E eles não eram os únicos a se estressar. Eu também me estressava.

COM FREQUÊNCIA, recebo perguntas sobre as tatuagens em meus braços e nunca tive a oportunidade de explicar por que as fiz. Tenho certeza de que muitas pessoas acreditam que elas foram algo que escolhi fazer por conta própria, sem a contribuição de ninguém, mas não é o caso.

A primeira tatuagem que fiz foi o crânio com "Gillette" escrito na horizontal no braço esquerdo. Foi um trabalho de quatro horas. O tatuador, Christian, me perguntou discretamente: "Na verdade você não quer essa tatuagem, né?".

Ele podia ver que eu estava muito preocupada por causa disso.

"Não, não quero."

"Você quer que eu faça mesmo assim?"

"Quero."

Sorria e aguente, Lita, pensei.

Aos meus olhos, "Gillette" representava meus meninos. Eu estava bem com isso.

Isso não bastou. Acabei com uma segunda tatuagem, com a cruz e os algarismos romanos que indicam 13 de maio de 1994 – a data do nosso casamento – no braço direito. Meu filho James nasceu em 13 de maio de 1997, então vi isso como o aniversário dele e não como a data do casamento.

Sobre o cóccix, na parte inferior das minhas costas, tenho uma tatuagem que diz "MEU MARIDO". Por último, perdi o controle e tatuei o primeiro nome do meu marido no antebraço. Eu me sentia marcada como um gado.

"THE ASYLUM"

EU ESTAVA ME tornando uma sombra de quem eu era.

Certa noite, adormeci no sofá e acordei com falta de ar, quase como se estivesse embaixo d'água. Era difícil respirar e meu coração estava aos pulos dentro do peito, como se eu tivesse acabado de perder um voo. O que eu queria fazer era correr porta afora e ficar ao ar livre, mas isso acionaria o sistema de alarme. O teclado do alarme ficava no quarto principal, no closet. *Estou presa*, percebi. Eu nunca guardava bebida alcoólica em casa, mas tivemos companhia naquela noite – algo raro – e levaram um pouco de vinho tinto, então enchi meio copo, pensando que isso aliviaria minha ansiedade. Não funcionou, pelo contrário, fez meu coração bater ainda mais rápido. Agora eu estava realmente em pânico.

Consegui chegar ao quarto de Rocco, que estava vazio, porque havia um vazamento no piso de bambu e ele estava mofado, o que me preocupava, então eu o fiz dormir no beliche de James por algumas noites. Essa foi uma dessas noites. Fiquei lá das 22h até cerca de 4h da manhã, paralisada. Eu queria pegar um papel e uma caneta para escrever um bilhete para os meus filhos. Parecia que eu estava tendo um ataque cardíaco e senti um forte desejo de escrever uma mensagem final para os meus filhos. Mas eu não conseguia levantar os braços; pensei que, se me mexesse, morreria. Eu só conseguia pensar nos meus meninos.

Quem vai cuidar deles quando eu partir? O que vai acontecer com eles?

Só consegui me acalmar o suficiente para sair do quarto às 10h. Peguei a *Family Health Encyclopedia* [Enciclopédia da Saúde para a Família] da Mayo Clinic, que eu tinha para o caso de emergências, e comecei a ler. Eu queria saber o que havia acontecido comigo. Percebi que tinha passado por um ataque de pânico. Viver naquela ilha estava começando a me destruir, e os sentimentos de solidão, de estar presa e isolada tinham cobrado seu preço fisicamente, não só psicologicamente.

O que vai acontecer comigo?

Finalmente, ficou claro para mim: eu precisava sair do meu casamento e sair daquela maldita ilha. Eu precisava fazer algo que me fizesse sentir como Lita de novo. Eu ainda não tinha as respostas, mas tinha uma missão. Eu precisava me salvar e salvar os meus meninos.

O PRIMEIRO PASSO era conseguir um suporte nos Estados Unidos. Comecei a insistir na ideia de comprar uma casa em Miami. Os meninos viajavam para lá com frequência para treinar jiu-jítsu. Levei três anos, mas finalmente compramos um lugar em Miami. Achei que estava um passo mais perto da liberdade, mas me enganei.

Íamos e voltávamos entre as ilhas e Miami, mas eu queria descobrir uma forma de nos manter mais na Flórida. James tinha onze anos agora e Rocco, sete. Eu me envolvi em um show de talentos da escola para alguns amigos nossos. Juntei as crianças para elas cantarem "We Will Rock You". Fiquei na parte de trás e peguei emprestada uma Les Paul Gold Top para tocar durante o show. Chamamos a banda de "Kids Row". Fiz fantasias para elas e nos divertimos muito. Dois dos meninos com quem James e Rocco praticavam jiu-jítsu faziam parte do grupo. Cada criança tinha um verso para cantar. James se divertiu tanto com o projeto Kids Row que decidi comprar para ele a Les Paul Gold Top que usei para o show de talentos como presente por seu décimo primeiro aniversário. Ele mostrou uma inclinação natural para tocar guitarra, e percebi que, mesmo que ela ficasse em seu quarto por um tempo, se ele quisesse tocar, ele poderia, em vez de tocar uma das "guitarras da mamãe". A maioria das minhas guitarras estava guardada.

Trabalhar com os meninos no Kids Row estimulou minha vontade de fazer música. Em 2009, lancei um disco chamado *Wicked Wonderland*. Ou pelo menos foi embalado como um "álbum de Lita Ford". Aqui está o que o *All Music Guide* tinha a dizer sobre isso:

É UM ÁLBUM com conteúdo sexual explícito, considerando S&M, bondage, entrega de comando e todos os tipos de excentricidade e desejo em letras,

"THE ASYLUM"

palavras e imagens na capa do disco. Ford escreveu todas essas músicas com seus coprodutores Greg Hampton e Gillette. Gillette também é parceiro de dueto ou backing vocal em todas as faixas aqui.

DÊ UMA OLHADA na lista de créditos se quiser saber quem tinha o controle artístico. Quanto ao "S&M, bondage, entrega de comando e todos os tipos de excentricidade", fico furiosa quando vejo as fotos ou os vídeos da turnê na internet.

Só vou dizer que esse não era um álbum de Lita Ford.

E, para que fique registrado oficialmente: renego *Wicked Wonderland*.

NOS MESES que se seguiram ao lançamento de *Wicked Wonderland*, meu marido declarou: "Não há dinheiro na indústria da música". Ele disse: "Se quisermos ganhar algum dinheiro, poderíamos fazer um reality show".

Achei que tinha potencial para ser legal, mas precisávamos ser realistas. Precisávamos de uma gestão profissional, diferente da experiência com o *Wicked Wonderland*.

Ligamos para a Morey Management, que representou Miley Cyrus e, para nossa surpresa, eles pegaram um avião e foram para a Flórida nos encontrar. Fiz massa para eles e servi vinho tinto. Mostramos a casa a eles e eles conheceram nossos meninos. Eles voaram de volta para Los Angeles e acharam que poderiam trabalhar conosco. Tínhamos um empresário. Ótimo! Eles nos ajudaram a encontrar um agente e começamos a comprar um reality show. Demorou meses, mas a Agência Gersh finalmente nos conseguiu um contrato com a TLC.

Eles fizeram um acordo e nos enviaram. A forma como esse acordo foi redigido me incomodou. Não havia "Lita Ford" em nenhum lugar do contrato. "Eles estão nos contratando porque essa é a família da Lita Ford. Por nenhum outro motivo". Eu estava confusa. Alguns meses se passaram e a questão do contrato ainda me incomodava. Não falei com nossos empresários desde que eles estiveram em nossa casa. Fiquei irritada por não saber como eu seria retratada. Eu estaria condenada se fosse apresentada como uma Cinderela acabada em rede nacional. Eu não deixaria isso acontecer. Eu precisava saber a verdade e a única forma de conseguir isso era por mim mesma.

Falei para o meu marido: "Vou pegar um avião para encontrar o pessoal da TLC. Também quero falar com Jim Morey e Bobby Collin", os principais executivos da empresa.

Quando entrei para me encontrar com o pessoal da TLC, eles ficaram animados em me ver. Fiquei chocada com o que me disseram sobre eles antes de ir para Los Angeles. Eu me sentei com o diretor da TLC, dois dos principais roteiristas e o vice-presidente da TLC e tive uma ótima conversa. Eles tinham algumas ideias empolgantes. A Morey Management me enviou a um compositor para que pudéssemos escrever algumas músicas para o programa. Escrevemos duas músicas ótimas. Uma delas seria a música principal do nosso reality show. Os meninos também fariam um álbum do tipo Jonas Brothers juntos. Teríamos um reality show na TV e as crianças teriam seu próprio álbum. Acho que teria sido um sucesso.

Depois disso, viajei mais para Los Angeles. Eu estava ficando mais confiante e afirmando minha independência; era como se voltar para Los Angeles tivesse me acordado de um pesadelo.

O feitiço foi quebrado. Mas a vida nunca é simples. O caminho à minha frente seria tão escuro e desafiador quanto qualquer coisa que veio antes.

Peguei os dois últimos voos para Los Angeles sozinha. Apenas pela terceira vez em dezessete anos de casamento eu estava sozinha – sem os meninos e sem o meu marido.

Quando eu estava em Los Angeles, meu celular quebrou, então entrei numa loja Sprint para comprar um celular novo. O vendedor disse: "Lita Ford?".

"Sim, sou eu", respondi. Foi bom ouvir alguém dizer meu nome verdadeiro depois de tantos anos sem ouvi-lo. Eles conseguiram um telefone novo para mim, registrado em meu próprio nome. Pode parecer uma coi-

"THE ASYLUM"

sa pequena para a maioria das pessoas, mas parecia um passo importante para recuperar minha identidade e liberdade.

Por mais de uma década, fiz o melhor que pude para suportar a forma como estava vivendo, mas sabia que se permanecesse no meu casamento eu teria morrido emocional e espiritualmente. Era hora de Lita Ford voltar.

Peguei um voo de volta para a Flórida onze horas antes do programado. Pousei em Fort Lauderdale, aluguei um carro, dirigi até o escritório do meu advogado e preenchi os papéis do divórcio. Com bravura, eu tinha escolhido um caminho sem volta, mas não entendi quão devastadoras seriam as consequências. O que aconteceu a seguir foi puro sofrimento. Consegui ganhar minha independência, mas perderia a parte mais preciosa da minha vida.

PAGUEI O PREÇO FINAL pela minha liberdade.

Quando pedi o divórcio em 2010, perdi meus filhos. De repente, eles não quiseram mais falar comigo nem me visitar. Meus meninos sociais, animados e vivos se transformaram por completo. A vizinha, uma advogada respeitada, também testemunhou a mudança deles. Ela saiu de casa um dia, falou "oi" e os meninos correram de volta para dentro de casa. Ela não era uma estranha; costumávamos ir à casa dela com frequência para andar a cavalo e brincar com seus animais. Agora os meninos também não falavam com ela. Parecia irreal que os filhos nos quais eu havia derramado todo o meu amor e toda a minha vida pudessem se voltar contra mim.

Em retrospecto, tenho uma profunda compaixão por eles. Terminar meu casamento foi a coisa mais difícil que já fiz, mas consegui recorrer à minha experiência de vida o suficiente para finalmente entender que a situação em que estava não estava certa. Meus filhos não tiveram tanta sorte. Eles não conheciam nada além daquilo. Na verdade, seu contato primário com o mundo exterior – artes marciais extremas – aparentemente reforçou o ambiente doméstico deles, promovendo com orgulho a virtude de serem "discípulos leais". (Os leitores podem achar interessante saber que "Controle" é o terceiro princípio do "Triângulo Gracie".) Ao deixar a família, agora eu era uma estranha desleal. Parecia que eu estava sendo afastada.

Decidi não detalhar o processo de divórcio aqui. No fim das contas, o único fato que importa é que me desconectei dos meus amores. Isso me machuca de um jeito inimaginável. E, infelizmente, parece que, se você pagar a quantia certa de dinheiro para os advogados certos, os tribunais fecham os olhos e permitem que os pais sejam excluídos da vida de seus filhos. É chamado de alienação parental.

Por um tempo, me mudei para um apartamento perto dos meus meninos, na esperança de me reconectar com eles. Eu tinha um saco de dormir, um travesseiro, minha mala e meus dois cachorros que dormiam aos meus pés. O conjunto de apartamentos onde eu morava estava cheio de crianças. Sempre que uma delas estava por perto, os cachorros ficavam bem animados, achando que eram James e Rocco.

Ninguém jamais saberá a dor emocional que senti. Quero que James e Rocco – e o resto do mundo – saibam que não é culpa deles. Eles são crianças – *minhas* crianças.

POUCO DEPOIS DE escapar da minha situação horrível, fui remover o nome do meu futuro ex-marido do antebraço. Fiz com que cobrissem o nome de preto porque levaria dois anos e meio para removerem aquilo e eu não ia esperar. Esperei o suficiente para escapar da vida que tinha com ele. Deixei cicatrizar por cerca de três meses e depois fui escurecer o nome de novo, e dessa vez pedi para adicionarem o contorno vermelho ao símbolo da viúva negra, e também as palavras "VIÚVA NEGRA" logo abaixo dele. Eu tinha sobrevivido a um inferno miserável e agora tinha as cicatrizes da batalha para provar isso.

PERDIDA E SOZINHA, eu me voltei para a única coisa que poderia me dar consolo: a música. Durante o processo de divórcio, comecei a tocar gui-

"THE ASYLUM"

tarra de novo e a escrever músicas. Voltar a trabalhar e fazer shows me mantinha ocupada e minha mente longe das coisas horríveis que estavam acontecendo. Comecei a participar do Rock'n'roll Fantasy Camp, de David Fishof. É uma sensação muito gratificante ter um grupo de cinco estranhos que nunca tocaram juntos em uma sala e vê-los crescerem e se tornarem uma banda em apenas quatro dias. Às vezes, eles chegam nervosos ou com medo, mas sempre me lembro do que Mike Chapman me disse em uma reunião de pré-produção décadas atrás, quando viu minhas mãos tremendo. "Lita, se você não estivesse com medo, eu ficaria nervoso, porque estar com medo significa que você se importa."

Ver fãs se importando tanto em tocar seus instrumentos comigo é uma experiência de modéstia. De vez em quando você encontra algum participante que não é tão cooperativo. Numa determinada turma, tinha uma garota em meu grupo que chegou, se sentou e cruzou os braços. Ela parecia infeliz. Eu disse a ela: "Levante-se".

"Eu não quero me levantar."

"Certo. Bem, temos de escrever uma música, então vamos todos escrever uma música."

"Não quero escrever uma música sobre sexo, drogas ou rock'n'roll", disse ela.

"Bem, por que você está aqui?", perguntei a ela.

Sugeri que escrevessem uma música chamada "Agony", porque ela parecia estar agoniada por estar ali. Começamos e, de repente, ela começou a cantar e cantou pra cacete. Os problemas que ela estava tendo em sua vida a deixaram com raiva, mas eu a vi canalizar tudo isso na música do nosso grupo. Foi tão gratificante vê-la sair daquela cadeira!

Num dos Rock'n'roll Fantasy Camps, me reconectei com o guitarrista Gary Hoey. Tínhamos nos encontrado anos antes, mas nunca tivemos a oportunidade de nos conhecer direito. Trocamos informações e, algum tempo depois, Gary me ligou e disse: "Lita, tenho um estúdio em minha casa e, se você quiser gravar aqui, é mais que bem-vinda". Cerca de um ano se passou desde o início da provação do divórcio antes de eu aceitar a oferta de Gary e ir para New Hampshire. Achei que sair da cena e dos estúdios em Los Angeles e ir para um lugar muito tranquilo na floresta, com uma vibe calmante, me faria bem. O estúdio de Gary dava uma sensação muito acolhedora. Nós nos permitíamos sentir que a música estava certa, porque, quando você está sozinho assim, acho que entende mais a verdade em seu trabalho.

Quando Gary e eu começamos a trabalhar juntos musicalmente, terminávamos as frases um do outro. Tínhamos muitas das mesmas influências, então, quando nos conectamos, foi fácil. A primeira música que escrevemos e gravamos foi "Branded", sobre as tatuagens que fiz quando era casada. Houve momentos em que eu tocava um solo e Gary dizia: "Uau, isso é incrível"; então ele adicionava algo, e eu dizia: "Uau!". As partes de guitarra de Gary complementavam as minhas. A música seguinte que escrevemos foi "Love to Hate You", que acabou sendo a música mais feliz daquele que se tornaria o álbum *Living Like a Runaway*. Alternamos licks e partes de guitarra naquela música porque, como um dueto, parecia certo fazer dessa forma. Em "A Song to Slit Your Wrists By", toquei a primeira parte do solo de guitarra e, em seguida, entreguei a guitarra para Gary, que tocou a segunda parte. Cheguei a um ponto em que, quando tocávamos as músicas, eu não conseguia dizer se algumas partes eram minhas ou de Gary! Estávamos musicalmente conectados nesse nível.

Quando voltei para a casa de Gary Hoey pela segunda vez, escrevemos "The Mask" e "The Asylum". Depois de trabalhar com Gary, parecia que eu tinha acabado de fazer o melhor sexo da minha vida através da música: era uma emoção criativa que eu não sentia havia dezesseis anos. Eu adorei.

Algumas noites, eu dizia: "Não vou tocar guitarra nisso", e ele dizia: "Lita, você tem de tocar guitarra nisso". Ele sabia tão bem quanto eu que eu precisava fazer disso a melhor coisa que já tinha feito. "Meu" álbum anterior, *Wicked Wonderland*, prejudicou minha credibilidade na indústria de tal forma que precisei restaurar as expectativas de todos.

Às vezes, começávamos a gravar e eu pedia para começar do início.

"THE ASYLUM"

"Desculpe, posso fazer isso de novo?"

"Lita, você pode repetir cem vezes se quiser. Você é a artista", Gary respondia.

Devagar, ganhei confiança em mim mesma depois de não tocar nem entrar num estúdio por tanto tempo. Depois de ficar longe por uma década e meia, precisei redescobrir quem era Lita, e Gary extraiu isso de mim.

Era um sentimento muito diferente e positivo comparado às emoções terríveis com as quais eu estava lidando durante o divórcio. Isso pode ter salvado a minha vida.

EU ESTAVA TESTANDO agudos extremos ao compor com Michael Dan Ehmig e Gary Hoey, e graves intensos porque precisei lidar com sentimentos horríveis quanto ao meu relacionamento com James e Rocco. Gary e sua linda esposa, Nicole, e seus filhos foram uma dádiva de Deus em minha vida. Ele me levou para o seu estúdio e sua família me acolheu em sua casa, e eu consegui colocar toda a dor pela qual estava passando em minha música. Eles foram muito maravilhosos comigo. Nicole preparava um café da manhã com mirtilos, iogurte e granola para mim; ela fazia de tudo para que eu comesse. Minha mente estava sempre nos meus filhos, então eu não tinha vontade de comer muito. Normalmente era café e só. Ela continuou tentando ser minha cozinheira e cuidar bem de mim. Uma noite, ajudei Nicole a fazer o jantar. Mostrei a ela como fazer o molho para macarrão que minha mãe tinha me ensinado a fazer tantos anos atrás. Foi bem divertido. Enquanto fazíamos isso, Gary ligava para a casa, que ficava a alguns passos do estúdio, e Nicole copiava as notas e as colocava em ordem para que eu pudesse usá-las no vocal. Eu não queria ir embora nunca mais. Parecia que eu estava em casa. Eu me apaixonei pelos filhos deles, que tinham a mesma idade dos meus filhos, e eles adoravam meus cachorros.

Voltei à casa de Gary muitas vezes e, a cada visita, começávamos a escrever músicas. Eu criava um vocal, então Gary e eu completávamos o restante. Depois tocávamos a música para Nicole e as crianças. Se Nicole nem ninguém na sala chorasse, ou se os amigos adolescentes de Alison que estavam por ali não gostassem, gravávamos de novo. Ouvir as ideias que Nicole tinha sempre nos ajudava. Ela era honesta e falava se algo estava lento demais, muito isso ou não o suficiente aquilo. Ela fazia parte do disco tanto quanto Gary e eu.

Quando ficávamos sem ideias, eu ligava para Michael Dan e falava algo do tipo: "Tenho uma ideia para uma música sobre um anjo, mas ela virou uma música sobre o diabo". Poucos segundos depois, ele cantava uns versos do tipo: "*Love don't come easy for a lonely soul like me... I find myself in trouble on a Road to misery... I try to do the right thing, but I'm easily misled... I'm draw to the dark side... and the devil in my head*" [O amor não vem fácil para uma alma solitária como eu... estou com problemas no caminho para a penúria... tento fazer a coisa certa, mas me engano fácil... Tenho atração pelo lado obscuro... e pelo diabo na minha cabeça], e eu ficava: "O que é isso?! Sim! Isso é brilhante!". Se eu não o conhecesse tão bem, acho que não teria conseguido escrever o álbum da forma como fizemos.

Michael Dan, Gary Hoey e a família dele me acompanharam durante todo o álbum, quando muitas pessoas viravam as costas para mim e diziam: "Não, não quero trabalhar com Lita. Ela é muito anos 80". Nessa época, eu já estava fora da cena musical havia vinte anos. Quando voltei, não sabia em que ponto a cultura musical estava, pois nunca ouvíamos as últimas novidades na ilha. Eu tocava o que eu queria e não a sensação do mês. Para tornar a vida mais fácil, não voltei a ouvir música (além da minha) quando morava em Los Angeles. No que me dizia respeito, ganhei o direito de tocar o que eu quisesse. Era exatamente o que eu fazia.

ENTRE AS SESSÕES DE COMPOSIÇÃO, eu voltava para a Flórida para me encontrar com advogados, ir ao tribunal e, acima de tudo, ver meus filhos. Fiz isso por quase um ano enquanto escrevia o que se tornaria meu próximo álbum. Eu queria que James e Rocco pudessem ter ido a New

"THE ASYLUM"

Hampshire para brincar na neve com os filhos de Gary. Meus filhos nunca tinham vivenciado o inverno. Eu queria tanto levá-los, mas a alienação parental continuou: eu não conseguia falar com os meninos ao telefone, por e-mail nem mensagem de texto. Fui bloqueada no Facebook. Todo tipo de comunicação foi negado. Isso *não* foi uma ordem judicial.

Do meu ponto de vista, o sistema legal não se importava com meus filhos. Meu ex foi autorizado a levar as crianças para "pescar" em um país onde as leis dos Estados Unidos não são aplicáveis. Um lugar de onde eu sabia que eles nunca voltariam. E, se voltassem, com certeza eu não seria informada sobre isso. O disco foi entregue à gravadora no mesmo dia em que meu divórcio foi finalizado, em fevereiro de 2012. Saí do divórcio com um bom dinheiro, mas deveria ter sido *muito* mais, considerando os milhões de dólares em terras que tínhamos. No entanto, eu só queria me livrar do meu ex-marido e que todo o processo parasse de torturar as crianças, então aceitei o acordo de merda. A única coisa que eu realmente queria eram meus filhos, e, com os meninos se comportando daquela forma, ficou dolorosamente claro que eu perderia meus queridos bebês James e Rocco. Aceitei a soma reduzida de dinheiro, assinei o acordo e segui com a minha vida.

Para ser clara: eu abriria mão de todo o dinheiro do mundo para poder abraçar meus filhos.

CAPÍTULO 15

"LIVING LIKE A RUNAWAY"

Run baby run.

[Corra, garota, corra.]

— "Living like a Runaway"
(Letra escrita por Lita Ford e Michael Dan Ehmig)

TODAS AS NOITES EU JOGAVA "LITA FORD" NO GOOGLE NO MEU NOTEBOOK, sentada na cadeira do escritório. Eu via meus vídeos antigos e ouvia minhas entrevistas antigas, tentando recuperar minha identidade. Quem quer que fosse essa pessoa, "Lita Ford", eu sentia falta dela. Eu a queria de volta! Eu via as roupas que usava, as pessoas que conhecia, as coisas que fazia, as guitarras que tocava, coisas que me faziam lembrar de quem eu era. Uma artista indicada ao Grammy. Eu ficava sentada lá até tarde da noite, paralisada por vídeos antigos. Eu não era essa pessoa havia muito tempo. Todas as noites, eu estudava imagens na internet e, devagar, comecei a me lembrar de quem eu era.

Depois que o divórcio foi finalizado, eu me mudei de volta para a Califórnia, porque a considero o meu lar. Meus pais estão enterrados lá, minhas tias, tios e primos moram lá e foi onde comecei minha carreira. Los Angeles mudou tanto ao longo dos anos que eu não tinha ideia de onde procurar um lar. Fiquei em estado de choque. Consegui um lugar num complexo habitacional temporário na boa e velha Oakwoods e decidi ficar lá até a turnê do álbum começar. Uma noite, em meu apartamento em Los Angeles, eu estava ao telefone com Michael Dan. Expliquei minha situação de vida para ele e ele disse: "Lita, você *está* vivendo como uma fugitiva". Com isso, tínhamos o título do álbum: *Living Like a Runaway*.

Quando as pessoas me perguntam: "Lita, o que aconteceu nesses quinze anos em que você esteve fora da cena musical?", falo para elas ouvirem *Living Like a Runaway*. As músicas contam a história da minha vida durante aqueles anos dolorosos, isolados e horríveis, mas também contam a história de como sobrevivi a alguns dos eventos mais trágicos da minha vida.

ESCREVI UMA MÚSICA para o novo álbum chamada "Mother", dedicada aos meus filhos. A fotografia deles está no disco ao lado da letra. Quando apresentei a ideia a Gary, eu sabia que ela poderia sair de duas formas: muito boa ou muito brega. Tentamos e ficou lindo! Recebemos lágrimas de aprovação de Nicole e sabíamos que havíamos topado em algo especial. Quando eu tocava aquele solo, sentia as mesmas emoções de partir o coração de quando toquei o solo para "Lisa". Gary ficou acordado até tarde acrescentando algumas pequenas sutilezas bonitas. Depois de todos aqueles anos, era como se eu tivesse fechado o ciclo de "Lisa". Escrevi uma música sobre a *minha* mãe e agora havia escrito uma música para os meus próprios filhos, como mãe *deles*.

A música explica a alienação parental, porque quero que meus filhos saibam o que aconteceu. Extravasar a dor de perder meus meninos no meu disco novo não foi suficiente. Descobri que existem muitas pessoas em todo o mundo que estão passando pela alienação parental. Em todos os países, em todos os estados, estamos sendo roubados, e o sistema legal está usando nossos filhos para isso. Essa se tornou uma das principais causas às quais dediquei meu tempo, não apenas para mim e meus filhos, mas para todas as mães e pais que vivenciavam isso. Meu coração está com todos os pais e filhos que sofreram essa dor de forma inimaginável. É uma das razões pelas quais fiz o clipe para "Mother". O fato de que a maior parte do nosso sistema jurídico, direito da família, juízes, políticos e assim por

"LIVING LIKE A RUNAWAY"

diante permitem que isso aconteça é absolutamente repulsivo. Na minha opinião, eles são os verdadeiros criminosos que deveriam ser colocados na prisão por permitir que a alienação parental aconteça em nossos sistemas de direito da família. Eu me consolo com o fato de que a verdade sempre prevalece no fim, e um dia meus meninos virão ao meu encontro.

Enquanto isso, nunca vou parar de lutar por eles.

Aos meus filhos, James e Rocco: quero que saibam que tentei ligar para vocês, mandar mensagens de texto, escrever cartas, enviar mensagens no Facebook e para suas escolas de artes marciais e usar qualquer outra forma de comunicação possível para entrar em contato com vocês. Todas as mensagens parecem ter sido interceptadas. Vocês são o verdadeiro amor da minha vida.

ACREDITO QUE ANJOS me ajudaram durante o difícil período quando eu estava escrevendo *Living Like a Runaway*. Como na vez em que um bilhete manuscrito que minha mãe escreveu antes de morrer caiu de uma caixa de revistas velhas que fora enviada para mim das ilhas. A mensagem estava escrita em um velho bloco de notas do Sheraton Hotel. Deve ter sido de uma turnê em que estávamos na década de 1980. Dizia: "Sempre te amarei, Mãe". Essa mensagem está no final do clipe "Mother". Decidi deixar tudo nas mãos de Deus, porque confiava que ele sempre resolvia os problemas. Meus empresários sabiam sobre isso, Michael Dan sabia e Gary sabia. Depois de escapar desse inferno, anjos estavam cuidando de mim.

Eu ainda estava com a Morey Management, e Bobby Collin tinha conseguido um contrato de licenciamento com a SPV Records para mim, que era o melhor que eu conseguia fazer na época, considerando o quanto *Wicked Wonderland* havia diminuído minha credibilidade na indústria. Minha administração me ajudou a reunir uma equipe de pessoas, incluindo gerentes de negócios e uma agência de agendamentos que me garantiu uma vaga para abrir os shows da turnê Rock of Ages para meus velhos amigos Def Leppard e Poison. Foi uma dádiva.

LITA FORD

Living Like a Runaway foi lançado um dia antes de a turnê começar. A resposta foi incrível. Loudwire.com mandou bem: "O álbum profundamente pessoal mostra [Lita Ford] em sua fase mais vulnerável e honesta como artista". O jornal da minha cidade, o *Los Angeles Times*, escreveu: "Depois de onze anos de semiexílio em uma ilha caribenha e um divórcio angustiante, e bem na hora da nostalgia do metal dos anos 1980 e do revivalismo das Runaways, a mãe de todo o metal está de volta"; "muito de *Living Like a Runaway* é sobre o que Ford passou. Essa canalização de energia dá ao álbum uma poderosa carga visceral". A revista *Guitar World* aclamou *Living Like a Runaway* como "um dos melhores álbuns de rock do ano" e o reconheceu como meu "verdadeiro álbum de retorno", em um comentário sarcástico em relação a *Wicked Wonderland*. Muitos outros críticos notaram o contraste com meu disco anterior. A *Rolling Stone* escreveu: "*Wicked Wonderland*, de 2009, inspirado no nu metal, deixou muitos fãs fervorosos [de Lita Ford] confusos. Então a ex-guitarrista das *Runaways* gravou um álbum muito mais alinhado com seus esforços anteriores". "Ford elimina parte do caos conceitual e eletrônico que tornou o último álbum tão confuso", publicou a *All Music*, concluindo, "os fãs ficarão aliviados e animados ao ouvi-la retornar ao seu estilo". Ninguém ficou mais aliviada e animada que eu – e os fãs não poderiam ter sido mais incríveis nessa turnê.

Contratei Mitch Perry para tocar guitarra e Marty O'Brien para tocar baixo. Eu conhecia Mitch há anos – ele era como um irmão –, mas não conhecia Marty. Pesquisei um pouco sobre Marty e gostei dele como pessoa. Além disso, ele era um baixista fodástico. Mais tarde, meu baterista foi substituído pelo grande Bobby Rock. Nós parecíamos um trovão.

Nosso primeiro show foi em Salt Lake City, e depois fomos tocar para multidões em êxtase, em shows com ingressos esgotados, em quarenta cidades. Senti algo muito lindo ao ver os fãs, minha família e meus amigos músicos de novo e isso também me ajudou a lembrar de quem eu sou. Era como se eu tivesse acabado de acordar de um pesadelo. Pessoas com quem eu não falava havia anos ou com quem eu não conseguia falar: meu ex-tecladista, meu ex-namorado, alguns amigos antigos e familiares. Agora tenho muitas dessas pessoas na minha vida de novo, e é maravilhoso. Descobri que alguns haviam falecido, e saber disso foi pesaroso, porque na hora de suas mortes não pude demonstrar carinho nem compartilhar lembranças. Precisei enterrar meus sentimentos. Mas agora não mais.

A turnê durou quatro meses e me deu força e confiança para saber que poderia ascender novamente. As coisas estavam indo bem para mim em termos de carreira, mas, como quando meu pai morreu, senti que estava trocando algo péssimo que estava acontecendo na minha vida por algo ótimo.

NUM DOS NOSSOS DIAS de folga durante a turnê Def Leppard / Poison, decidimos tocar num pequeno clube noturno em San Antonio, no Texas. Eu tinha uma banda poderosa, extremamente estrondosa e ousada, mas não conseguia ouvir meus vocais enquanto a banda tocava porque não havia monitores de palco no sistema de som e não estávamos usando o sistema in-ear. Eu estava com febre e dor de garganta naquela noite e pensei: *Não posso gritar por causa da minha banda*. Comecei a andar pelo palco. De um lado para o outro, de um lado para o outro. Eu estava tão furiosa que pensei em jogar meu amplificador Marshall do outro lado do palco. Em vez disso, pulei da frente do palco e comecei a andar pelo público. Eu não sabia para onde estava indo, só sabia que precisava chegar a um lugar onde pudesse ouvir meus vocais. Enquanto abria caminho no meio da multidão, de repente topei com o bar. O balcão estava coberto com as bebidas de todos, então passei o braço pelo balcão, jogando as bebidas no chão e abrindo espaço para eu subir e ficar em cima dele. Meu cara do som na época, Tom, olhou para mim, sorriu e me deu um aceno de aprovação para ir em frente. Incrível! Dugie, meu técnico, pegou meu pedestal para microfone, meu setlist e minha guitarra no palco e os levou para mim. Pendurei minha guitarra, olhei para o barman e pedi uma vodca com gelo. Naquele momento, eu estava do outro lado do salão em relação à minha banda, que ainda estava no palco. Terminei o show inteiro em pé no bar. Nada mal! Depois do show, Dugie me disse: "Bem, mais uma história para os livros". Uma das muitas aventuras de voltar para a indústria da música, acho. O público adorou.

NO FIM DA CELEBRAÇÃO DA TURNÊ com Def Leppard e Poison, desabei e bebi um pouco de uísque irlandês com Joe Elliott. A banda e a equipe deles têm um jogo em que você pega um copinho descartável de papel, enche com uísque irlandês, bebe uma dose, joga o copo para o alto e o observa cair. Se cair de cabeça para baixo, você precisa beber outra dose. Se cair do lado certo, para cima, você termina o jogo e ganha. Bem, eu me lembro de nosso guitarrista, Mitch Perry, entrar na sala e falar: "Quando eu estava aqui alguns minutos atrás, só tinha dois copos no chão. Agora tem dezoito". Ah, sim, Mitch. Caramba. Eu não tinha percebido.

Enfim. Dei um abraço de despedida em Joe e fui para o meu camarim, onde me despedi de Rick Allen. Que homem maravilhoso ele é. Rick e toda a equipe: Phil e sua esposa, Helen, eram seres humanos maravilhosos, além de músicos insanamente ótimos. Eles eram os maiorais, sem dúvida.

Comecei a caminhar de volta para o meu ônibus para pegar a estrada por oito horas até chegar em casa. Foi bom ter saído na hora em que saí, porque o uísque estava começando a fazer efeito. Entrei no ônibus, fui ao banheiro e me sentei no vaso sanitário. De repente, o ônibus começou a se movimentar e minha cabeça também. Meu empresário, Bobby, me disse: "Você está bem? Quer que eu faça alguma coisa por você?". Respondi: "Ah, sim! Faça esse ônibus parar!". Ai, não. Eu não bebia tanto havia anos. Estava pronta para a noite da minha vida.

Comecei a vomitar, tentando mirar no vaso e não sujar a minha calça de couro. Consegui tirá-la no banheirinho apertado do ônibus, e Bobby me passou uma lata de lixo para vomitar. A cada dez ou quinze minutos, mais ou menos, meu empresário pegava a lata de lixo e a esvaziava pela

"LIVING LIKE A RUNAWAY"

porta do ônibus enquanto descíamos pela rodovia. Eu vomitava entre um balde esvaziado e outro e vomitava entre as pernas no vaso sanitário enquanto me sentava nele. Como nos velhos tempos. As coisas pareciam ter voltado completamente ao normal.

Na manhã seguinte, liguei para Joe Elliott e disse a ele que acordei no beliche de alguém. Joe disse: "Sério, não me diga. Acordei às 6h hoje de manhã com o rosto para baixo na sala da frente do ônibus". Se você conhece Joe Elliott, sabe que ele nunca, nunca fica na sala da frente: ele sempre fica com a sala dos fundos. Ele disse que ele não sabia onde estava. Falei para Joe que levei trinta minutos para descobrir no beliche de quem eu estava. Então olhei para fora e vi, em perfeita ordem, uma garrafa de água, uma lata de lixo para vomitar, uma caixa de lenços de papel, uma Sprite, um refrigerante de gengibre e uma toalha molhada, dobrada com cuidado. No fim, percebi que estava no meu próprio beliche e que Bobby havia colocado tudo na maior ordem possível. Bobby salvou minha vida naquela noite. Todos os outros foram dormir e me deixaram sozinha. Bobby me tratou como se eu fosse sua filha, o que significava muito para mim. Como ele esvaziou aquelas latas de lixo cheias de vômito de uísque irlandês estava além da minha compreensão, mas ele fez isso. Ele é um empresário magnífico. Fiquei grata pela ajuda. No entanto, o pobre Joe tinha de fazer um show em Santa Bárbara, na Califórnia, naquela noite. Não sei como ele fez isso. Aposto que ele se esforçou bastante.

BOBBY LIGOU para Kenny Laguna para marcar um jantar para mim e Joan Jett. Eu tinha ido à área de Long Island, em Nova York, tantas vezes e nunca consegui marcar nada com Joan. Timing ruim, acho. Apesar do nosso caminho complicado, eu estava ansiosa para vê-la. Quando cheguei à cidade de Nova York, liguei para ela e disse: "Estou aqui!".

Joan disse: "Encontro você na esquina". Ela tinha escolhido um pequeno restaurante italiano.

"Me liga quando estiver a dez minutos de chegar e eu vou até lá."

"Certo."

Desliguei e comecei a me arrumar depois de um longo voo de cinco horas. Quarenta e cinco minutos depois, o telefone tocou.

"Nós vamos chegar em dez minutos. Vemos você em dez minutos."

"'Nós'? 'Nós' quem?", perguntei.

Joan e Kenny, claro.

Engasguei. *Fala sério. Kenny?*, pensei. *Que merda – não dava para ela ir a lugar nenhum sem Kenny?* Eu nunca levaria Bobby para um jantar de garotas, nem Bobby ia querer ir comigo. Bobby ficou um pouco perturbado porque Kenny estava lá e por ele estar em Los Angeles. De qualquer forma, eu precisava de um acompanhante o mais rápido possível!

Desci as escadas para o saguão onde os caras estavam entrando, vindos de Los Angeles, para o evento Rock'n'roll Fantasy Camp, de David Fishof. Vi meu querido amigo Rudy Sarzo chegando. Subi atrás dele e disse: "Rudy!". Ele ficou bastante surpreso.

"Desculpa. O que você está fazendo?", falei.

"Nada, por quê?"

"Preciso da sua ajuda."

"Ok. Para quê?"

Falei para ele que eu estava sem acompanhante, que Joan me encontraria para jantar em dez minutos, que ela estava com Kenny e eu precisava que ele me acompanhasse naquela noite.

"Ah, legal. Sim, sem problema. Deixa eu subir e me arrumar, deixar meu baixo e minha bagagem, e já desço."

"Certo. Venha rápido", eu disse.

"Não se preocupe, eu vou ser rápido."

Tudo correu como o esperado, obrigada, Deus, por Rudy. Ele foi o acompanhante perfeito.

Foi um momento perfeito para uma reunião das Runaways. Infelizmente, Sandy havia perdido sua batalha contra o câncer de pulmão e faleceu em 2006. Todas nós sentíamos sua falta e sabíamos que seria quase impossível substituir uma baterista tão incrível e uma grande parte do que constituía

"LIVING LIKE A RUNAWAY"

as Runaways. Mas, felizmente, o restante de nós ainda era capaz de arrasar. Eu queria perguntar para Joan: "Por que não reunimos as Runaways de volta? AGORA!". Eu tinha enviado um e-mail para Joan com essa mesma pergunta um mês antes desse jantar, mas ela não respondeu ao meu e-mail, nem falou nada sobre ele durante o jantar. Ela ignorou totalmente a minha pergunta sobre as Runaways, o que me surpreendeu. Eu não poderia trazer o assunto à tona na frente de Kenny, porque era sobre as garotas da banda. Não tinha a ver com ele. Era para ser uma decisão nossa, não de Kenny. O único problema era que o timing ideal era agora. Não em 1999. Agora! Timing é tudo. Era uma daquelas coisas em que "é agora ou nunca". Os fãs estavam pedindo pelas Runaways. Exigindo as Runaways!

Quando eu estava me despedindo de Joan, ela enfiou a mão no bolso e tirou uma palheta de guitarra Sharkfin em que estava escrito "JOAN JETT". Ela disse: "Você se lembra disso?". Eram as palhetas que eu usava nas Runaways, antes de ganhar a palheta artesanal de Ritchie Blackmore. Fiz Joan gostar das palhetas Sharkfin quando as Runaways estavam começando. "Eu ainda uso", disse ela. Isso me animou um pouco. Ela não mencionou as Runaways naquela noite. E eu sentia que, com Kenny ali, era impossível conversar. Mesmo assim, foi bom ver Joan. Demorou só trinta anos.

Ela foi embora de carro com Kenny e eu fui para o hotel com Rudy.

Rudy era um completo cavalheiro, e o agradeci. Ele sabia o que estava acontecendo e tentou ajudar o melhor que pôde. Nós nos despedimos e cada um foi para o próprio quarto para nos prepararmos para o acampamento em Nova York no dia seguinte.

NOS MESES QUE SE SEGUIRAM, conversei com Joan mais algumas vezes. Ela ainda não tinha falado nada sobre as Runaways. Uma vez, ela me mandou um e-mail com o contato de Cherie. Cherie havia pedido para Joan me passar o contato dela. Então decidi ligar para Cherie.

"*Liiiiiii-taaaaa!*", ela gritou quando atendeu o telefone. Isso me fez sorrir como uma boba. Acabamos jantando juntas e conversamos sobre nossos ex-maridos e nossos filhos. Contei a ela sobre minha provação com os meninos. Eu me lembro de ficar chocada e chateada quando Cherie disse: "Bem, Lita, talvez você tenha vindo apenas para sofrer na vida!". Que coisa horrível de se dizer a alguém! Eu disse: "Cherie, você consegue imaginar se seu ex levasse seus filhos embora?".

"Não! Eu abraçaria os joelhos e morreria!", respondeu ela.

O filho de Cherie é um rapaz ruivo bonito e talentoso. Ela e o ex-marido são muito amigos. "Eu queria que eu e meu ex fôssemos assim", disse a Cherie. "Você é tão sortuda. Você também tem seu filho. Você não percebe o quão sortuda você é."

Ela respondeu: "Sim, eu sei. Sou grata pelas minhas bênçãos todos os dias". Naquela noite, percebi que Cherie e eu nunca tínhamos nos conhecido de verdade quando estávamos nas Runaways. Kim havia formado a banda com cinco adolescentes que não se conheciam. Era como ir para a aula em uma escola com garotas que você não conhece: nem todas da sala se dão bem. Cherie e eu somos pessoas muito diferentes. Mas Cherie e eu fizemos algumas sessões de fotos juntas e cantamos uma música de Natal juntas.

SE VOCÊ PEGA VOOS com a mesma frequência que eu, é provável que tenha problemas com a segurança do aeroporto. O pessoal da Administração de Segurança no Transporte deve colocar uns trinta avisos do tipo "Aviso de Inspeção de Bagagem" em cada case de guitarra. Esses são os cartões de visita que deixam na sua bagagem para você saber que vasculharam suas coisas. Meu técnico Dugie coloca esses avisos na guitarra, então, quando o funcionário de inspeção abre a caixa, ele sabe que estamos espertos. Certa vez, Dugie abriu um case e havia um aviso da Administração de Segurança no Transporte dizendo: "Suponho que você ache isso engraçado". Sim, na verdade, é! Tenho um ressentimento antigo contra a Administração porque quebraram a mão da minha Warlock vermelha. Dugie era o encarregado de me dar a notícia. Nem preciso dizer que fiquei chateada por terem quebrado um dos meus valiosos pertences.

"LIVING LIKE A RUNAWAY"

Estávamos voltando de Sturgis depois do nosso show em 2013. Naquele fim de semana, setecentos e cinquenta mil motoqueiros passaram pela cidade e noventa bandas tocaram. Havia gente vendendo coisas por toda parte: souvenirs, itens feitos à mão etc. Havia pessoas correndo nuas. Velhinhos usando apenas um anel peniano. Mais tarde naquela noite, voltei e aqueles mesmos velhos estavam usando casacos de moletom. Velhinhos com casacos de moletom e anéis penianos. Uma ótima combinação.

Conheci um homem que estava vendendo todos os tipos de itens em sua van na beira da estrada. Ele me mostrou alguns canivetes. Eles eram muito foda! Comprei um e ele embrulhou para mim. Cheguei ao meu hotel e o joguei dentro da minha bolsa de maquiagem. Coloquei minha enorme bolsa de maquiagem na mala que eu estava verificando e peguei o voo de volta para Los Angeles. Cheguei em casa, desempacotei minhas coisas e me esqueci do canivete.

Dois dias depois, saímos para mais um show e dessa vez coloquei minha bolsa de maquiagem dentro da minha bagagem de mão. Chegamos ao Aeroporto Internacional de Los Angeles e coloquei minha bolsa na esteira do detector de metais. A senhora que trabalhava na esteira rolante chamou um policial. Achei que tinha deixado uma garrafa de água na bolsa.

"Eu deixei uma garrafa de água lá, não foi?"

"Não, senhora."

Eles chamaram mais dois policiais. No fim, eram cerca de cinco policiais. Pensei: *Cara, com certeza tenho muitos fãs policiais aqui no aeroporto.*

Meu gerente de turnê estava perguntando o que estava acontecendo, mas ele estava sendo mantido afastado de mim. Quando eu o vi entrar em pânico, soube que tinha alguma coisa errada.

"O que é isso? O que eu fiz?"

"Você sabe que tem um canivete na bolsa?"

Ah, merda, o canivete! Eu tinha me esquecido dele. Ainda estava na caixa.

Expliquei que tinha tocado no Sturgis, o festival de motoqueiros, que era uma artista de rock e tinha esquecido que tinha colocado o canivete na minha bolsa de maquiagem.

Outro policial se aproximou e disse: "Preciso da sua carteira de motorista. Vou verificar sua carteira e se houver ALGUMA COISA, você vai direto para a cadeia".

"Tudo bem, pode verificar."

Eu sabia que tudo estaria em ordem, então não me preocupei. O policial voltou e disse: "Verifiquei, está tudo certo. Vou aplicar uma multa por contravenção".

Eu estava tentando me explicar melhor, e o policial colocou a multa na minha cara e disse: "Explique ao juiz na data do seu julgamento". Coloquei meu rabo entre as pernas e me afastei com nosso gerente de turnê para embarcar no avião.

Meu gerente de negócios precisou contratar um advogado de defesa criminal para garantir que esse incidente do canivete não se transformasse em algo maior do que era, porque poderiam ter me incluído na lista de exclusão aérea e prejudicado minha possibilidade de fazer turnês. No dia marcado para comparecer ao tribunal, fiquei presa no trânsito da hora do rush de Los Angeles. Ótimo. Liguei para minha advogada, que estava perto do tribunal, e pedi para que ela aparecesse no meu lugar. Quando percebi, o juiz estava ao telefone. Aparentemente, ele me pesquisou no Google e disse: "Eu pesquisei sobre você, sei o que você faz, sei quem você é, entendi". Uau! Que cara legal! A acusação foi retirada. Outra história de viagem que acabou muito melhor do que poderia. Estou convencida de que tenho anjos cuidando de mim todos os dias da minha vida.

O NATAL DE 2013 CHEGOU E, para não enlouquecer sem meus filhos, James e Rocco, na minha vida, escrevi e gravei um single de Natal com meu querido amigo Rodger Carter. Rodger tocou bateria e gravamos em seu estúdio, o Dog House. Cherie acabou cantando a música comigo em dueto. Falei para ela: "Essa é uma música que vai ser lançada e tocada todos os anos". Cherie e eu ainda estávamos nos reaproximando, mas nos divertimos bastante no estúdio, rindo muito. Que diferença enorme das nossas sessões de estúdio com as Runaways. Meu querido amigo Gene Kirkland tirou fotos enquanto gravávamos.

Pouco depois do lançamento do single de Natal, soube que receberia o prêmio Certified Guitar Legend, da revista *Guitar Player*. Eu estava muito feliz. Soube que tinha ganhado o prêmio quando estava em turnê e a caminho da América do Sul. Eu mal podia esperar para voltar para recebê-lo.

Isso era algo que esperei quase uma vida inteira para conseguir: ser reconhecida por minhas habilidades como guitarrista. Eu tinha percorrido um longo e difícil caminho para ouvir esses elogios de uma revista incrível, mas dominada por homens com guitarras. Mike Molenda, da *Guitar Player*, reconheceu o trabalho que fiz ao longo dos anos, e também o fato de que ainda estou de pé depois de quatro décadas na indústria. Mike e Cherie Currie me presentearam com o prêmio no Whisky A Go Go da Sunset Strip em 24 de março de 2014, em um show beneficente para portadores de esclerose múltipla. Embora uma ação beneficente voltada para a esclerose múltipla não fosse minha primeira escolha para aceitar o prêmio, ainda assim foi um dos pontos altos da minha vida. Obrigada, Mike Molenda e revista *Guitar Player*, por tornarem meu ano e minha vida completos. É algo que levarei para o túmulo, quando for "a minha hora".

CHERIE ME PEDIU para ir com ela e seu filho, Jake, visitar Kim Fowley, que fora diagnosticado com câncer. Kim havia escrito quatro músicas para Cherie e estava fraco demais para sair de casa. Quando Kim me viu, disse: "Você se parece com a sua mãe". Para quem conheceu minha mãe, isso era um elogio.

"Obrigada. Ela era uma senhora adorável", respondi.

"Sim, ela era", disse Kim, lembrando-se de que minha mãe havia morrido de câncer. Kim escreveu algumas músicas para Cherie, e depois escreveu uma música para mim, que estará no meu próximo álbum. Ela tem uma letra profunda: algo que nunca tinha visto Kim escrever.

Nessa época, Kim havia desenvolvido vários tipos de câncer e tinha muitos problemas de saúde. Eu estava preocupada com ele. Mantínhamos contato por telefone e e-mail, principalmente quando a trilha sonora do filme *Guardiões da Galáxia* foi lançada e usaram "Cherry Bomb". A música finalmente alcançou o primeiro lugar e foi indicada ao Grammy – trinta e sete anos depois do seu primeiro lançamento, as Runaways tinham um disco de platina! Também contei a Kim sobre meus meninos.

"Não acho que seria quem sou hoje se não fosse por Kim Fowley", falei para Kim. Ele me descobriu, me tirou de Long Beach e criou as Runaways. Ele foi o idealizador, o criador das Runaways. Não foi Lita Ford. Não foi Joan Jett. Não foi Kari Krome. Não foi Cherie Currie. Não foi Jackie Fox. Kim Fowley: foi ele, sozinho, que mudou a cara do rock'n'roll com um grupo de rock composto por ninfetas. Vários meses após esse encontro, Kim perdeu a batalha contra o câncer. Eu estava feliz por poder agradecê-lo pelas Runaways. Não gostava de ver Kim doente e não quero me lembrar dele assim. Cherie gravou as músicas que ele escreveu para ela, embora o engenheiro que usaram tenha feito um trabalho esquisito com microfones suspensos e gravações ruins. O filho de Cherie, Jake, teve de consertar tudo sozinho. O garoto fez um ótimo trabalho. Para dar um toque especial às suas versões de algumas músicas das Runaways, ela me pediu para cantar uma música em dueto com ela. Fiquei feliz em fazer isso. Foi divertido me reconectar com Cherie – e Kim – dessa forma.

QUANDO EDDIE TRUNK começou o *That Metal Show* na VH1 Classic, eu havia participado recentemente como convidada em seu programa de rádio. Eu estava voltando para o mundo da música depois do meu hiato, e ele me queria em seu novo piloto para esse programa de TV. Topei e estava logo no primeiro episódio. Eddie sempre foi um grande apoiador, e voltei ao programa dele várias vezes. Ele também me tornou a primeira convidada musical feminina. Isso significava que eu tinha de fazer alguns licks quando nos encaminhávamos para os intervalos comerciais ou segmentos do programa. Eu me divertia muito fazendo isso e era um prazer estar de volta ao estúdio. Mais tarde naquele mesmo ano, em agosto de 2014, Eddie completou cinquenta anos no dia em que tocamos em um grande festival de rock em Montana. Eddie era o anfitrião, então, quando chegou a hora do set, tocamos algumas músicas antes de eu o chamar ao palco e fazer a multidão de milhares de pessoas cantar "Parabéns pra você" para ele. Um membro da equipe do festival trouxe o bolo que pedimos para ele e Marty O'Brien, meu baixista, registrou tudo com sua câmera GoPro. Foi um grande momento para mim e para Eddie.

Estar na estrada com minha nova banda trouxe muitas memórias novas, mas, com tantas viagens, também há histórias de terror sobre bagagem perdida, voos perdidos e até membros da banda perdidos. Eu estava tocando num grande clube noturno em Salt Lake City e o hotel em que estávamos era quase vizinho a esse local. Bobby Rock, meu baterista, prefere passar o mínimo de tempo possível no show porque ele acha isso exaustivo. Nesse local em específico, ele acabou usando seu quarto de hotel como uma área estendida dos bastidores porque ele era muito perto do show. O local tinha uma configuração estranha, porque os bastidores e o palco eram completamente separados – o palco ficava no andar de cima. O elevador era operado manualmente, então, a menos que alguém estivesse nele para operá-lo, ele não funcionava. Na hora do show, Marty, Mitch e eu estávamos esperando Bobby. A introdução estava sendo tocada e ele não estava em lugar nenhum. Dugie conseguiu falar com ele por telefone.

"Onde diabos você está?"

"Estou aqui embaixo! Vem me buscar! Não consigo fazer o elevador descer e não tem outro jeito de entrar no lugar a partir daqui!". Ele havia saído com tempo mais que suficiente para chegar lá, mas ficou preso nessa estranha "área de espera" por quinze minutos enquanto procurávamos por ele e ele tentava nos ligar. Dugie desceu para buscar Bobby e ele literalmente pegou em sua bateria logo após a introdução do nosso set já ter tocado. Foi um dos momentos *Spinal Tap* mais estranhos em nossas carreiras e, acredite, houve muitos.

A BANDA E EU TOCARÍAMOS no cruzeiro Monsters of Rock em 2015. Fizemos as malas e pegamos um voo atravessando o país até Tampa, na Flórida, para fazer um show, depois voamos para Fort Lauderdale na manhã seguinte para pegar o navio. Eu deveria esperar numa área com alguns fãs que estavam tendo problemas para embarcar no navio. No começo, fiquei confusa.

"Bem, seu passaporte está em ordem, mas seu green card está vencido há dois meses e meio."

Pensei: *Quando recebi meu green card, me disseram que ele era válido por dez anos.* Depois do 11 de setembro, qualquer um que não seja cidadão americano só pode ter passaporte e green card por no máximo dez anos. Presumi que meu green card expirava quando meu passaporte expirava. Eu estava errada.

"Você não pode embarcar no navio."

A senhora que estava me ajudando tentou ligar para o departamento de imigração, mas isso só alertou os funcionários de que meu green card havia expirado e eu estava realmente em apuros. Eu tinha shows no Canadá em breve e estava preocupada. Todos os fãs que passavam diziam: "Arrasa! Mal posso esperar para ver você arrasar, Lita!".

Eu pensava: *Talvez não.*

Esperei cinco horas. Todo mundo já tinha embarcado no navio nesse momento. Bobby e Pilgrim, meu gerente de turnê, estavam ao meu lado, mas todos haviam feito tudo que podiam. Larry Moran é um grande promotor e ajudou demais, mas regras são regras, e eu não embarcaria no navio.

A senhora que estava me ajudando se virou para mim e disse: "Uma última coisa. Não podemos deixar o cais até encontrarmos sua bagagem".

Fiquei esperando, sabendo que não ia embarcar no navio, com Bobby sentado ao meu lado enquanto esperávamos a minha bagagem. A senhora voltou e me disse: "Sinto muito, Lita, não conseguimos encontrar sua bagagem".

"LIVING LIKE A RUNAWAY"

As coisas começaram mal. Bobby, percebendo que não havia mais nada a fazer e imaginando que poderia resolver o problema com os promotores depois que o cruzeiro partisse, embarcou no navio.

Eu estava em Miami, empacada, sem bagagem. Que maravilha!

Um dos promotores decidiu que não iria no cruzeiro e me levou a um hotel próximo. Quando estávamos saindo do terminal, ouvi alguém gritando: "Espere, espere! Encontramos sua mala. Pilgrim encontrou!". Ela estava num carrinho para bagagem e, por acaso, Pilgrim a viu quando estava passando. Eles colocaram minha bagagem no táxi e lá fomos nós – minha banda embarcou no navio e eu fui para algum hotel. Ótimo.

Quando chegamos ao hotel, liguei para um amigo com quem não falava havia anos e disse: "Rudy, preciso de um iate, um helicóptero ou um avião particular".

"Certo, querida, me explica isso."

"Eu preciso pegar um navio de cruzeiro no Caribe. Eu tenho de fazer um show."

Pouco depois de ele desligar para ver o que podia fazer, ele me ligou de volta e disse: "Posso levar você num helicóptero".

Eu seria levada para uma ilha. Assim que chegasse à ilha, ainda teria de pegar um barco para a outra ilha particular onde o navio estaria atracado. Bem, achei que era melhor que nada. Esperei outro telefonema para saber quando o helicóptero viria me buscar. Então recebi uma má notícia: havia uma tempestade de vento e meu amigo não pôde decolar. Risquei essa ideia da lista.

A irmã de Rudy, Diana, me ligou na manhã seguinte e disse: "Posso conseguir um iate 98 para você. Deixa eu ver o que posso fazer". Acontece que seu contato, o dono do iate, estava fora da cidade. Ótimo. Ele também era o cara que tinha um avião particular. Eu estava sem sorte.

Diana também é advogada de imigração, então ela ligou para o departamento de imigração para mim. Acontece que o cara que trabalhava lá tinha uma queda por ela e ela implorou para ele estender o prazo do meu green card.

Ela me ligou e perguntou: "Você tem fotos vinte por vinte e cinco centímetros?".

"Hum, sim. Por quê?"

Ela começa a recitar uma lista de nomes para eu personalizar as fotos para quase todos do departamento de imigração. Fiquei mais ou menos uma hora autografando fotos e, quando saí, consegui embarcar num voo de Miami para Nassau.

Quando aterrissei, finalmente consegui falar com Bobby, meu empresário.

"Bobby, estou em Nassau."

"O navio atraca amanhã às 8h."

Naquela noite, tive de ficar num hotel do outro lado da ilha, pois todos os outros hotéis não tinham vagas. Era um maldito hotel acabado, e os mosquitos eram horríveis. Fui pegar o repelente em spray e o apliquei antes de dormir. Eu só ficava pensando: *Apenas sobreviva a essa noite. Às 7h da manhã você está fora daqui.*

Na manhã seguinte, perguntei à mulher do hotel como chegar aonde os navios atracam.

"Você tem de pegar o ônibus. Na vinte e cinco." Então lá estava eu, com minha mala, parada no ponto de ônibus.

Entrei no ônibus e olhei em volta. Pessoas indo para o trabalho, crianças indo para a escola, entre outras. Eu, a loira do rock, no ônibus local rumo ao cais do navio de cruzeiro. O motorista colocou minha mala na parte de trás com as rodinhas viradas para o piso do ônibus. Sempre que ele pisava no freio, minha mala deslizava para a frente e, quando ele pisava no acelerador, ela rolava para trás. A porta do ônibus não fechava direito, então, toda vez que ele virava para a esquerda, a porta abria, e toda vez que ele virava para a direita, a porta fechava. Tráfego da hora do rush nas Bahamas. Você precisa amar muito isso.

Quando paramos, não vi navio em lugar nenhum.

"Você precisa caminhar pelo mercado de palha. Continue andando nessa direção", o motorista do ônibus me falou, gesticulando. Eu devia saber que não seria tão fácil, tipo descer do ônibus e dar alguns passos. Comecei a andar e recebi uma mensagem de texto: era Bobby. "Estou vendo terra."

"LIVING LIKE A RUNAWAY"

Ergui a cabeça e vi um navio a distância. Fiquei emocionada!

Cheguei ao portão e o segurança de lá disse: "Tenho uma lista de nomes de pessoas com permissão para passar e seu nome não está nela".

"Você deve estar brincando comigo!"

Por causa do problema do green card, meu nome não foi adicionado à lista de passageiros que poderiam embarcar em outros portos. Mas agora meu green card estava atualizado, então qual era o problema? O promotor resolveu o problema para que eu pudesse passar pelo segurança. "Encontre um lugar para relaxar. Isso vai levar umas duas horas." Claro. Hora de explorar a ilha. Como pude esquecer? Encontrei um Starbucks. Sim! Fiquei lá até finalmente conseguir embarcar no navio.

O mundo poderia acabar, mas eu embarcaria naquele navio. Eu não decepcionaria minha banda. Quando cheguei, eles não conseguiam acreditar no que viam, ficaram emocionados em me ver. Bobby Rock me contou que algumas pessoas foram até ele no bufê e disseram coisas como: "Nós ouvimos. Sentimos muito". Quase como se houvesse uma morte na família. Marty O'Brien disse que só ficou dando umas voltas sem rumo por três dias. Cada canto que ele virava, as pessoas perguntavam para ele: "A Lita vai conseguir? Ouvi dizer que ela está vindo para uma ilha de helicóptero e vai pegar uma lancha, é verdade?". Era como se estivéssemos num filme de James Bond.

No fim, consegui embarcar no navio e naquela manhã eles anunciaram para todo o navio: "Senhoras e senhores, a Rainha chegou. A Rainha está no navio!". No último dia do cruzeiro, Wendy Dio comandou uma festa de gala especial para arrecadar fundos para o câncer e, quando entrei no local, todo mundo no salão gritou "Liiittaaaaa!". Todos estavam muito felizes em me ver, e isso me emocionou, principalmente depois da viagem louca que fiz para chegar lá.

No entanto, a maioria dos nossos horários de apresentação tinha sido distribuída para outras bandas, então tivemos de tocar ao meio-dia no último dia. Eu esperava tocar mais tarde, mas não foi possível. Os passageiros estavam tão bêbados quando subimos ao palco que, quando perguntei se poderiam bater palmas para acompanhar "Kiss Me Deadly", a maioria deles teve dificuldade em fazer isso. Tudo que vi foi um mar de queimaduras de sol e ressacas. Logo depois de terminarmos o nosso show, surgiu uma enorme nuvem de tempestade e começou a chover. Se tivéssemos tocado num horário posterior, a chuva teria nos forçado a interromper a apresentação. Lá estavam aqueles anjos, cuidando de mim de novo.

ANTES DE SAIR PARA o cruzeiro Monsters of Rock, peguei uma aranha viúva-negra na minha casa. Eu a prendi num pote Tupperware e levei para o ensaio. Marty pegou o pote e o colocou em cima de seus equipamentos de baixo.

"Marty, o que você vai fazer com aquela aranha? Me dê o pote."

Marty e Bobby estavam convencidos de que a aranha estava morta. Eles se divertiram com o fato de que, de todos os lugares, uma aranha viúva-negra tinha chegado justo na minha casa. É o símbolo que tenho usado desde o início da minha carreira solo – um símbolo que escolhi de forma consciente porque sabia que, depois de sair das Runaways, poderia devorar os garotos da indústria musical sem nenhum problema. Eu estava pronta para enfrentar o mundo.

"Essas coisas não morrem tão fácil", comentei. "Confie em mim, ela ainda está viva."

Ficamos lá e debatemos o que fazer com ela. Jogá-la no vaso sanitário e dar descarga? Não, ela voltaria e picaria minha bunda, pensei. Eu não queria pisar nela. Marty decidiu levá-la para casa. No dia seguinte, ele me mandou um e-mail dizendo que tinha ido a uma loja de artesanato e comprado um kit para fazer um peso de papel com a viúva-negra. Pelo menos ela estava fora da minha casa.

No ensaio seguinte, ele chegou e disse: "Lita, você não vai acreditar! A aranha estava no pote e quando estava me preparando para transformá-la em um peso de papel, meu amigo estava segurando o pote e disse: 'Marty, essa coisa ainda está viva!'. Eu não conseguia acreditar no que via!".

"Eu te disse, Marty!", falei.

"Bem, isso mostra que quando a Lita Ford te diz que uma viúva-negra não morreu, não duvide dela."

Achei que era o fim do fiasco da viúva-negra. Depois do cruzeiro, peguei um voo da Flórida para Detroit para participar de uma sessão de autógrafos numa convenção de terror. Voltei para casa três dias depois, ansiosa para relaxar depois de passar uma semana correndo atrás de navios de cruzeiro, ônibus municipais e departamentos de imigração. Entrei em casa, coloquei minhas coisas no chão e fui até meu quarto. Estava tudo escuro e caminhei em direção à janela para abrir as cortinas, e dei de cara com uma enorme bola preta pendurada na tela da janela, do lado de fora da janela de vidro deslizante.

"Meu Deus! Não me diga que é outra aranha viúva-negra!"

Fui até a cozinha, peguei outro pote Tupperware e fui lá fora pegá-la. Eu não sabia que tipo de aranha era, mas eu a peguei. Como esperado, ela tinha o símbolo de ampulheta vermelha. Outra viúva-negra! Entrei na cozinha e vi outra saindo de trás da geladeira. Olhei no corredor e encontrei outra lá. Eu precisava dar o fora daquela casa! Fui a um hotel e liguei para meu gerente de negócios, que entrou em contato com a dedetizadora. Prometeram ir lá no dia seguinte para tentarem se livrar da infestação; me disseram que levaria setenta e duas horas para matar todas elas. Fiquei no hotel e não voltei para casa por três dias. Quando entrei, vi uma aranha no chão e usei um pote Tupperware para pegá-la. Não me diga que elas ainda estavam aqui?! Foi a última aranha que vi, mas estava no pote Tupperware e não morria. Acabei seguindo o conselho de Marty e coloquei-a no congelador durante a noite. Ela estava morta na manhã seguinte.

Talvez as aranhas viúvas-negras *tenham* pensado que eu era a rainha delas. Não pude deixar de sorrir ao me lembrar do que Marty disse quando levei a primeira aranha para o ensaio: "Lita, elas provavelmente viram seus macacões com a ampulheta vermelha e pensaram: 'Sim, cara, esse lugar é o melhor! Vamos ficar por aqui!'".

PERCORRI UM LONGO caminho desde a época em que eu me sentava e olhava para as estrelas e rezava para que Deus me ajudasse e me tornasse uma guitarrista melhor. Embora eu ainda olhe para essas estrelas, agora é por outros motivos, e peço a Deus que ajude a guiar meus filhos. Rezo para que um dia, em breve, o sistema de tribunais de família pague pelos crimes que cometem diariamente contra crianças inocentes do país. Esses tribunais são uma vergonha para Deus e para a Constituição que defendem. Acho que há um lugar especial no inferno para aqueles que infligiram dor mental e emocional às crianças e seus amorosos familiares.

Durante anos, coloquei meu sangue, suor, lágrimas, dor, sexo, amor, riso e coração partido para abrir o caminho para outras pessoas. Suportei portas sendo batidas na minha cara, aguentei ser rejeitada por muitos executivos por ser mulher, e ser enganada, financeira e musicalmente, pelos idiotas do mundo. Disseram-me o que fazer e o que não fazer, quando tudo que eu queria fazer era ser LITA e seguir meus sonhos.

Aqui estou eu, quarenta e tantos anos depois, e a linha de frente de quase todos os shows agora está repleta de mulheres. Mulheres que querem arrasar e tocar rock'n'roll pesado e sexy, e os homens que apoiam essas mulheres não têm medo de dar um passo à frente e mostrar sua lealdade. É uma coisa linda. O mundo do rock evoluiu para uma linguagem universal que não é mais só para aqueles impulsionados pela testosterona. O caminho está aberto e agora está livre e desimpedido para quem quiser percorrê-lo. Os homens maravilhosos que foram as principais influências musicais em minha vida e ajudaram em minha formação como guitarrista, artista e cantora me ajudaram a me tornar uma líder carismática no mundo masculino do heavy metal. Acredito que fui colocada nessa terra

"LIVING LIKE A RUNAWAY"

como filha única, com o apoio da minha incrível mãe e do meu pai, e, depois de ir para a faculdade de rock'n'roll das Runaways, para me tornar um ícone para aqueles que ainda não podiam cruzar essa linha. Agora eles sabem que podem.

Quanto a mim, vou para o túmulo com o título de "Rainha do Heavy Metal".

Por quê?

Porque eu sou!

"POR DIVERSÃO, DECIDI ENSINAR MEUS FILHOS JAMES E ROCCO SOBRE A 'ESCOLA DE ROCK'. COMECEI COM A PRIMEIRA LETRA DO ALFABETO: A DE AC/DC OU ALICE COOPER, B DE BLACK SABBATH, E ASSIM POR DIANTE.

FIZEMOS ISSO PARA CADA LETRA DO ALFABETO E OS MENINOS ME PEDIAM PARA CONTAR HISTÓRIAS SOBRE AS BANDAS, JÁ QUE EU HAVIA CONHECIDO TODAS ELAS EM ALGUM MOMENTO DA MINHA CARREIRA."

"Living Like a Runaway"
LETRA ESCRITA POR **LITA FORD E MICHAEL DAN EHMIG**

I was running crazy, I was running wild.
Living on the edge, yeah, I was living in style.
My hands start shaking like the streets of Hollywood.
And my mind was wasted, I still did the best I could.

One day I left town with just the shirt on my back.
And a guitar on my shoulder, yeah, I wasn't coming back.
I had to break the spell that my heart was under
So, I rolled out of town on wheels of thunder.
And I still remember what my mama said. She said:

Run baby run, cross New York City
Run baby run, through the streets of LA
Run baby run, yeah, you can't slow down.
You can never stay when you're living like a runaway.

I remember when I was seventeen, riding in the back of a black limousine.
I used to stare at the stars and ask for God to please guide me
In the right direction. I didn't know where I was going.
I didn't know where I was gonna stay.
All I knew I was going far, far away.
And it still feels like yesterday, when he said:

Run baby run, cross New York City
Run baby run, through the streets of LA
Run baby run, yeah, you can't slow down.
And you can never stay when you're living like a runaway.

I left each town with a wink and a kiss, that maybe I'll be back real soon.
A lot of memories from fans like you, people that made my dreams come true.
And I can still hear them saying:

Run baby run, cross New York City
Run baby run, through the streets of LA
Run baby run, yeah, you can't slow down.
And you can never stay when you're living like a runaway.

"Vivendo como uma fugitiva"
LETRA ESCRITA POR **LITA FORD E MICHAEL DAN EHMIG**

Eu estava ficando louca, eu estava ficando descontrolada.
Vivendo no limite, sim, eu estava vivendo com estilo.
Minhas mãos começam a tremer como as ruas de Hollywood.
E minha mente estava perdida, ainda fiz o melhor que pude.

Um dia saí da cidade só com a camisa no corpo.
E uma guitarra no ombro, sim, eu não ia voltar.
Tive de quebrar o feitiço sob o qual meu coração estava.
Então saí da cidade nas rodas do trovão.
E ainda me lembro do que minha mãe disse. Ela disse:

Corra, garota, corra, atravesse a cidade de Nova York
Corra, garota, corra, pelas ruas de Los Angeles.
Corra, garota, corra, sim, você não pode diminuir a velocidade.
Você nunca pode ficar quando está vivendo como uma fugitiva.

Eu me lembro de quando tinha dezessete anos, estava na parte de trás de uma limusine preta.
Eu costumava olhar para as estrelas e pedir a Deus que me guiasse
Na direção certa. Eu não sabia para onde estava indo.
Eu não sabia onde ficaria.
Eu só sabia que estava indo para muito, muito longe.
E ainda parece que foi ontem, quando ele disse:

Corra, garota, corra, atravesse a cidade de Nova York
Corra, garota, corra, pelas ruas de Los Angeles.
Corra, garota, corra, sim, você não pode diminuir a velocidade.
Você nunca pode ficar quando está vivendo como uma fugitiva.

Saí de cada cidade com uma piscadela e um beijo, indicando que talvez eu volte em breve.
Muitas memórias de fãs como vocês, pessoas que fizeram meus sonhos se tornarem realidade.
E ainda posso ouvi-las dizendo:

Corra, garota, corra, atravesse a cidade de Nova York
Corra, garota, corra, pelas ruas de Los Angeles.
Corra, garota, corra, sim, você não pode diminuir a velocidade.
Você nunca pode ficar quando está vivendo como uma fugitiva.

AGRADECIMENTOS

AGRADEÇO A PETER HUBBARD E A TODOS DA EDITORA HARPERCOLLINS, POR SUA paciência, confiança e crença neste livro e por me apoiarem sempre. A Bobby Collin, Jim Morey, Kyle Whitney e a todos do Morey Management Group: pedi para escrever um livro e eles vieram com a HarperCollins. Com Jeff Silberman, da Folio Literary Management, foi possível fazer tudo acontecer!

Agradeço a todos em King, Holmes, Paterno e Soriano LLP, principalmente Peter Paterno, Harold Papineau e Marjorie Garcia.

A Amir Malek, da Glass/Malek: eu não teria chegado tão longe sem você. Um agradecimento especial à sua equipe e por tudo que você faz por mim.

A Jon Freeman, da Freeman Promotions: a diversão só começou. RINDO ALTO. Você tem feito um trabalho incrível desde que nos conhecemos. Agora é hora de fazer de novo. Tenho uma lista para você...

À minha banda incrível: Marty O'Brien, Bobby Rock e Patrick Kennison. Quando você tem um trovão como esses caras em sua banda, é melhor agradecer a Deus e esperar que você nunca exploda de emoção!

Ao meu técnico Kevin (Dugie) Dugan: todos nós adoramos o Dugster. Você é o técnico de estrada número um de todos os tempos.

AGRADECIMENTOS

A Michael Dan Ehmig, meu compositor favorito, cuja amizade é a mais próxima possível. Michael é o melhor letrista do planeta e, com Gary Hoey, produtor de *Living Like a Runaway*, nos divertimos muito! Falo muito com Michael e ele me mantém com os pés no chão. O mesmo aconteceu com a gravação de *Living Like a Runaway* com Gary. Foi um grande empreendimento; passei aproximadamente quatro dias seguidos na casa de Gary e de sua esposa Nicole. Escrevíamos músicas com Michael ao telefone e Gary e eu em seu estúdio. Nicole cozinhava, e seus filhos, Ian e Alison, saíam e conversavam com meus cachorros. Eu os amava muito, porque estava perdendo meus filhos e Ian e Alison eram muito maravilhosos – e tinham a mesma idade dos meus filhos também. Eu sentia os meus filhos através dos corações de Ian e Alison. Eles sabiam disso e isso era bom. Céus, era um presente de Deus de novo! De muitas formas.

Aos cachorros de rua dos meus filhos, Churro e Rascal: dois cães de quatro patas, fiéis, de dois, três quilos.

Ao bombeiro Michael Tassaug, que às vezes era a única pessoa que me ajudava quando eu não tinha dinheiro nem comida.

A Robyn Melvin e a todos no Hard Rock Cafe de Hollywood, na Flórida, minha própria equipe SWAT pessoal e minha casa longe de casa. Amigos queridos, eles acolheram a mim e a meus filhos, nos alimentaram e me trataram como realeza.

A Kim Fowley: há momentos em que acho que não estaria no mundo da música se não fosse por você. Mesmo que você queira que todos pensem que você é uma das pessoas mais assustadoras do mundo, você é exatamente o oposto. Você tem coração. Descanse em paz, Kim. Obrigada pelo presente que você me deu.

A Chris Kizska, meu parceiro no crime: você é um temerário e nós formamos um bom time. Obrigado por sempre me apoiar.

Para Kristine Johnson, minha vizinha incrível: obrigada por ser real. Você me salvou ao me deixar guardar minhas guitarras em sua casa.

Agradeço às minhas empresas apoiadoras: B.C. Rich Guitars, Marshall Amplification, Taylor Guitars, Dunlop, Dean Markley Strings, Pe-

AGRADECIMENTOS

terson Strobe Tuners, Majik Box Custom Pedals and Electronics, Seymour Duncan, Monster, pedais Taurus, e à I.C.O.N., Lovecraft Leather e Rockwood Saloon.

Parece que Deus tem me ouvido muito ultimamente. Quando eu me perguntava: "Quem diabos entende o que é ser Lita Ford o suficiente para me ajudar a escrever esse livro?", a resposta tinha que ser um presente de Deus. Do nada, quando eu mais precisava dela, Deus colocou essa garota italiana do rock'n'roll de Toronto, no Canadá, no meu colo, que parece saber mais sobre mim do que eu mesma. Obrigada, Deus, e obrigada, Martina Fasano, por ser minha coautora.

De Martina Fasano: Agradeço ao meu marido, Rocco; à minha filha, Emily; e aos meus pais, por todo seu amor e apoio; e à Lita pela oportunidade de ajudá-la a escrever a história de sua vida.

★ ★ ★

Além de conscientizar sobre a alienação parental, também sou uma orgulhosa defensora da pesquisa do câncer e rezo para que um dia uma cura para essa doença horrível seja encontrada.

E para um rock'n'roll que vai arrebentar com você, visite www.litafordonline.com.

**COMPRE UM
·LIVRO·**
doe um livro

Sua compra tem
um propósito.

Saiba mais em
www.belasletras.com.br/compre-um-doe-um

Este livro foi composto em Dante e impresso em papel pólen 70 g pela gráfica Pallotti em fevereiro de 2021.